Simulation Training on Foreign Trade Documents

普通高等教育国际经济与贸易一流专业系列教材

李勤昌 付荣 赵斐 编著

外贸单证
模拟实训

（第四版）

东北财经大学出版社
Dongbei University of Finance & Economics Press

大连

图书在版编目（CIP）数据

外贸单证模拟实训 / 李勤昌，付荣，赵斐编著 . —4 版 . —大连：
东北财经大学出版社，2022.8
（普通高等教育国际经济与贸易一流专业系列教材）
ISBN 978-7-5654-4578-1

Ⅰ.外… Ⅱ.①李… ②付… ③赵… Ⅲ.进出口贸易-原始凭证-
高等学校-教材 Ⅳ.F740.44

中国版本图书馆 CIP 数据核字（2022）第 130778 号

东北财经大学出版社出版
（大连市黑石礁尖山街 217 号 邮政编码 116025）
网 址：http://www.dufep.cn
读者信箱：dufep@dufe.edu.cn
大连雪莲彩印有限公司印刷 东北财经大学出版社发行
幅面尺寸：170mm×240mm 字数：431 千字 印张：18.75
2022 年 8 月第 4 版 2022 年 8 月第 1 次印刷
责任编辑：李 彬 王芃南 责任校对：珉 琪
封面设计：张智波 版式设计：原 皓
定价：42.00 元

教学支持 售后服务 联系电话：（0411）84710309
版权所有 侵权必究 举报电话：（0411）84710523
如有印装质量问题，请联系营销部：（0411）84710711

第四版前言

国际货物贸易实务是一门应用性课程，除了基本的法律和国际惯例等规则性知识外，还包含了大量的应用技能知识，而对后者的训练是无法在该课程中进行的。为真正落实应用型人才培养目标，外贸单证模拟实训课程（也有的称为国际贸易单证操作或类似称谓）便应运而生，成为国际经济与贸易专业本科生培养方案中的主要课程。

本教材2008年出版，2013年和2016年两次修订。由于其结构设计和内容编写契合应用型人才的能力培养要求，受到读者喜爱，曾多次印刷以满足读者需要。本次修订主要是根据贸易相关环节中涉及的制度性规定的最新发展，对相应的"实训指导"中的内容进行了修订，在某些环节中也增加了实训指导。

本次修订仍保持了教材的以下特点：第一，适用性强。本书的编写自成体系，内容编排完全按照国际货物买卖的一般流程进行，不依赖某一具体的国际贸易实务教材。教材基础实训部分的实训数据虽然取自国际贸易模拟实训教学软件（TMT），但在第三篇中安排了四个原创综合性教学案例，对没有使用该训练系统的学生而言，完全可以采用案例数据进行实训操作，从而增强了本教材的适用性。第二，编写科学。本书的实训环节完全按照实际业务步骤进行编排，一气贯通，保证了学生完成实训任务后，能够全面掌握业务操作流程。第三，"实训指导"全面、具体、规范。本书的"实训指导"中对各业务环节的操作根据学科最新发展作了全面细致的规范指导，从而保证了学生能够科学地进行正规实训，培养规范的业务操作能力。

书中难免存在不足之处，恳请专家及读者指正。

本教材的出版得到了广州工商学院校级教材建设项目和广州工商学院国际经济与贸易省级一流专业建设项目的资助，特此感谢。

编　者

2022年5月

目　　录

基础工具篇

出口流程及实训内容概述

【出口流程】

进出口贸易包括进口贸易和出口贸易。严格地说，进出口贸易包括有形贸易和无形贸易，前者为货物贸易，后者为服务贸易，本教材中提及的进出口贸易只限于货物贸易。一个国家或地区的出口对对象国家或地区而言即为进口，二者的业务程序大体相同，因此，本教材的实训内容主要为货物出口的业务操作。

货物出口业务程序较为复杂，其中不仅涉及法律和惯例规则，还涉及操作的技术，遗漏或误操作某个或若干个程序都会导致出口的预期目的无法实现，因此准确、熟练掌握相关规则和技能十分重要，这也是本实训课程的开设目的。

在正式进入实训环节之前，有必要首先了解出口的一般程序。货物出口的程序一般包括出口前的准备、贸易磋商和签订买卖合同、进口方支付安排、出口商履行和出口方交单结算等主要环节。事实上，一项出口业务一方面涉及很多商业和政府监管机构，另一方面还涉及很多具体的业务细节（机构以及业务细节的多少依据买卖合同的贸易条件和支付条件的不同而有所不同），这些都是出口业务履行中必须注意的。图0-1展示了以信用证为结算方式的一项出口业务涉及的主要环节，图0-2展示了以信用证为结算方式的一项出口业务涉及的主要机构以及具体业务程序，本书的实训环节也将主要按照这些业务环节进行。

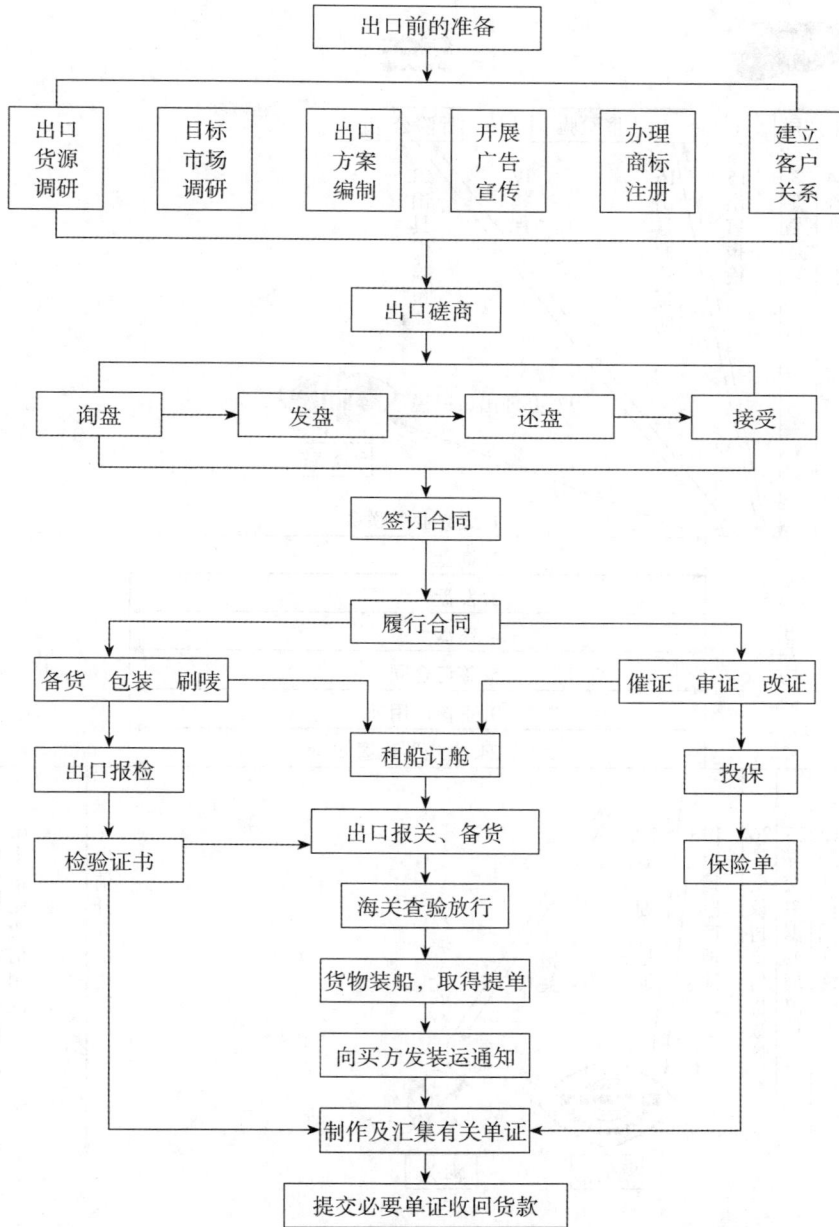

图0-1　出口业务的主要业务环节流程示意图

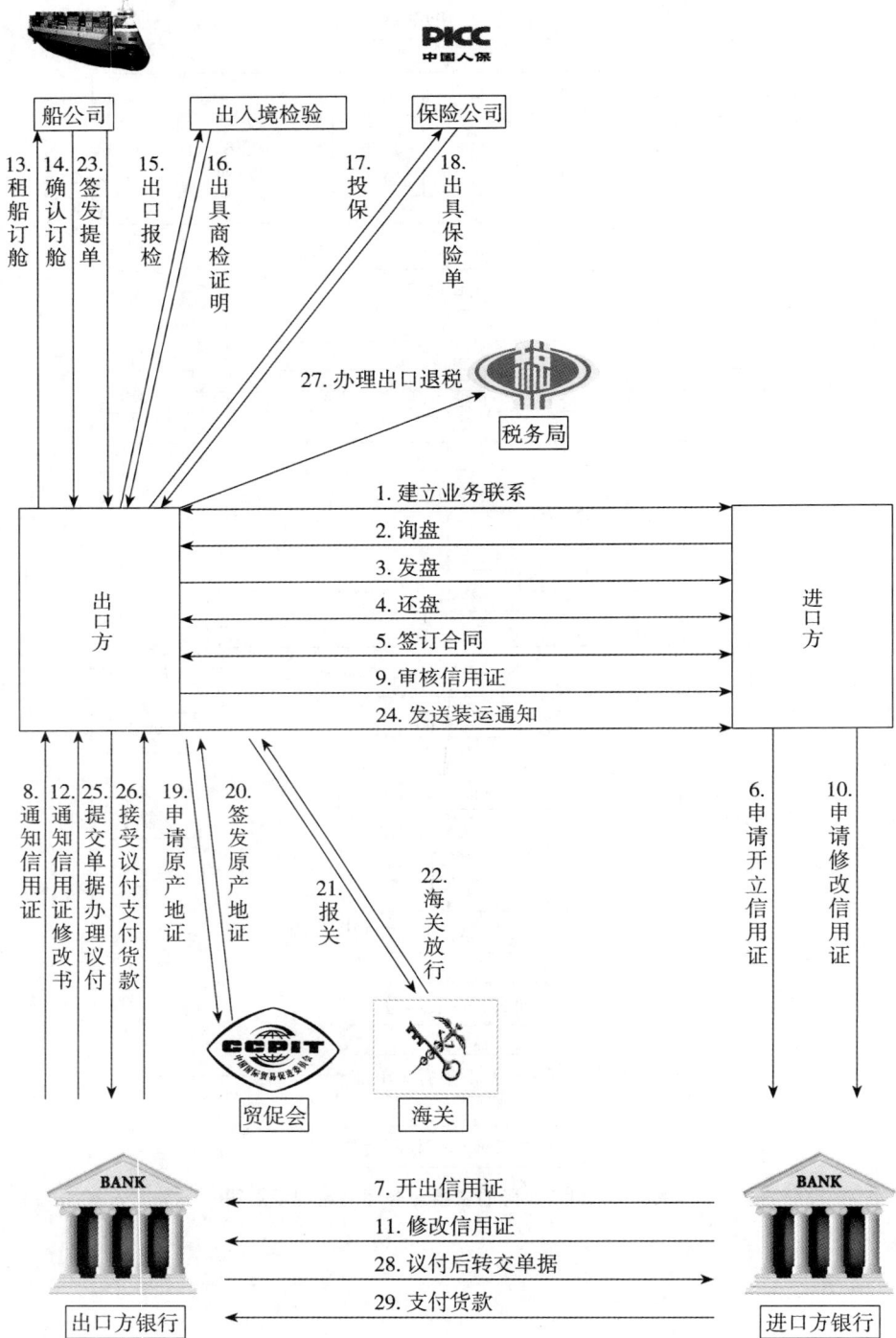

图 0-2 出口业务涉及的主要机构及具体业务程序示意图

【实训内容】

根据出口业务的一般流程，本实训课程设置了以下实训内容：

1. 建立业务联系

实训数据给出了相关信息，请实训参与人根据所学的基本知识以英文撰写一篇建立业务关系函，介绍本公司基本情况以及经营的主要产品范围，表达愿意达成交易的意愿，然后发给国外潜在买方。

2. 报价核算

根据买方的询盘以及实训数据，核算 CIF 出口报价。

3. 发盘操作

根据报价核算结果及实训数据，向买方发出正式报盘。

4. 还价核算

根据买方的还盘数据和实训数据，核算采购价格需要调整的幅度和出口利润变化。

5. 还盘操作

根据还价核算结果和实训数据，调整对外报价并向买方发出最终的报价函。

6. 成交操作

根据买方的接受函，首先进行成交利润核算，然后拟就正式的售货确认书，并致函买方要求会签。

7. 审证操作

根据通知银行的信用证通知书、买卖合同、《UCP 600》和《ISBP 745》，对由进口方银行（开证银行）开来的信用证进行全面审核，找出所有不符点。

8. 改证操作

根据买卖合同、《UCP 600》和《ISBP 745》，对审证操作中找出的不符点提出修改意见，并发给买方要求开证银行作出修改。

9. 履约准备

为全面、准确履行合同义务，防止遗漏、错误履行合同以及信用证约定事项，在开始履行合同义务之前，根据买卖合同、信用证及其修改通知书，将货物明细、信用证明细、单据种类以及各单据的具体要求分析整理，填入实训数据提供的相应明细表中，以备实际履行中参考。

10. 订舱操作

根据买卖合同和信用证的规定，填制实训数据中提供的出口货物订舱委托书。为满足托运要求和接下来的报检、报关、投保手续要求，还需制作商业发票和装箱单（本教材单独设置一个实训环节）。

11. 报检和报关操作

根据履约明细数据以及报检和报关单填制要求，填制实训数据中提供的出口货物报检单和出口货物报关单。

12. 投保操作

根据买卖合同和履约明细数据，填制实训数据中提供的货物运输保险投保单。

13. 制单操作

根据履约明细数据，填制实训数据中提供的商业发票、装箱单、汇票、原产地证明申请书、装运通知和受益人证明。本部分实训内容较多，分为发票与装箱单制作和其他出口单据制作两个环节。

14. 审单操作

根据买卖合同、信用证及其修改通知书、《UCP 600》和《ISBP 745》，审核汇票、商业发票、提单、保险单、原产地证明等信用证要求提交的各项单据，制作审单记录，修改不符点。

15. 交单与善后操作

完成单据修改后，制作致议付银行的交单面函，备齐各项要求的单据和信用证及其修改通知书，向议付银行交单。在收到议付行的收汇通知后，向买方撰写一封业务善后函，告知已收妥货款，感谢贵方在该笔业务中的合作，表达继续合作的强烈意愿。

16. 进口开证操作

进口业务流程为出口业务流程的相反操作，因此，本实训只进行进口开证流程训练。

17. 综合实训

在完成出口流程全部环节实训的基础上，综合实训内容由学生自主进行。本教材第三部分提供四个原创案例，每个案例都包含了出口业务的主要环节。要求学生根据案例中提供的实训数据，完成综合实训，培养独立操作出口业务的综合实践能力。

实训软件操作简介

本教材基础实训部分的实训工具和实训数据采用上海高校国际商务实训中心开发的国际贸易模拟实训教学软件（TMT）。该软件的功能可划分为公司实训篇和信息查询篇两大部分。公司实训篇中主要包括进入实训公司、了解实训进程、查看实训要求、提交实训操作、获悉实训评估、进行实训交流等主要功能；信息查询篇主要包括商品资料和税费查询。本部分主要介绍该软件中的公司实训篇的主要功能。

【进入实训公司】

双击浏览器，在"地址"一栏输入相应的网址，进入如图0-3所示TMT登录页面。

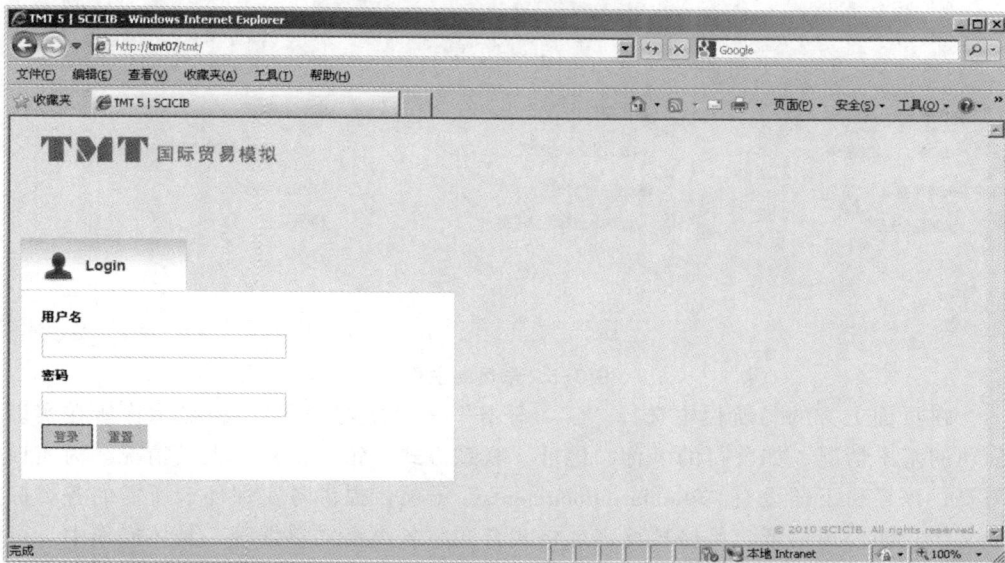

图0-3　TMT登录页面

输入教师为你分配的用户名和密码（注意大小写和空格），如图0-4所示。

图0-4　登录训练系统

点击"登录"按钮后，系统将根据用户属性自动导览至学员端主页（如图0-5所示）。

图0-5　学员端主页

在页面上方的导航栏中选择"实习任务"—"实习公司"，将显示你所在实训公司的基本情况，如公司的名称、地址、联系方式、银行信息、人员情况。为实训需要，该栏目下还设有"standard documents"子项，提供各实训环节所需的各类标准文档，如公司信纸、价格核算表、格式合同、各类格式单据等，具体操作中，可到子项下载所需文档进行填写，以便完成实训任务。

【了解实训进程】

TMT完整的实训计划包含21个业务环节，可根据教学计划进行预先设定，将这21个业务环节划分为若干个操作步骤。在页面上方的导航栏中选择"实习任务"—"实习进度"（如图0-6所示）。

图0-6　学员端主页

点击菜单中的"实习进度"，将显示实训的进展情况（如图0-7所示）。

#	步骤名称	时间	开放状态
1	建立业务关系	--	已完成
2	报价核算，发盘	--	已完成
3	还价核算，还盘	--	已完成
4	成交核算，合同签订	--	进行中
5	信用证理解，信用证分析审核，信用证修改	--	未开放
6	履约安排	--	未开放
7	托运，报检	--	未开放
8	投保，原产地认证	--	未开放
9	报关	--	未开放
10	装运，单据审核	--	未开放
11	单据缮制，交单	--	未开放
12	业务善后	--	未开放

图0-7　实习进度表

【查看实训要求】

在每一个实训环节，你都将获悉教师的"操作要求""操作提示"和实训软件内置的"业务反馈"（来自外方公司、各贸易服务机构等）。在每步实训操作之前，你都需要充分了解这三方面的信息。

在页面上方的导航栏中选择"实习任务"—"操作要求"，将显示历次（包括当前）的"操作要求"。

【提交实训操作】

仔细阅读"操作要求"和"业务反馈"后，结合"操作提示"，用 Word 或 Excel 格式完成业务操作，如函电草拟、单据填制等。

完成业务操作后，请保存好该文件，务必记清其文件名和存放路径。

然后，如图 0-8 所示，在页面上方的导航栏中选择"实习任务"—"操作提交"。

图0-8　提交作业

在图 0-9 中选择进入相应的操作环节，如"成交核算、合同签订"，然后点击"浏览"按钮，在本地找到拟提交文件，确定无误后，点击"提交"按钮。

提交成功后，"提交状态"一栏会自动显示"下载"字样，这表明你的操作文件已提交成功（如图 0-10 所示）。

特别需要注意的是，TMT 实训过程完全遵循国际货物买卖的实际业务顺序，所以只有当业务进行到某环节时，才能提交该环节的操作，提前提交不符合业务逻

图0-9　选择提交的环节

图0-10　提交成功

辑，也会被系统拒绝。同时，TMT实训有其既定的时间进度表，每一个操作步骤一般都有规定的完成时点，你应该及时完成提交，不要逾期；否则，系统将关闭提交。

提交后，如果发现已提交的文件中有错误需要更正，你可以先修改操作文件，然后再次提交，确认后，系统会自动覆盖上一次提交的文件。当然，如果此时已超过了该步骤的允许提交时段，你就无法更新了。

尽管TMT软件并未对提交的操作文件名称作出硬性规定，但建议你按一定的规则来命名每次提交的操作文件，以便在本地形成清晰的文档备份。

【获悉实训评估】

提交实训操作后，你可以在适当的时候查看该步操作的参考答案。仔细地将自己的操作与参考答案进行比照，有利于提高操作的规范性。

在页面上方的导航栏中选择"实习任务"—"操作示范"，会显示已公布的操作示范列表，页面上有明显的文件标志和快捷的导航工具，方便你迅速定位需要查看的示范文件（如图0-11所示）。

主页　　实习任务　　信息查询　　交流与帮助

| 实习公司 |
| 实习进度 |
| 操作要求 |
| 业务反馈 |
| 操作提交 |
| 操作示范 |

操作示范

| 建立业务… | 报价核算, 发盘 2 | 还价核算, 还盘 3 | 成交核算, 合同签订 4 |
| -- 包含业务… | -- 包含业务环节: 报价核算表, … | -- 包含业务环节: 还价核算表, … | -- 包含业务环节: 成交核算表, … |

| 信用证理解, 信用证分析审核, 信用证修改 5 | 履约安排 6 | 托运, 报检 7 | 投保, 原产地认证 8 |
| -- 包含业务环节: 信用证中文译… | -- 包含业务环节: 履约明细 | -- 包含业务环节: 订舱委托书, … | -- 包含业务环节: 投保单, 商业… |

| 报关 9 | 装运, 单据审核 10 | 单据缮制, 交单 11 | 业务善后 12 |
| -- 包含业务环节: 报关单, 通关… | -- 包含业务环节: 装运通知, 审… | -- 包含业务环节: 汇票, 受益人… | -- 包含业务环节: 业务善后函 |

图0-11　　操作示范

【进行实训交流】

在 TMT 实训过程中，如果你对操作要求、业务反馈、参考答案、操作提示、操作点评有疑问，或有业务问题需要咨询时，可以与所在公司的指导教师进行交流讨论。

在页面上方的导航栏中选择"交流与帮助"—"疑问解答"，点击"新提问"，尽可能清楚地表述你所遇到的问题，然后"提交"，教师进行答复后，在页面的右上角，你会得到即时的提示。

有时，你的问题可能颇具代表性，教师往往会在常见问题中予以解答。

点击主菜单中的"常见问题"，浏览常见问题列表。这些带有普遍意义的问题往往对每一位 TMT 学员都有很好的借鉴作用，建议你不妨经常关注。

无论教师采用何种方式来解答你的提问，其回答都不是即时的，"操作提问"仅是 TMT 实训过程中进行事后咨询或得到事后帮助的一种途径。

软件数据查询简介

【商品资料】

TMT实训过程中，在某些业务环节，你可能需要查询公司的产品信息才能完成操作。你需要在页面上方的导航栏中选择"信息查询"，进入信息查询系统。在这里，所有的信息都是公共的、开放的，主要涉及商品资料和费率查询。

在页面上方的导航栏中选择"信息查询"—"商品查询"，将显示公司主要经营的产品信息（如图0-12所示）。

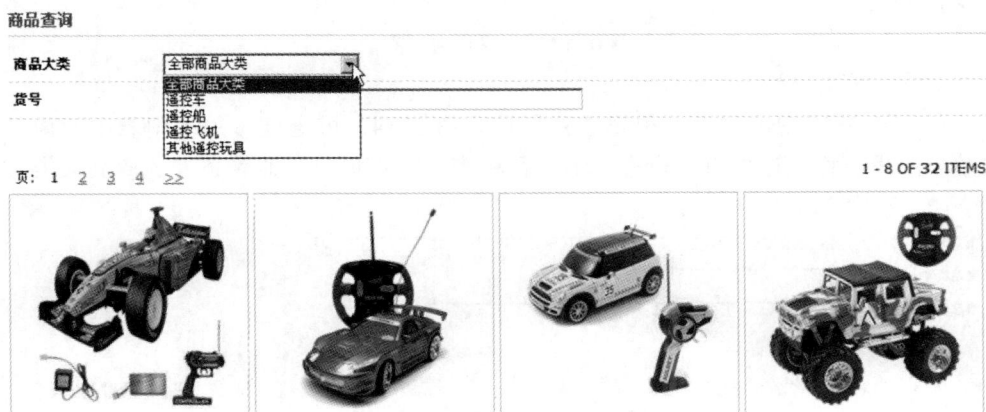

图0-12 信息查询系统

TMT中的交易标的一般都是某类有形商品，在此你可以查询该商品的基本信息，如品名、货号、外形、包装方式、包装尺码、包装重量、含税成本等，以便对交易商品形成一个初步的感性认识，同时也为日后的核算、报关等环节提供基础。

不同的公司经营不同的商品，请登录后仔细查询。

（1）如果选用商品大类方式查询，请在"商品大类"下拉菜单中进行选择（如茶餐具），然后点击"开始查询"，便可显示TMT商品库中所有此类商品的详细信息。

（2）如果选用按商品货号方式查询，请在"货号"的空格处输入你希望查找的货号（如2103S），然后点击"开始查询"，即可显示查询结果。请务必准确输入货号，特别注意不要多添加空格，否则，查询可能无法顺利进行。

【税费查询】

在价格核算及履约过程中，你需要了解公司外部的税费信息，以便准确核价和办理各项出口手续。

在页面上方的导航栏中选择"信息查询"—"费率查询"，你可以查询四方面的税费信息：税则税率查询、出口退税查询、海洋运价查询和汇率查询（如图0-13所示）。

费率查询

- 税则税率查询
- 出口退税查询
- 海洋运价查询
- 汇率查询

图0-13　费率查询中心

1.税则税率查询

点击图0-13中的"税则税率查询"进入图0-14，可查询海关税则表中的商品编号、商品名称、进出口关税率、消费税税率、计量单位、监管条件、商品大类。

| 费率查询 - 税则税率查询 | | | | | | | | | 海关监管条件代码表 |

商品大类	全部商品大类
商品编号	
商品名称	

搜索

页：1　2　3　4　5　6　7　…　>>　　　　　　　　　　　　1 - 20 OF 1115 ITEMS

进 出 口 关 税 及 其 他 税 收 综 合 一 览 表

No.	商品编号	商品名称	出口税率%	进口税率%（优惠）	进口税率%（普通）	消费税率%	计量单位	监管条件	商品大类
1)	6101	针织或钩编的男式大衣、短大衣、斗篷、短斗篷、带风帽的防寒短上衣(包括滑雪短上衣)、防风衣、防风短上衣及类似品，但品目6103的货品除外							针织或钩编服装
2)	6101200010	棉制针织或钩编男式大衣(包括短大衣、斗篷、短斗篷及类似品，雨衣除外)	0	17.5	90	0	件(千克)		针织或钩编服装
3)	6101200021	棉制针织或钩编手工制男式防风衣(包括防寒短上衣、防风短上衣及类似品)	0	17.5	90	0	件(千克)		针织或钩编服装
4)	6101200029	棉制针织或钩编男式防风衣(包括防寒短上衣，防风短上衣及类似品)	0	17.5	90	0	件(千克)		针织或钩编服装

图0-14　进出口关税及其他税收表

现以查找"遥控车"的税则号（H.S.Code）、出口关税税率、计量单位、监管条件为例进行说明：点击"商品大类"下拉菜单，经比较后判断遥控车应归入"玩具、游戏品、运动用品及其零件、附件"大类。在查询结果中，再根据该商品的具体特性归入适当的税目，如遥控车应归入"9503118200其他带动力装置的玩具及模型"。

你需要仔细查看相应的税率资料："商品编号"即 H.S.Code；"出口税率"即出口关税税率；"计量单位"即报关时的法定计量单位；"监管条件"中各个字母数字的含义则可进一步查询页面上方的"海关监管条件代码表"，例如"B"代表其属于出口法定检验的商品。

你也可以直接输入商品名称进行查询。请注意，此处输入的是中文品名。如果你首次输入的品名查询失败，建议你在重试时删去部分修饰词以扩大查询范围。如此例中，输入"毛绒玩具"查询失败后，重新输入"玩具"查询，便可以看到查询结果。

2.出口退税查询

点击图0-13中的"出口退税查询"进入图0-15，可查询商品对应的增值税税率和出口退税率。

费率查询 - 出口退税查询

商品大类	全部商品大类 ▾
商品编号	
商品名称	

检索

页： 1　2　3　4　5　6　7　…　>>　　　　　　　1 - 20 OF 1115 ITEMS

出 口 退 税 一 览 表

No.	商品编号	商品名称	增值税率%	出口退税率%	商品大类
1)	6101	针织或钩编的男式大衣、短大衣、斗篷、短斗篷、带风帽的防寒短上衣(包括滑雪短上衣)、防风衣、防风短上衣及类似品，但品目6103的货品除外			针织或钩编服装
2)	6101200010	棉制针织或钩编男式大衣(包括短大衣、斗篷、短斗篷及类似品，雨衣除外)	17	16	针织或钩编服装
3)	6101200021	棉制针织或钩编手工制男式防风衣(包括防寒短上衣，防风上衣及类似品)	17	16	针织或钩编服装
4)	6101200029	棉制针织或钩编男式防风衣(包括防寒短上衣，防风短上衣及类似品)	17	16	针织或钩编服装
5)	6101200030	棉制针织或钩编男式雨衣	17	16	针织或钩编服装

图0-15　出口退税一览表

出口退税的查询方式与税则税率查询类似，可根据"商品大类"或者"商品名称"进行检索，如果你已明确了 H.S.Code，也可根据"商品编号"进行准确查找。

3.海洋运价查询

点击图0-13中的"海洋运价查询"进入图0-16，可查询从上海至目的港口的集装箱包箱费率。

以查询从上海至美国纽约（New York）的海洋运价为例进行说明：你可以按"目的国家/地区"进行查询：在下拉菜单中找到"United States of America"，然后

费率查询－海洋运价查询

目的国家/地区	目的国家/地区 ▼
航线	全部航线 ▼
目的港	

检索

页：1 2 3 4 5 6 7 … >>

1 - 20 OF **144** ITEMS

海 洋 运 价

No.	目的港 PORT OF DESTINATION	航线 LANE	包箱费率 1 20'FCL(USD)	包箱费率 2 40'FCL(USD)	目的国家/地区 COUNTRY/AREA
1)	Adelaide	澳新线	860	1290	Australia
2)	Brisbane	澳新线	850	1275	Australia
3)	Melbourne	澳新线	900	1350	Australia
4)	Sydney	澳新线	1100	1650	Australia
5)	Auckland	澳新线	800	1200	New Zealand

图0-16　海洋运价表

点击"检索"；也可以按"航线"进行查询：在下拉菜单中找到"美东线"，然后点击"检索"；还可以按"目的港"名称进行查询：在目的港输入框内键入"New York"，然后点击"检索"，选用这种方式查询，必须正确拼写港口名称，否则会导致查询失败。如果你对此不确定，建议采用按地区国别查询。

4.汇率查询

点击图0-13中的"汇率查询"进入图0-17，可查询美元兑换人民币的中间价、卖出价、现汇买入价、现钞买入价等数据。

费率查询－汇率查询

交易币	交易币单位	基本币	中间价	卖出价	现汇买入价	现钞买入价
美元	100	人民币	652.00	654.00	650.00	645.00

图0-17　汇率表

基础实训篇

实训一　建立业务关系

【实训目的与要求】

　　本实训的目的是，培养实训者建立业务关系信函的写作技能。本实训要求实训者在已占有国外客户信息、出口公司基本情况和商品情况的基础上，能够根据商业信函写作的一般规律，运用推销技巧，通过准确、规范的商业英语，独立完成一篇商业建交函。

【实训指导】

　　1.建立业务关系函的基本结构

　　（1）说明收信人基本信息的获取来源。了解国外客商信息的渠道很广泛，如各种商业媒体（如媒体广告、企业名录、互联网等），商业机构（如商会、驻外机构、银行等），各类交易会、展览会等。说明收信人的信息来源目的主要有二，其一是表示对其重视，其二是不让对方感觉写信人的唐突。

　　（2）说明信函目的。商业信函的言简意赅原则要求写信人应该开篇明义，直接表达该信函的目的。商业建交函的目的是建立长期的业务关系，推销本公司经营的商品。

　　（3）自我概况介绍。为便于对方了解，应将本公司的性质、规模、经营范围、公司业绩、经营理念等作简明介绍。

　　（4）经营商品介绍。经营商品介绍应包括两个方面内容：一是针对收信人的经营范围作针对性介绍，介绍应包括商品具体描述、优势特征、质量保证、价格水平、销售状况等；二是经营商品的一般性介绍，目的是调动收信人的潜在购买或推销欲望。

（5）激励性结尾。这种结尾应简短，目的是激发对方对所推销商品的兴趣，愿意与写信人展开实质性商谈。

2.建立业务关系函的写作要求

（1）考虑语场，正确使用套语。信函应当紧紧围绕着贸易活动这个话题进行，所使用的语言应当尊重长期商业活动中形成的固定表达方式，以体现写信者的商业素质。

（2）正确的书面语语式。商务英语函电的语式属于书面语，它的特征是语法结构完整，语句与措辞简练得当。在句法上谦虚有礼，有助于老关系的加强和新关系的建立，所以应当避免使用激怒、冒犯或轻蔑的言辞。写法上以第二人称的"您"为出发点，以感染你的客户，然后恰当地表达你的想法，或劝诱，或坚持观点，或道歉等。

（3）言简意赅的语旨。信函写作目的应当明确，主题鲜明、一目了然；选词应当恰当、精确；态度应当严谨庄重，讲究礼貌用语。写作时应避免含糊、抽象、笼统的词语。

（4）结构合理。段落划分要清晰，通常一个段落表达一个观点。

【实训数据】

1.国际贸易模拟实训教学软件（TMT）中与本实训相关的外商资料。

2.国际贸易模拟实训教学软件（TMT）中与本实训相关的出口公司资料。

3.常用英语开头语参考例

（1）We have obtained the name and address of your corporation from the Commercial Counselor's Office of your Embassy in our country.

我们从贵国驻我国的商务参赞处获知你方姓名和地址。

（2）We are very pleased to communicate with you for the possibility of establishing business relations.

我们与您联系是希望有可能与您建立贸易关系。

（3）We learned from the Commercial Counselor of our Embassy in Ottawa that you deal in tablecloths.

我们从我国驻渥太华大使馆的商务参赞那里得知贵公司经营桌布。

（4）Your firm has been recommended to us by the Chamber of Commerce in Tokyo, Japan.

日本东京商会向我们推荐了贵公司。

（5）We learn/note from the Internet that you are one of the leading importers and distributors of ladies' dresses in the US.

我们从互联网上了解到/注意到您是美国主要的女装进口商和分销商之一。

（6）We take the liberty of writing to you with a view to building up business relations with your firm.

我们冒昧写信给您，期待与贵公司建立业务关系。

（7）We have the pleasure of introducing ourselves to you with the hope that we may have an opportunity of cooperating with you in your business extension.

我们有幸自荐，希望能有机会与您合作拓展业务。

（8）We are glad to send you this introductory letter, hoping that it will be the prelude to build mutually beneficial relations between us.

我们欣然寄发这封自荐信，希望是互利关系的前奏。

（9）We are given to understand that you are a potential buyer of Chinese...which comes within the frame of our business activities.

据了解，贵方是中国____（商品）潜在的买家，而该商品正属于我们的业务经营范围。

（10）Being specialized in the export of lighting products, we express our desire to trade with you in this line.

我们是专业的灯具出口商，愿与贵方开展这方面业务。

（11）We are glad to hear that you're on the market for textiles .

很荣幸知悉贵方主要经营纺织行业生意。

（12）We get your name card from China HK fair.

我们在中国香港展会拿到您的名片。

4.常用英语感谢语参考例

（1）Please accept our thanks for the trouble you have taken.

有劳贵方，不胜感激。

（2）We are obliged to thank you for your kind attention in this matter.

不胜感激贵方对此事的关注。

（3）We tender you our sincere thanks for your generous treatment of us in this affair.

对贵方在此事中的慷慨之举，深表感谢。

（4）Allow us to thank you for the kindness extended to us.

对贵方之盛情，不胜感谢。

（5）We thank you for the special care you have given to the matter.

贵方对此悉心关照，不胜感激。

（6）We should be grateful for your trial order.

如承试订货，不胜感激。

（7）We should be grateful for your furnishing us details of your requirements.

如承赐示具体要求，不胜感激。

（8）It will be greatly appreciated if you will kindly send us your samples.

如承惠寄样品，将不胜感激。

（9）We shall appreciate it very much if you will give our bid your favorable consideration.

如承优惠考虑我方报价，将不胜感激。

（10）We are greatly obliged for your bulk order just received.

收到贵方大宗订货，不胜感激。

（11）We assure you of our best services at all times.

我方保证向贵方随时提供最佳服务。

（12）If there is anything we can do to help you, we shall be more than pleased to do so.

贵公司若有所需求，我公司定尽力效劳。

（13）It would give us a great pleasure to render you a similar service should an opportunity occur.

我方如有机会同样效劳贵方，将不胜欣慰。

（14）We spare no efforts in endeavoring to be of service to you.

我方将不遗余力为贵方效劳。

（15）We shall be very glad to handle for you at very low commission charges.

我方将很愉快与贵方合作，收费低廉。

（16）We have always been able to supply these firms with their monthly requirements without interruption.

我方始终能供应这些公司每月所需的数量，从无间断。

（17）We take this opportunity to reemphasize that we shall, at all times, do everything possible to give you whatever information you desire.

我们借此机会再次强调，定会尽力随时提供贵方所需的信息。

（18）We are always in a position to quote you the most advantageous prices for higher quality merchandise.

我们始终能向贵方提供品质最佳的产品，报价最为优惠。

（19）This places our dealers in a highly competitive position and also enable them to enjoy a maximum profit.

这样可以使我方经营者具有很强的竞争力，还可获得最大的利润。

（20）We solicit a continuance of your confidence and support.

恳请贵方继续给予信任和支持。

【实训步骤】

1.登录TMT实训系统，在实训任务下拉栏中点击"操作要求"，在实训任务中点击任务1"建立业务联系"，即可看到实训公司所对应的外商有关资料、实训任务和操作提示，根据操作提示，获取实训公司的有关资料。

2.仔细阅读本实训指导。

3.按照实训指导草拟业务建交函。

4.修改、润色、定稿该信函。

【实训内容】

1.进入TMT实训系统后，将外商有关资料和出口公司的有关资料取出备用。

2.认真阅读本实训指导，掌握商业建交函的基本结构和写作方法。

3.根据本实训数据和实训指导，完成商业建交函的草稿写作。写作按如下步骤进行：

（1）分别用至少以下3种表达方式写明收信人信息来源：

① We learned from...that you...

② We have obtained your name and address from...

③ Mr.Jackson has recommended you to us as a...

④ Your firm has been kindly recommended by ...

⑤ We take the liberty of writing this letter...

（2）分别用至少以下3种方式表明去函目的：

① We are writing to you for the purpose of...

② We are writing to you to introduce ourselves as a...

③ With this letter we wish to find the possibility of...

④ The purpose of this letter is to explore the possibilities of developing...

⑤ Being specialized in the export of...products，we express our desire to...

（3）分别用下面的开头语作公司基本情况介绍，内容应当包括公司名称、性质、员工人数、经营范围、年进出口额、主要出口地区、有何荣誉等：

① We are a leading company in...business for...years.

② Our company，×××Trading Co.，Ltd. was established in...

③ We are a listed company specializing in...

④ We are a well-known local enterprise handing...

⑤ We are exporters of long standing and high reputation，engaged in exportation of...

（4）根据实训数据详细介绍公司主要经营商品给对方。

（5）分别用以下方式结尾：

① We are confident that you will find a ready market for our products in your country...

② Should you be interested in any of our products，please let us know，we assure you of a smooth and beneficial cooperation with us.

③ We are looking forward to your favorable reply.

④ Please let us know by return what's your idea about...

⑤ We look forward to receiving from you good news.

4.实训者两人一组，相互修改商业建交函草稿。

【实训总结】

在完成本实训任务之后，按照附录三的格式完成实训报告。

实训二　报价核算

【实训目的与要求】

本实训的目的是培养学生根据相关数据自主完成出口报价的技能。本实训要求学生通过实训进一步理解出口价格表示方法，掌握出口价格构成中成本和费用的种类及含义，掌握常见报价的计算方法，准确核算 FOB、CFR 和 CIF 出口报价。

【实训指导】

出口商品的外销价由实际成本、出口费用和利润 3 个因素构成。报价操作就是对以上 3 个因素进行核算。

1.成本核算

（1）成本核算的概念

对贸易商而言，成本核算就是核算贸易公司从工厂采购的出口商品的实际成本。

①含税成本的概念

含税成本是指出口商从供货商那里买进货物所支付的金额。该金额由两部分组成：一是供货商的出口报价；二是增值税，后者是供货商根据国家税法对产品的增值部分按照规定的税率缴纳的税金。

②实际成本的概念

本书的实际成本是指用出口退税收入冲减后的含税成本。出口退税是指国家为了鼓励出口，降低出口成本，对不同类别的出口商品按照不同的比率将在出口前的生产和流通环节所征收的增值税退还给出口企业的税收制度（出口退税率往往都低于增值税税率）。出口商收到退税额就等于又有了一笔收入，冲抵后的出口商品实际成本低于含税成本。

（2）成本核算的方法

①含税成本

含税成本=出口报价+增值税税额

增值税税额=出口报价×增值税税率

含税成本=出口报价×（1+增值税税率）　　　　　　　　　　　　　　　（2.1）

②实际成本

实际成本=含税成本−退税额

退税收入=出口报价×退税率

实际成本=出口报价×（1+增值税税率）−出口报价×退税率

　　　　=出口报价×（1+增值税税率−退税率）　　　　　　　　　　　（2.2）

③含税成本与实际成本的换算

出口报价=含税成本÷（1+增值税税率）

$$含税成本 = \frac{实际成本 \times (1 + 增值税税率)}{1 + 增值税税率 - 退税率} \qquad (2.3)$$

$$实际成本 = \frac{含税成本 \times (1 + 增值税税率 - 退税率)}{1 + 增值税税率} \qquad (2.4)$$

$$退税收入 = \frac{含税成本 \times 退税率}{1 + 增值税税率} \qquad (2.5)$$

2. 费用核算

（1）主要出口费用及含义（见表2−1）

表2−1　　　　　　　　　　　　　　　常见出口费用表

类别	名　称	含　义
国内费用	国内运费	从供货地至出口交货地的国内运输费用
	加工整理、仓储、包装等费用	含税成本之外的对货物加工整理、包装、仓储产生的费用
	港口费用	货物进入港口装船时港口所收取的装货费及各种杂费
	认证费用	为取得各种认证、许可以及检验报关等所支付的费用
	业务费用	出口业务经营所发生的通信费、交通费、交际费、广告费、展览费等
	出口捐税	商品出口所缴纳的出口关税或其他税费
	占款利息	从采购开始至收回国外货款为止期间的国内采购资金利息成本
	银行费用	银行就提供汇兑、结算服务所收取的费用
国际费用	国际运费	为完成出口货物的国际运输所支付的运费或其他费用
	保险费	为出口货物的运输保险所支付的保险费
	佣金	出口商向中间商支付的佣金

（2）主要出口费用的计算

①国内运费

国内运费以人民币表示。运费计收单位与出口计价单位一致的，计算时无须进行运费折算；运费计收单位与出口计价单位不一致的，则需要按照出口计价单位对国内运费进行折算。例如，出口计价单位为重量单位，国内运费计收单位为体积单位；或者出口计价单位为件、打、套等，而国内运费为每车、每集装箱包干的，都应按照出口计价单位进行折算。

②加工整理、仓储、包装等费用

加工整理、仓储、包装等费用应是含税成本之外的所有费用加总之后按照出口计价单位进行折算。

③港口费用

港口费用核算时应当包括因货物入港装船港口收取的一切费用。除班轮运输（班轮运输的港口费用由承运人支付，但实际上已经包括在班轮运价中），其他运输方式下，港口收取的费用主要包括货物装卸费和港杂费两部分。核算时，应注意当运费计收单位与出口计价单位不一致时的折算问题。

④认证费用

为办理出口许可证、原产地证、各种检验检疫证明书、报关等所发生的认证费用，除许可证外，一般都是按票或次计收的，核算时应注意按照出口计价单位折算。

⑤业务费用

某项出口业务所发生的业务费用或称经营费用很难与其他业务发生的业务费用划分清楚。一般的处理方法是按照含税成本定额分摊，即：

业务费用=含税成本×定额费率

⑥出口关税

出口关税的计算方法为：

$$出口关税=完税价格×关税税率 \tag{2.6}$$

$$FOB的完税价格 = \frac{FOB价格}{1 + 出口税率} \tag{2.7}$$

$$CFR的完税价格 = \frac{CFR价格 - 国际运费}{1 + 出口税率} \tag{2.8}$$

$$CIF的完税价格 = \frac{CIF价格 - 国际运费 - 保险费}{1 + 出口税率} \tag{2.9}$$

⑦占款利息

占款利息的计算方法是：

$$占款利息=单位采购价格×贷款年利率×\frac{占款天数}{360天} \tag{2.10}$$

⑧银行费用

银行费用有两种收取方式：

一种是每笔业务收取固定的费用，此时，应注意按照出口计价单位进行折算分摊。其分摊的方法是：

$$单位出口商品银行费用 = \frac{总银行费用}{总出口商品单位} \tag{2.11}$$

另一种是按照成交价格的百分比收取，此时无须折算分摊。其计算方法是：

单位出口商品银行费用=出口成交价×银行费用率

⑨国际运费

A.件杂货、散货、集装箱拼箱货运费的计算

件杂货、散货、集装箱拼箱货运费是根据货物的重量或体积，按照一定的运费率计算的。在按照重量或体积选择法（W/M）计算时，应首先计算出单位货物的体积（立方米），然后与单位货物重量比较，择大计算。

在采用班轮方式运输情况下，应当考虑附加费问题，按照以下公式计算：

$$F = (1 + S_1 + S_2 + \cdots + S_n) fQ \tag{2.12}$$

式中：F 为总运费；S 为各项附加费率；f 为基本运价；Q 为计费吨。

B.集装箱整箱货运费的计算

集装箱整箱货运费通常是采用整箱费率加整箱附加费的方法或包干方法（all in）计收的。计算单位货物运费时，应当进行运费分摊，即用总运费除以箱内货物总单位量，得出每单位运费额。

为了保证运输安全和满足不同港口装卸设备能力要求，各班轮公司为不同航线设置了集装箱的最大装载量，这些最大限量往往小于集装箱两端标注的理论最大装载量。本实训规定的集装箱最大装载能力为：

20 英尺集装箱：17 500 千克，25 立方米；

40 英尺集装箱：24 500 千克，55 立方米。

对于积载因素较大的货物，用集装箱最大装载容积除以单位货物体积（注意单位统一），即可求出理论上的最大装载量。对于积载因素较小的货物，用集装箱的最大载重量除以单位货物重量（注意单位统一），即可求出理论上的最大装载量。应当注意，实际装载量还取决于积载方法是否得当，因此，计算时应适当留有余地。

⑩保险费

保险费的计算基础是 CIF 价格，同时要考虑保险加成。其计算的基本公式是：

保险费=保险金额×保险费率

保险金额=CIF价格×（1+保险加成率）

在实际计算时，由于上述公式中 CIF 价格和保险金额均为未知数，因此，需要通过 FOB 价格及运费率或 CFR 价格计算，计算公式为：

$$CIF = \frac{CFR}{1 - (1 + 保险加成率) \times 保险费率} \tag{2.13}$$

由上式可知，保险费的计算与佣金的计算均要在完成其他因素计算后，才能进

行。另外，在基本保险费率之外，还可能有附加险费率，计算时，只要把各项保险费率相加代入计算公式即可。

⑪佣金

佣金的计算方法根据佣金的支付方法分为两种：

A.在佣金按成交价比率支付条件下，在综合各种核算因素计算出出口净价基础上，按照合同规定的佣金率按以下公式计算含佣价：

$$含佣价 = \frac{净价}{1 - 佣金率} \qquad (2.14)$$

B.在佣金按照固定额支付条件下，按以下公式计算：

$$单位商品佣金分摊额 = \frac{佣金定额}{总出口单位量} \qquad (2.15)$$

3.利润核算

利润的确定有以下两种方法：

① 按固定额确定。其计算方法是将既定利润额加到出口价格上。

② 按利润率确定。它分为按含税成本计算和按出口报价计算两种，前者称为成本利润率，后者称为销售利润率。采用何种方法由出口公司根据市场竞争状况等因素决定。

按含税成本计算方法为：

出口利润=含税成本×利润率

按出口报价计算方法为：

出口利润=出口报价×利润率

总的出口报价可以用以下公式计算：

$$出口报价 = \frac{实际成本 + 费用额之和}{1 - 费用率及利润率之和} \qquad (2.16)$$

（注：分母中的保险费用率应为加成投保率乘以保险费率）

【实训数据】

1.国际贸易模拟实训教学软件（TMT）"商品查询"中的含税成本数据和"费率查询"中的增值税税率、出口退税率、海运费等费用数据。

2.国际贸易模拟实训教学软件（TMT）"实训任务2"的"实训要求"中提供的相关数据。

3.外商询盘函。

【实训步骤】

1.阅读外商的询盘函，了解外商具体需求。登录TMT实训系统，在实训任务下拉栏中点击"操作要求"，在各实训任务中点击任务2"报价核算，发盘"，即可看到外商的询盘函，点击下载后认真阅读。

2.成本核算。在信息查询下拉栏中点击"商品查询"，查出报价商品的含税成本，点击"费率查询"，查出增值税税率、出口退税率和海运费率，然后计算单位商品的成本。

3.报价核算。根据步骤1，可以看到商品的有关费用、公司的预期利润率和美元与人民币的兑换率。计算单位商品的FOB、CFR和CIF报价。

4.利润额核算。根据上述信息，计算利润额。

5.将上述核算结果填入"出口报价核算结果汇总表"，完成本环节实训任务。

【实训内容】

1.成本核算

根据本实训环节的实训数据，按照实训指导的方法，核算含税成本、实际成本和退税收入。

2.报价核算

根据本实训环节的实训数据，按照实训指导的方法，分别核算国内运费、出口关税、银行费用、占款利息、国际运费、保险费、佣金，然后加总，并分别计算出FOB、CFR、CIF的含佣价。

3.利润核算

根据本实训环节的实训数据，按照实训指导的方法，分别计算成本利润率和销售利润率下的利润额，最后分别核算FOB、CFR、CIF的含利润价。

4.填制"出口报价核算结果汇总表"

【实训总结】

在完成本实训任务之后，按照附录三的格式完成实训报告，实训结果总结应当填入表2-2。

表2-2　　　　　　　　　　　　出口报价核算结果汇总表

核算项目	核算过程	核算结果	单位
货物总体积			立方米
货物总毛重			公吨
实际成本			CNY/单位
退税收入			CNY/单位
国内费用			CNY/单位
国际运费			CNY/单位
保险费			CNY/单位
FOB 报价			USD/unit
CFR 报价			USD/unit
CIF 报价			USD/unit

实训三　发盘操作

【实训目的与要求】

本实训的目的是让实训者在报价核算训练的基础上，通过实训掌握发盘的法定内容和写作方法。本实训要求实训者根据实训一和实训二的实训数据，以及实训二的实训结果，参照本实训指导，正确地写出发盘函，进一步理解和熟练掌握发盘的法定构成要件和写作要领。

【实训指导】

1.发盘的定义

发盘也称为发价或报价，是进出口业务中使用的术语，法律上称为要约，它是指向特定的人发出的具有确定内容的，同时具有约束力的订立合同的建议。

2.发盘的法定构成要件

（1）向特定人发出。特定人可以是一个以上的人，此项要求主要是使交易具有确定的对象，所以，一般性的商品广告不能构成发盘。

（2）内容具体明确。内容具体明确主要指发盘中具备了确定的主要交易条件。关于何为具体明确，各国法律规定存在差别。《联合国国际货物销售合同公约》规定了一个最低3要素标准，要约只要具备这3个要素，即为具体明确。它们是：①货物名称；②数量或数量的规定方法；③价格或价格的确定方法。

（3）表明了发盘的不可撤销性。发盘的不可撤销性即如果受盘人愿意无条件地接受发盘条件达成交易，发盘人必须按照发出的条件成交，不得反悔。

3.发盘函的基本内容

根据发盘的法定要件，考虑发盘的可执行性，一项发盘函通常应当具备以下基本内容：

（1）受盘人。除写明具体收件人外，还应写明该收件人所在的公司及部门，以表明该业务行为为公司行为。

（2）信函的标题。设立标题目的是让收件人对信件的主旨一目了然。例如，Re：Chinese Yellow Maize，让收件人一看即知道该信函是为了中国产黄玉米的贸易事宜。

（3）既往信函索引。索引的目的是让受盘人清楚该项发盘的来龙去脉，也方便引出下文。例如，"感谢贵方昨天关于中国产黄玉米的询盘，我们现发盘如下"。

（4）主要交易条件：①商品名称及品质、规格的描述。品种规格较多时，可以列表说明。②数量。③包装。④价格条件。⑤支付条件。⑥装运期。⑦其他条件。

（5）有效期。表明本项发盘的有效期。

（6）结尾。为鼓励受盘人尽快确认接受该项发盘，可说明目前订单较多，但如果贵方立即订货，我方将忠实地履行合同，希望尽早收到贵方的接受确认。

（7）发件人及联系方式、信件的日期。

本实训过程中，除了需要注意上述基本内容外，还应注意发盘函的语言组织和页面的合理布局。

【实训数据】

1.国际贸易模拟实训教学软件（TMT）中相关的实训数据。

2.实训二中完成的出口报价核算结果汇总表和外商询盘函。

3.发盘函参考例。

【发盘函参考例一】

20 April，2021

Flamely Co.，Ltd.

24 Waterfront Street

Singapore

Dear Sirs，

This is to confirm your telex of 16 April，2021，asking us to make you firm offers for rice and soybeans C&F Singapore.

We faxed you this morning offering you 300 metric tons of polished rice in new poly-propylene woven bag of 50kg each at US$240 per metric ton，C&F Singapore，for shipment during June/July 2021, sight L/C. This offer is firm, subject to the receipt of your reply before 25 April, 2021.

Please note that we have quoted our most favourable price and are unable to entertain any counter offer.

With regard to soybeans, we advise you that the few lots we have at present are under offer elsewhere. If, however, you were to make us a suitable offer, there is a possibility of our supplying them. As you know, of late, it has been a heavy demand for these commodities and this has resulted in increased prices. You may, however, take advantage of the strengthening market if you send an immediate reply.

Yours faithfully,
Tony Smith
Chief Seller

【参考译文】

执事先生:

2021年4月16日查询大米和大豆新加坡到岸价的电传已收悉。

今晨已传真报价:精白米300公吨,新聚丙烯编织袋包装,每袋50千克,每公吨成本加运费新加坡240美元。2021年6或7月装运,即期信用证结算。以上实价以贵公司于2021年4月25日前确认回复到我方有效。

该报价为最优惠价,恕不能还价。

本公司与客户正洽售一批大豆交易,若贵公司能报以适当买价,本公司可以出售。近来该类产品需求旺盛,令价格上涨。请贵公司把握机会,尽早落实订单为盼。

销售部主任
托尼·史密斯谨上
2021年4月20日

【发盘函参考例二】

February 24th, 2021
Dongpeng Installations Co., Ltd.
2Xiyue Street, Guangdong, China
Dear Sirs,

In reply to your letter of 21st February, we have pleasure in enclosing a detailed quotation for bathroom showers, minimum booking quantity is 500 sets in one 20 feet container, sight L/C, subject to your reply reaching here by the end of this month.

Besides those advertised in the Builders' Journal, our illustrated catalogue also enclosed shows various types of bathroom fittings and the sizes available. Most types can be supplied from stock.45 ~ 60 days should be allowed for delivery of those marked with an asterisk.

Building contractors in Hong Kong and Taiwan have found our equipment easy to install and attractive in appearance.Naturally all parts are replaceable，and our quotation includes prices of spare parts.We can allow a 2% discount on all orders of US$6 000 in value and over，and a 3% on orders exceeding US$20 000.

Any orders you place with us will be processed promptly.

Yours sincerely,
Francesco Marani
Sales Manager

【参考译文】

执事先生：

你2月21日信收悉。兹随函附上浴室淋浴产品详细报价，最低起订量为500套，装入一个20英尺集装箱，即期信用证结算，有效期至你方本月底回复至我方。

除建筑商杂志上广告所列产品外，随函也附上了我方可供的其他浴室产品附图目录，其中绝大数为现货，但标注有星号者需45~60天备货期。

中国香港与台湾建筑承包商认为我们的产品既美观又易于安装。事实上，我们产品的全部部件均可替换，我们报价中也包含了这些部件的价格。各项订单金额达6 000美元及以上者，给予2%折扣，达20 000美元及以上者，给予3%折扣。

我们对收到的订单会立即处理。

销售经理
弗朗西斯科·马拉尼
2021年2月24日

【实训步骤】

1.到国际贸易模拟实训教学软件（TMT）中找出外商询盘函。
2.到实训二中找出已核算完毕的报价核算表。
3.仔细阅读本实训的实训指导，特别注意发盘的基本内容。
4.写出完整的发盘函。
5.对照基础数据和实训指导，确定发盘函的格式、内容完整、正确无误。

【实训内容】

1.学习领会发盘的概念、法定必要条件。

2.学习领会发盘函的基本结构和内容。

3.根据实训指导和数据，完成发盘函的写作。

4.与指导教师互动，改进、完善发盘函。

【实训总结】

在完成本实训任务之后，按照附录三的格式完成实训报告。

实训四　还价核算

【实训目的与要求】

本实训的目的是培养实训者在外商报价或者还价基础上，对原报价进行调整和重新核算的基本知识和基本技能。通过本实训，要求实训者具备以下核算能力：

1. 在外商还价不变和其他成本不变的条件下，我方的利润或利润率还剩多少？
2. 在外商还价不变和我方利润率不变的条件下，含税成本应下调多少？
3. 在含税成本不变和我方利润率下调（或者相反）的条件下，对外商应还价多少？

【实训指导】

国际货物买卖中讨价还价是正常现象。出口商欲推销某种商品，首先应当如实训二那样，进行价格核算，在各项成本和利润率既定的条件下，核算出对外报价。在收到国外对价格的还盘时，为达成交易，往往需要对原出口报价进行下调。调整对象通常为含税成本、既定利润率和外商还价。其他成本较难改变，因此我们假设其他成本不变。

1. 外商还价和含税成本不变条件下利润率的测算方法

利润率的测算有以下两种方法：

（1）利用出口报价核算公式直接测算利润率

根据（2.16）式得：

$$利润率 = 1 - 费用率之和 - \frac{成本费用额之和}{外商还价} \tag{4.1}$$

（2）采用逐项扣除法求出利润额，再计算利润率

出口报价=实际成本+国内费用+国际运费+银行费用+保险费+佣金+利润额

利润额=外商还价–实际成本–国内费用–国际运费–银行费用–保险费–佣金

$$= \frac{外商}{还价} - \frac{实际}{成本} - \frac{国内}{费用} - \frac{国际}{运费} - \frac{外商}{还价} \times \left(\frac{银行}{费率} + \frac{保险}{加成率} \times \frac{保险}{费率} + 佣金率 \right) \tag{4.2}$$

计算时应注意：

① 外商还价应按外汇牌价折算为人民币销售收入。

② 实际成本应按（2.4）式通过含税成本减去退税收入求得。

③ 占款利息（如果有）按照含税成本乘以年利率再乘以年占款时间求得。

$$利润率 = \frac{利润额}{外商还价} \times 100\% \tag{4.3}$$

2.外商还价和出口利润率不变条件下含税成本的核算方法

根据（2.4）式及（2.16）式得：

$$含税成本 = \frac{[外商还价 \times (1 - 费用率与利润率之和) - 费用额之和] \times (1 + 增值税税率)}{1 + 增值税税率 - 出口退税率} \tag{4.4}$$

3.含税成本不变和我方利润率下调（或者相反）条件下对外商应还价的调整方法

含税成本不变和我方利润率下调（或者相反）条件下对外商应还价的调整实际上就是利用新的利润率对出口报价重新核算。核算方法按照（2.16）式计算即可。

【实训数据】

1.国际贸易模拟实训教学软件（TMT）实训二中涉及的相关实训数据。

2.外商还盘函。

3.还价核算过程记录表。

【实训步骤】

1.登录国际贸易模拟实训教学软件（TMT），在"业务反馈"栏中找到外商的还盘函，点开后认真阅读，了解外商的还盘要求。在"实习公司"栏中下载"还价核算过程记录表"。

2.阅读本实训中的实训指导，掌握FOB、CFR和CIF 3种条件下还价的核算方法。

3.分别进行以下核算：

（1）在外商还价不变和其他成本不变条件下，我方的利润或利润率还剩多少？

（2）在外商还价不变和我方利润率不变条件下，含税成本应下降多少？

（3）在含税成本不变和我方利润率下调（或者相反）条件下，对外商应还价多少？

4.将上述核算结果填入"还价核算过程记录表"，完成本环节实训任务。

【实训内容】

1.在外商还价不变和其他成本不变条件下，我方的利润或利润率还剩多少的核算。

（1）按（4.1）式的方法进行计算。

（2）按（4.2）式的方法计算，然后将计算结果填入表4-1。

表4-1 还价核算过程记录表

项目	计算过程	计算结果	单位
外商还价			
含税成本			
退税收入			
实际成本			
国内费用			
国际运费			
占款利息			
银行费用			
保险费			
佣金			
利润额			
销售利润率			

2.在外商还价不变和我方利润率不变条件下，含税成本应下降多少的核算。

按（4.4）式方法计算。为便于核对，首先完成表4-2内容的基础计算，然后再按（4.4）式完成该表最后一项的计算。

表4-2 **含税成本核算过程记录表**

项目	计算过程	计算结果	单位
外商还价	按实训数据计		
各项费用率之和	银行费用率+保险加成×保险费率+佣金率+利润率		
各项费用额之和	国内费用+国际运费+占款利息+其他定额费用		
增值税税率	11%		
退税率	按实训数据计		
含税成本	含税成本=$\dfrac{[外商还价(1-费用率与利润率之和)-费用额之和](1+增值税税率)}{1+增值税税率-退税率}$		

3.在含税成本不变和我方利润率下调（或者相反）条件下，对外商应还价多少的核算。

按（2.15）式方法计算。计算过程填入表4-3。

表4-3 **对外还价计算过程记录表**

项目	计算过程	计算结果	单位
实际成本	实际成本=$\dfrac{含税成本×(1+增值税税率-退税率)}{1+增值税税率}$		CNY/单位
各项费用额之和	国内费用+国际运费+占款利息+其他定额费用		CNY/单位
各项费用率之和	银行费用率+保险加成×保险费率+佣金率+利润率		CNY/单位
CIFC报价	出口报价=$\dfrac{实际成本+费用额之和}{1-费用率及利润率之和}$		USD/unit

【实训总结】

在完成本实训任务之后，按照附录三的格式完成实训报告。

实训五　还盘操作

【实训目的与要求】

本实训的目的是使实训者掌握国际贸易磋商过程中还盘的概念、法律性质和法定构成要件，以及还盘函的基本结构及写作要领。本实训要求实训者在撰写还盘函时牢记还盘的法律性质和构成要件，使还盘具备法定特征，同时用恰当的语气和充分的理由写出还盘函。还盘函应写得有理有据、语气委婉、易于接受。

【实训指导】

1.还盘的法律问题

（1）还盘的概念

还盘也称为还价，是交易磋商过程中经常存在的一个环节，法律上称为反要约。它是指受盘人向发盘人就发盘中的主要交易条件提出的实质性更改意见，或者添加的实质性条件。还盘可以在交易双方的讨价还价中多次作出。

（2）还盘的法律性质

还盘是对原发盘的否定，是一项新的发盘或发盘邀请。还盘对原发盘任何主要条件的实质性更改都将必然导致原发盘的效力丧失。如果还盘对原发盘中的主要交易条件提出了实质性更改，或者添加了实质性条件，此项还盘就为一项新的发盘；如果还盘人虽然接受了原发盘的全部条件，但还盘时附带了限制性条件（例如表明该项交易须以其最后确认为准），即有条件接受，则该项还盘就是一项发盘邀请。

（3）还盘的法定要件

因为有效的还盘构成了对原发盘的否定，因此，有必要规定还盘的构成要件。

根据《联合国国际货物销售合同公约》的规定，受盘人对货物价格、付款、品质、数量、交货时间及地点、赔偿责任范围及争议解决方法的更改或添加，均为实质性变更原发盘的交易条件。

2.还盘函的基本内容

还盘函是商业信函的一种，因此，它除了需要具备一般商业信函的基本内容外，还需具备一些特殊内容。这些内容主要有以下四个方面：

（1）确认收到对方发盘（或还盘）；

（2）坚持我方条件的立场及理由；

（3）让步的程度及理由；

（4）限定还盘有效期。

3.还盘函的写作要领

还盘函的写作要领主要涉及以上4个方面的写作过程，应使用何种语式和技巧表达立场，既有理有据，又语态委婉，并达到使对方欣然接受的目的，写作时应当考虑以下问题：

（1）立场鲜明

还盘具有明确法律特征，因此，还盘中提出的主要交易条件必须用准确的语言明确地表明立场，避免使用让对方难以判断和理解的模棱两可的语言。对非实质性的建议或希望，应使对方容易理解其性质，即让对方知道，这些建议或希望能否实现对交易的达成毫无影响。

（2）理由充分

不论还盘人在谈判中处于有利或无利地位，对对方条件的变更都应给出合理的、易于接受的理由，使对方无力反驳。

（3）语气委婉

委婉的态度对任何商业谈判都是有利的。由于无法像现场谈判那样直接使用面部表情或肢体语言来表达态度，书信中的语气表达就显得十分重要。我们应该掌握一些常用的委婉态度的英语表述方式，让对方愉快地接受我方的条件。

（4）技巧得当

技巧在任何谈判中都是重要的，不论是拒绝还盘，还是折中还盘，都应使用适当的技巧，达到成交的目的。

【实训数据】

1.国际贸易模拟实训教学软件（TMT）中相关的实训数据。

2.实训四中的核算数据。

3.还盘函参考例。

【还盘函参考例一】

20 April, 2021

Flamely Co., Ltd.

24 Waterfront Street

Singapore

Dear Sirs,

Thank you for your letter of 20 April, 2021. We are disappointed to hear that our price for Flame cigarette lighters is too high for you to work on. You mention that Japanese goods are being offered to you at a price approximately 10% lower than that quoted by us.

We accept what you say, but we are of the opinion that the quality of the other makers does not measure up to that of our products.

Although we are keen to do business with you, we regret that we cannot accept your counter offer or even meet you half way. The best we can do is to reduce our previous quotation by 2%. We trust that this will meet with your approval.

We look forward to hearing from you.

Yours faithfully,

Tony Smith

Chief Seller

【参考译文】

执事先生:

2021年4月20日来函收悉,不胜感激。得知贵公司认为火焰牌打火机价格过高,无利可图,本公司极感遗憾。来函又提及日本同类货品报价较其低近10%。

本公司认同来函的说法,然而,其他厂商的产品质量绝对不能与本公司的相提并论。

虽然亟望与贵公司交易,但该还盘较本公司报价相差极大,故无法接受贵公司还价。特此调整报价,降价2%,祈盼贵公司满意。

谨候佳音。

销售部主任

托尼·史密斯谨上

2021年4月20日

【还盘函参考例二】

20 May, 2021

Flamely Co., Ltd.

24 Waterfront Street

Singapore

Dear Sirs,

We refer to our quotation of 10 May and our mail offer of 20 May regarding the supply of Flame cigarette lighters.

We are prepared to keep our offer open until the end of this month.

As this product is in great demand and the supply LTD., we would recommend that you accept this offer as soon as possible.

Yours faithfully,
Tony Smith
Chief Seller

【参考译文】

执事先生：

关于火焰牌打火机的供应事宜，本公司曾于5月10日报价和于5月20日邮寄发盘。

现特此通知，该发盘的有效期在本月底结束。

鉴于该货品市场需求量很大，供货有限，宜从速接受该报价为荷。

销售部主任
托尼·史密斯谨上
2021年5月20日

【实训步骤】

1.登录国际贸易模拟实训教学软件（TMT），在"业务反馈"栏中找出外商还盘函，并认真阅读。

2.阅读本实训指导，把握还盘的构成要件和写作要领。

3.阅读本实训的参考例。

4.根据操作要求中给定的还盘价格和条件，写出完整的还盘函。

5.对照实训指导，确定还盘函的格式和内容完整无误。

【实训内容】

1.到本实训操作要求中找出给定的还盘价格。

2.认真阅读本实训的实训指导，掌握还盘函的写作要领。

3.首先完成还盘函的核心部分写作，主要包括确认收到对方发盘（或还盘）、坚持我方条件的立场及理由、让步的程度及理由、限定还盘有效期。

4.按照一般商业信函结构要求，完成还盘函的写作。

5.根据还盘函的结构、语言特征及实训数据，检查还盘函的正确性及完整性。

【实训总结】

在完成本实训任务之后，按照附录三的格式完成实训报告。

实训六　成交核算

【实训目的与要求】

本实训的目的是使实训者具备出口货物成交利润核算的能力。通过本实训，要求实训者能够全面、准确地归纳出口成交利润核算的必要信息，完成本实训出口利润核算。

【实训指导】

在收到外商对我出口报价或还盘作出的接受函之后和制作出口合同之前，主负责业务员一般需要对该笔出口业务的利润情况进行核算。

成交后的利润核算包括利润额核算和利润率核算。利润额就是总毛收入（包括出口收汇收入和出口退税收入）减去该笔出口业务中发生的和应该摊入的各项成本之后的余额。因为出口中发生的各项成本和应摊入费用多为以人民币计价，因此，计算中最好将外汇收入和支出按照汇率折算成人民币，统一按照人民币进行核算。

利润率为销售利润率，即以利润额除以出口收汇收入所得的比率，反映出口的盈利水平，也统一按照人民币计算。

利润额计算方法有两种：一种是按照单位出口商品计算出单位商品的利润，再乘以出口数量，得出利润总额。另一种是按照总额计算，即将毛收入核为总额，各项费用和成本乘以数量核为总额，然后相减，得出利润总额。利润率按照其中的任何一种方法计算，结果都是相同的。

【实训数据】

1.国际贸易模拟实训教学软件（TMT）中的成本、费用、收入、出口退税等相关数据。

2.外商接受函。

3.成交核算表（见表6-1）。

表6-1　　　　　　　　　　　　　　成交核算表

填表日期：_____年____月____日　　　填表人：_____　　　编号：_____

核算规则：核算时保留2位小数。

核算信息：

进口商	货物名称	成交总量	贸易术语	装运港	目的港

货号	成交价格（USD）	成交数量	（含税成本（¥）	计价单位

货号	成交价格（USD）	成交数量	（含税成本（¥）	计价单位

货号	成交价格（USD）	成交数量	（含税成本（¥）	计价单位

货号	成交价格（USD）	成交数量	（含税成本（¥）	计价单位

成交利润核算		

收入：	计算过程	计算结果
销售收入总额（¥）		
退税收入总额（¥）		

支出：		
含税成本总额（¥）		
海洋运费总额（¥）		
国内包干费总额（¥）		
公司定额费总额（¥）		
垫款利息总额（¥）		
银行手续费总额（¥）		
保险费总额（¥）		
客户佣金总额（¥）		

利润：		
利润总额（¥）		
销售利润率（¥）		

【实训步骤】

1.登录国际贸易模拟实训教学软件（TMT），在"业务反馈"栏中找出客户的接受函，并认真阅读。回顾此前相关实训结果，找出与成交核算相关的数据。

2.阅读本实训指导，把握成交核算要领。

3.到"实习任务"下拉栏中，点击"实习公司"，下载"成交核算表"。

4.完成成交核算，并将结果填入成交核算表中。

【实训内容】

1.在实训软件的"实习公司"栏中下载"成交核算表"。

2.在此前的出口报价核算、报价、还盘和外方的接受函中查出本实训所需的相关数据，填入"成交核算表"中。

3.根据出口总收入和总支出数据，核算出口利润额和利润率。

4.将核算结果填入"成交核算表"中，然后提交。

【实训总结】

在完成本实训任务之后，按照附录三的格式完成实训报告。

实训七　签约操作

【实训目的与要求】

本实训的目的是使实训者掌握国际货物买卖书面合同的结构、一般内容、各条款的写作技能和注意事项。本实训要求实训者通过本实训，具备对商业合同有效性的判断能力，能够根据交易磋商结果，独立完成一项国际货物买卖合同的草拟。实训者应当保证合同的语言恰当、内容完整，意思表述严密、准确。

【实训指导】

1.签订书面合同书的意义

根据《联合国国际货物销售合同公约》及《中华人民共和国民法典》（以下简称《民法典》）的规定，货物买卖合同无须书面签订。一项交易合同的成立，在有效要约被有效接受之时。除非另有约定，签订书面合同不是合同成立的必要条件和步骤。那么，为什么我们还要签订书面合同呢？其主要意义有如下几点：

（1）作为合同成立的证明。

（2）作为合同生效的条件。如果合同成立时约定，该合同生效以签订书面合同为条件，那么，只有签订了书面合同，已成立的合同才能发生法律效力。

（3）作为合同履行的依据。把口头达成的合同内容，或者经磋商达成的合同内容，集中订入一定的合同格式内，使合同内容一目了然，便于合同的履行。

2.合同生效的条件

一项合同虽然已经成立，但只有符合下列法定条件才能发生法律效力：

（1）当事人具备行为能力。该行为能力除了智力能力，还包括权利行为能力。

因此，签订合同时应特别注意合同的签字人签字权利问题。

（2）合同必须有对价或约因。

（3）合同内容合法。

（4）合同形式合法。

（5）当事人意思表示真实。

3.货物买卖合同的形式

（1）书面形式。

（2）口头合同。

（3）行为表示。

4.书面合同的形式和基本条款

严格地说，经过双方签字的合同均为书面合同。经双方签字的价格确认单、形式发票等，只要具备了法定的最低要求，都是书面合同，但实践中经常使用的合同形式是售货确认书和销售合同。前者为后者的简化形式。

完整的书面合同应当具备以下内容：

（1）合同首部。合同首部应当包括合同名称，合同编号，缔约双方名称、地址、联系方式等。

（2）基本条款。基本条款应当包括品名与品质、数量、包装、价格及支付方式、交货条件、运输、保险、检验、异议与索赔、不可抗力、法律适用等。

（3）合同尾部。合同尾部包括签约日期、签约地点、双方签字等。

【实训数据】

1.国际贸易模拟实训教学软件（TMT）中相关的实训数据。

2.卖方的还价函和买方的接受函。

3.销售确认书。

4.国际货物买卖合同参考例（见附录一）。

【实训步骤】

1.归纳读取此前6个实训的相关数据，为"销售确认书"的草拟作准备。

2.阅读本实训指导，掌握"销售确认书"的结构和基本内容。

3.阅读合同参考例，在实训软件的"实习公司"栏中下载"销售确认书"。

4.根据实训数据，填制"销售确认书"。

【实训内容】

1.根据本实训指导，解读本实训数据中的参考例，掌握国际货物买卖合同的基本结构和内容。

2.根据本实训的实训数据，完成"销售确认书"的填制。

3.根据本实训的实训数据，草拟一份正式货物销售合同。

4.将实训者分为两组，一组代表买方，另一组代表卖方。两组实训者分别改写对方的合同草稿，并提出修改理由。

【实训总结】

在完成本实训任务之后，按照附录三的格式完成实训报告。

实训八　审证操作

【实训目的与要求】

本实训的目的是使实训者进一步理解信用证的性质，掌握信用证的基本内容、审理依据，具备审核信用证的能力。本实训要求实训者通过实训熟练掌握 SWIFT 信用证格式和内容，能够准确地依据实训七签订的"销售确认书"的有关条款，审核信用证是否存在不符点，是否存在不能接受的软条款，同时进一步理解买卖合同中信用证细节条款的重要性。

【实训指导】

1. 信用证的性质

信用证被接受以后，具有以下性质：

（1）信用证为开证银行作为第一付款人向受益人作出的有条件的付款保证。

（2）信用证为独立的契约，与货物买卖合同（基础合同）无关。

（3）信用证交易对象为所规定的单据，具有单证买卖的特征。

2. 信用证审核的依据

（1）基础合同中关于信用证开立的细节条款。

（2）国际商会的《跟单信用证统一惯例》（《UCP 600》）。

（3）国际商会的《关于审核跟单信用证项下单据的国际标准银行实务》（《ISBP 745》）。

3.信用证审核的要点

（1）信用证本身的审核

① 信用证的性质：是否是不可撤销的。《UCP 600》规定：信用证应当是不可撤销的。"An issuing bank is irrevocably bound to honour as of the time it issues the credit."

② 适用惯例：是否申明适用国际惯例。例如："This credit is subject to The Uniform Customs and Practice for the Documentary Credits，2007 revision，ICC publication No.600."

③ 信用证的有效性：检查证上是否存在限制生效或其他保留条款，是否为简电信用证。

④ 信用证当事人：开证行是否可靠，如有疑问，可要求加具保兑；开证申请人和受益人名称、地址是否正确。

⑤ 信用证到期日和到期地点：一般应为装运后15天或21天，到期地点为出口商所在地。

（2）专项审核

① 信用证金额、币种、付款期限规定是否与合同一致。

② 商品名称、货号、规格、数量规定是否与合同一致。

③ 装运期、装运港、卸货港、分批装运、可否转船的规定是否与合同一致。

④ 提交单据的审核：各种单据的出具人、正副本份数，有无特别限制，单据条款与合同规定是否一致，前后是否矛盾。

4.信用证常见问题

（1）信用证性质

① 限制生效。

② 没有保证付款的责任文句。

③ 未规定惯例适用（必须指定）。

④ 未按合同加具保兑。

⑤ 密押不符。

（2）信用证有关期限

① 无到期日（有效期）的规定。

② 到期地点在国外。

③ 到期日与装运期矛盾。

④ 装运期、到期日、交单期规定与合同不符。

⑤ 装运期或有效期的规定与交单期矛盾。

⑥ 交单期限过短。

（3）信用证当事人

开证申请人、受益人名称、地址与合同不符。

（4）信用证金额、币种

① 金额不足（应特别注意是否达到溢短装上限）。

② 金额大小写矛盾。

③ 币种与合同规定不符。

（5）汇票

① 付款期限与合同不符。

② 以非开证行作为付款人。

（6）分批装运和转船

① 与合同规定不符。

② 禁止分批装运和转船。

（7）货物

① 品名、规格不符。

② 数量不符。

③ 包装不符。

④ 单价不符。

⑤ 贸易术语不符。

⑥ 贸易术语与合同条款有矛盾。

⑦ 单价与总额不符。

⑧ 证中引用的合同号码和日期错误。

⑨ 漏列溢短装规定。

（8）单据

① 发票种类不当。

② 商业发票要求领事签字。

③ 提单收货人一栏填制要求不当。

④ 提单抬头和背书要求矛盾。

⑤ 提单运费条款与合同成交条件不符。

⑥ 正本提单全部或部分直寄买方。

⑦ 运输工具限制过严。

⑧ 要求的单据无法做到。

⑨ 保险规定与合同规定不符。

【实训数据】

1.国际贸易模拟实训教学软件（TMT）中相关的实训数据。

2.通知行转来的信用证。

3.信用证分析单格式（见表8-1）。

表8-1　　　　　　　　　　　信用证分析单

开证行			开证日期			信用证编号		
申请人			受益人			合同号码		
通知行			保兑行			议付行		
信用证金额			增减幅度		有效期		到期地点	
汇票付款人			汇票付款期限			汇票金额		
装运港			目的港					
装运期限			可否转船			可否分批装运		
运输标志			交单日					
货物描述								

单据名称	提单	发票	装箱单	重量单	保险单	原产地证明	FORM A	寄单证明	寄单邮据	寄样证明	寄样邮据	检验证明
单据份数												

运输单据	抬头		保险单据	险种	
	通知			加成率	赔付地点
	运费支付				

特别事项	

【实训步骤】

1.阅读《UCP 600》和《ISBP 745》有关规定和本实训指导，进一步理解、掌握信用证的性质、审核依据。

2.调阅实训八数据，归纳买卖合同关于信用证开立的有关约定。登录国际贸易模拟实训教学软件（TMT），在"业务反馈"栏中找到银行发来的信用证，认真阅读。

3.根据买卖合同、《UCP 600》和《ISBP 745》审核信用证。

4.在实训软件的"实习公司"栏中下载"信用证分析单"，把信用证中需要修改的内容填入此分析单。

【实训内容】

1.通读SWIFT MT700/701格式说明，掌握格式中各代码含义和项目内容。

2.归纳买卖合同中有关信用证开立的约定。

3.根据实训指导的审核依据，逐条审核信用证。

4.完成信用证预审单的填写，标明信用证与买卖合同相关约定的不同之处和需要修改之处。

【实训总结】

在完成本实训任务之后，按照附录三的格式完成实训报告。

实训九　改证操作

【实训目的与要求】

　　本实训的目的是，使实训者掌握信用证修改的法律依据和基本技能。本实训要求实训者在完成信用证审核，提出不符点之后，能够依据《UCP 600》、《ISBP 745》和买卖合同的约定，有理有据地提出信用证修改意见，使用准确的英语将修改意见及理由通过正确的渠道传递给买方。

【实训指导】

　　1.信用证修改的内容
　　信用证修改内容主要有以下两类：
　　（1）信用证与买卖合同规定不符
　　信用证某些规定与买卖合同不符的原因主要有两种：一种是笔误。这种笔误可能产生于开证申请人在填写开证申请书的过程中，也可能产生于开证行开证的过程中。对于这种不符点，只要受益人提出修改，开证申请人是比较容易云改正的。另一种不符是开证申请人有意添加造成的。对于这种添加可视具体情况采取不同方法处理，如果这种添加对受益人不利或无法实现，则可拒绝接受，并要求对方改正；如果这种添加对受益人有利，则可以暂时保留，但需要取得买方的书面确认，毕竟这种添加是对买卖合同的变更。应当注意，信用证与买卖合同是两个不同的法律性文件，两者的法律关系也不同，因此，不能轻易认为信用证条款是对买卖合同的必然变更。

（2）对安全收汇有威胁的条款或词句

这类条款或词句我们称其为软条款。常见的软条款大致可归纳为以下4种：

① 变相可撤销信用证条款：根据这类条款，在某种条件得不到满足时（如未收到对方的汇款、信用证或保函等），开证银行可利用条款随时单方面解除其保证付款责任。

② 暂不生效条款：这类条款通常规定，信用证开出后并不生效，要待开证行另行通知或以修改通知书通知方可生效。带有暂不生效条款的信用证，如果遇到开证行不通知生效，不发修改通知书，开证申请人不出具证书或收据，不来验货，不通知船公司、船名等情况，该信用证的开证行保证付款责任就形同虚设。如果出口商再根据买卖合同提前支付一定金额的履约金，就有被诈骗的可能。

③ 开证申请人控制条款：信用证中规定一些非经开证申请人指示而不能按正常程序进行的条款，如发货须等申请人通知，运输工具和启运港或目的港须申请人确认等。

④ 无金额信用证：信用证开出时无金额，通过修改增额或只能记账，不发生实际现汇支付。

2.关于信用证修改的有关规定

信用证修改涉及开证申请人、开证行、受益人、通知行，修改有时还会经过几次才能完成，因此我们需要了解相关的规定。

（1）原信用证的效力

信用证是开证行与受益人之间的金融协议，一个已生效的信用证，未经双方同意，任何一方对其作出的变更都是无效的。事实上，信用证全部内容通知到受益人之后，无须受益人立即对其表示接受，《UCP 600》第10条第（1）款规定："除本惯例第38条另有规定外，凡未经开证行、保兑行（如有）以及受益人同意，信用证既不能修改也不能撤销。"可见，信用证开立之后，开证行即受其约束。如果受益人对该证的条款无异议，日后的交单议付行为即为其接受的意思表示。

如果受益人对信用证某些条款提出修改，原证未被修改部分仍然有效；修改意见未被开证行同意并作出修改通知书，原证被提出修改部分亦仍然有效。《UCP 600》第10条第（3）款规定："在受益人向通知修改的银行表示接受该修改内容之前，原信用证（或包含先前已被接受修改的信用证）的条款和条件对受益人仍然有效。"因此，受益人对信用证提出修改，并不必然导致信用证被修改，只有修改建议被开证行接受并通过修改通知书表示出来，该修改建议才发生效力，原证被修改部分才失去效力。

（2）开证行修改通知书的效力

开证行修改通知书一经发出即发生效力，不论该修改通知书是否已经到达受益人。《UCP 600》第10条第（2）款规定："自发出信用证修改通知书之时起，开证行就不可撤销地受其发出修改的约束。保兑行可将其保兑承诺扩展至修改内容，且自其通知该修改之时起，即不可撤销地受到该修改的约束。然而，保兑行可选择仅将修改通知受益人而不对其加具保兑，但必须不延误地将此情况通知开证行和受益人。"

（3）受益人对开证行修改的接受

受益人对开证行的修改应当作出书面或行为表示，未经此种表示，该项修改对受益人不发生效力。《UCP 600》第10条第（3）款规定："受益人应发出接受或拒绝接受修改的通知。如受益人未提供上述通知，当其提交至被指定银行或开证行的单据与信用证以及尚未表示接受的修改的要求一致时，则该事实即视为受益人已作出接受修改的通知，并从此时起，该信用证已被修改。"

同时，《UCP 600》第10条第（5）款规定："不允许部分接受修改，部分接受修改将被视为拒绝接受修改的通知。"因此，当对开证行修改通知书提出部分修改时，受益人应当要求开证行对其修改通知书全部内容重新作出确认。

此外，根据《UCP 600》第11条的规定，经证实的修改的电信文件将被视为有效的修改，任何随后的邮寄证实书将被不予置理。若该电信文件声明"详情后告"（或类似词语）或声明随后寄出的邮寄证实书将是有效的修改，则该电信文件将被视为无效的修改。开证行，也只有开证行，必须随即不延误地开出有效的修改，且条款不能与电信文件相矛盾。

《ISBP 745》对信用证修改及修改申请也作出了如下规定：

Para Ⅲ条规定：信用证和有关的任何修改通知书的条款与条件独立于基础销售合同或其他合同，即便信用证或修改通知书明确提及了该销售合同或其他合同。在约定销售合同或其他合同条款时，有关各方应当意识到其对完成开证或修改申请的影响。

Para Ⅳ条规定：如果对开证、修改申请及和信用证开立或任何修改有关的细节予以谨慎注意，审单阶段出现的许多问题都能够得以避免或解决。开证申请人和受益人应当审慎考虑要求提交的单据、单据由谁出具、单据的数据内容和提交单据的期限。

Para Ⅴ条规定：开证申请人承担其开立或修改信用证的指示模糊不清带来的风险。在申请人没有明确表示相反意见的情况下，开证行可以必要或合适的方式补充或细化那些指示，以便信用证或有关的任何修改通知书得以使用。开证行应当确保其所开立的任何信用证或修改通知书的条款与条件没有模糊不清，也没有互相矛盾。

Para Ⅵ条规定：开证申请人和开证行应当充分了解《UCP 600》的内容，并认识到其中的诸如第3条、第14条、第19条、第20条、第21条、第23条、第24条、第28条i款、第30条和第31条等条款的约定方式，可能产生出乎预料的结果。例如，在多数情况下，信用证要求提交提单且禁止转运时必须排除《UCP 600》第20条c款的适用，才能使信用证规定的禁止转运发生效力。

Para Ⅶ条规定：信用证或有关的任何修改通知书不应要求提交由开证申请人

出具、签署或副签的单据。如果开立的信用证或修改通知书还是含有此类要求，那么受益人应当考虑其合理性，并判断满足该要求的能力，或者寻求适当的修改。

3.信用证修改通知的路径

信用证修改通知的路径涉及受益人要求修改的路径和开证行通知修改的路径。

受益人要求修改应当按照以下路径进行：受益人将修改要求通知开证申请人，由开证申请人申请，开证行进行修改，开证行再将修改内容通知受益人。

开证行的修改通知应当通过以下路径进行：开证行将修改通知书发给通知行（一般情况下，会通过原信用证的通知行），由通知行转发给受益人。有时，根据银行业务关系，可能存在两个以上的通知行。当然，从法律角度上说，开证行可以将修改通知书直接发给受益人，但这样做第一不符合银行实务习惯，第二不便受益人识别修改通知书的真伪，因此实务中很少发生这种现象。

4.受益人信用证修改函的基本内容

受益人信用证修改函应当包括以下3个方面：

（1）确认收到信用证。该项确认应当包括感谢对方诚信守约开来信用证和通过提及开证行、信用证编号、开证日期或合同编号来指出要修改的信用证。

（2）提出不符点和修改意见。不符点应当逐条列出，指出原文及具体修改要求。

（3）希望。希望包括感谢合作和激励对方及早作出修改两项主要内容。

5.受益人信用证修改函的写作要领

除商业信函一般写作要求外，受益人的信用证修改函写作应当把握以下要领：

（1）态度和蔼。

尽管导致信用证修改的主要原因可能在对方，修改本身又费时、费力、费财，但信用证不修改可能有损我方利益。同时，修改又需要对方支出时间成本和现金成本，因此，只有保持良好的合作关系，才有利于信用证修改的顺利进行。这就要求我们放弃不悦心情，用和蔼的态度与对方沟通。

（2）条理清楚。

信用证修改函虽然结构简单，但核心部分视具体情况可能较为复杂，这部分写作尤其要求条理清楚。较好的方法是，按照原证的顺序，从前至后，逐条指出不符点。对于SWIFT MT700格式信用证，应当首先提及栏位名称（也称场名），然后列出原文，紧接着提出具体修改意见。

（3）用词准确，言简意赅。

修改意见应表达准确，避免笼统和模棱两可。同时，也应当锻炼言简意赅的用词能力，用最简单、最少量的词语准确、全面地表达修改意见。

6.受益人修改信用证应当注意的问题

受益人修改信用证应当注意以下问题：

（1）避免多次改证。不符点应当一次提出，改证意见应符合合同规定。

（2）开证行的修改通知书如有不可接受部分，除要求改正该部分外，还应要求对其余部分作重新确认。

（3）敦促对方按时改证。如果必要，应要求对买方延展信用证装运期和有效期。

【实训数据】

1.国际贸易模拟实训教学软件（TMT）中相关的实训数据及实训八的实训结果。

2.SWIFT信用证修改标准格式MT707（见附录二）。

3.信用证修改词句参考例：

【信用证修改词句参考例】

◆ While we thank you for your L/C established by Citibank New York Branch on 26th May，2021 for our contract number HYCI221，we found the following discrepancies to be amended.

◆ We thank you very much for your L/C No.HITT850 by Bank of China，Dalian Branch dated 4th March，2021.

◆ We are pleased to have your L/C No.SGP88RH6 for our contract No.GH0803.However we found the following discrepancies：

◆ For description of goods，please insert word "green" before "bag" in field 45A.

◆ Please delete "×××××" and insert "×××××" instead in field 47A.

◆ Amend the amount in figure to USD58 654.00.

◆ The expiry date should be 5th June，2021 instead of 30th April，2021.

◆ Please extend shipment date and validity of the L/C to ××××× and ××××× respectively.

◆ It would be highly appreciated if you could arrange the amendment to reach us by end of this month，otherwise we cannot make punctual shipment.

◆ Thank you for your cooperation.Please see to it that the above-mentioned amendment request be done promptly to enable us to effect shipment on time.

【实训步骤】

1.充分阅读本实训数据，全面了解改证内容。

2.登录国际贸易模拟实训教学软件（TMT），在"实习任务"下拉栏中点击"操作示范"，打开实训八的操作示范中的"信用证分析单"，根据其内容，写出完整的修改函。

3.对照实训指导，确定修改函的格式和内容正确无误。

【实训内容】

1.学习掌握本实训指导中的信用证修改有关惯例规定。

2.学习掌握信用证修改函的写作要领和方法。

3.学习掌握信用证修改函参考例。

4.根据实训数据，撰写信用证修改函。

5.分成两组，分别代表卖方和买方，对修改函写出意见并申明理由。

【实训总结】

在完成本实训任务之后，按照附录三的格式完成实训报告。

实训十　履约准备

【实训目的与要求】

　　本实训的目的是使实训者了解在履行出口合同之前需要进行的准备工作。本实训要求实训者了解出口业务各个环节工作的注意事项，清楚各个环节所涉及的单据，尤其是信用证中对单据的要求，填制一份详细的履约明细表，为后续实训提供基础数据。

【实训指导】

　　在出口业务履行的过程中，一般要经过订舱托运、办理保险、产品认证、报检、报关和装运等几个环节，每个环节要办理相应的手续并取得相关的单证。

　　在进行履约准备工作时，首先要根据交易合同，明确交易货物的情况，在明细中列明货物的货号、品名、价格、交易数量、包装方式、包装件数、包装的尺码和毛净重、交易条件和唛头等情况。

　　同时要仔细阅读信用证和信用证修改通知书，在履约明细表中列明信用证的基本情况和对装运的要求。特别是要列明信用证的装运期和有效期，以免在履约过程中延误时间而无法议付，也要列明信用证对分批装运和转船的规定，以免订舱装运时出现差错。

　　在履约明细表中，还要列明信用证对各项单据的具体要求。信用证要求的单据一般包括金融单据、发票、包装单据、运输单据、保险单据、原产地证明、检验证书、证明单据等几类。在履约前，要清楚地列明各项单据的名称、出具人、信用证中要求提交的份数以及信用证中对各项单据的特殊要求。

【实训数据】

1. 国际贸易模拟实训教学软件（TMT）中相关的实训数据。
2. 买卖双方签订的销售确认书、信用证及其修改通知书。
3. 空白履约明细表（见表10-1）。

表10-1　　　　　　　　　　　　　履约明细表

履约明细表

合同号码：　　　　　　　　　　合同日期：　　　　　　　　　填制人：

履约环节

○ 托运	○ 报检　　类型：
○ 投保	○ 认证　　类型：
○ 报关	○ 装运

货物明细

货号	品名	单价	数量	包装方式	包装件数	单件包装信息				
						长cm	宽cm	高cm	毛重kg	净重kg

贸易术语：　　　　　　　　　　　　　运输标志：

信用证明细

信用证号码：	证到日期：	开证日期：
是否经过修改：	信用证修改通知书日期：	信用证到期日：
开证行：	通知行：	议付行：

装运明细

装运港：	目的港：	装运方式：
装运期限：	分批装运：	转运：

单据明细

金融单据	○ 汇票	○本票	○支票
发票	○ 商业发票	○形式发票	○海关发票

包装单据	○ 装箱单	○ 重量单	○ 尺码单
运输单据	○ 海运提单	○ 空运单	承运收据
保险单据	○ 保险单		○ 保险凭证
原产地证明	○ 商会一般原产地证明		○ 普惠制原产地证明
检验证书	○ 生产厂商检验证书		○ CIQ检验证书
证明单据	○ 受益人证明		○ 船公司证明
其他单据			
交单期限			

单据要求

金融单据			
出票人			
提交份数			
受票人		汇票金额	
		付款期限	
信用证中的特别要求：			

发票	
单据名称	
出具人	
提交份数	
货物描述	
信用证中的特别要求：	

包装单据	
单据名称	
出具人	
提交份数	
信用证中的特别要求：	

运输单据	
单据名称	
出具人	
提交份数	

运输单据	
收货人	
被通知方	
信用证中的特别要求：	

保险单据	
单据名称	
出具人	
提交份数	
保险金额	
保险险别	
信用证中的特别要求：	

原产地证明	
单据名称	
出具人	
提交份数	
信用证中的特别要求：	

检验证书	
单据名称	
出具人	
提交份数	
信用证中的特别要求：	

证明单据	
单据名称	
出具人	
提交份数	
信用证中的特别要求：	

其他单据	
单据名称	
出具人	
提交份数	
信用证中的特别要求：	

【实训步骤】

1.登录国际贸易模拟实训教学软件（TMT），在"业务反馈"栏中找到银行新发来的信用证修改通知书，确认已经修改无误。

2.阅读销售确认书、信用证及其修改通知书，归纳与合同履行相关的内容，了解履行合同将要经过的各个环节。

3.在实训软件的"实习公司"栏中下载"履约明细表"。根据实训数据，填写"履约明细表"。

4.将实训者分成两组，互相检查明细表是否符合要求。

【实训内容】

1.仔细阅读本实训指导中关于履约明细表的填制要领。

2.对照"履约明细表"的项目，从销售确认书、信用证及其修改通知书中找出填写需要的内容。

3.完成表10-1的填制。

【实训总结】

在完成本实训任务之后，按照附录三的格式完成实训报告。

实训十一　订舱操作

【实训目的与要求】

本实训的目的是使实训者具备根据买卖合同和信用证的有关规定，完成订舱操作的技能。本实训要求实训者了解出口托运和订舱的一般程序，掌握托运单、订舱委托书的填写方法。

【实训指导】

1.集装箱班轮订舱及相关单据流转的一般程序

集装箱班轮订舱及相关单据流转的一般程序如图11-1所示。

2.集装箱运输货运单证

货物托运是指托运人向承运人订购舱位的过程。托运通常有直接托运和间接托运两种形式，前者由出口商直接向承运人托运，后者由出口商委托货运代理人向承运人托运。在发达的货运市场中，货运代理人具有良好的运输经验，与各承运人保持着良好的关系，因此，出口商托运货物更多的是委托货运代理人来完成。货物托运环节涉及的单证主要有货物托运委托书（也称订舱委托书）和订舱联单两类，后者由订舱单（也称托运单）、装货单和场站收据等若干联组成，各联的作用不同，但内容基本相同。

3.《UCP 600》对提单的规定

托运委托书是货运代理人填制托运单时的重要依据，而托运单又是承运人签发提单的重要依据。托运委托书、托运单、承运人签发的提单都必须符合《UCP 600》第20条和第27条的有关规定。

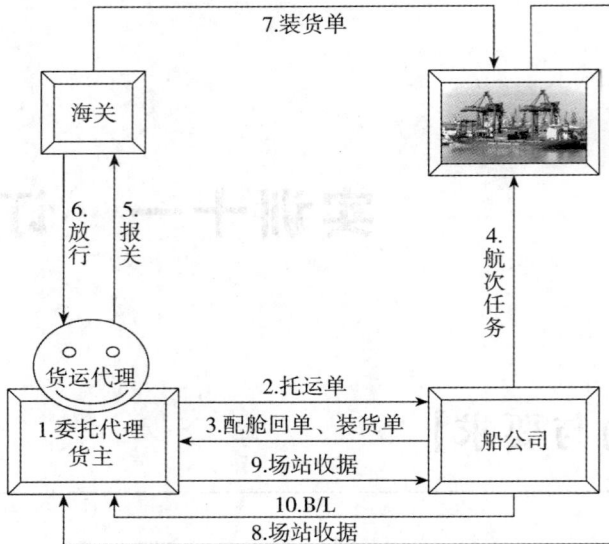

图11-1　集装箱班轮订舱及相关单据流转的一般程序

（1）关于提单内容。

根据《UCP 600》第20条第1款的规定，提单无论其称谓如何，其表面上应具有以下内容：

① 显示承运人名称并由下列人员签署：承运人或承运人的具名代理或代表，或者船长或船长的具名代理或代表。承运人、船长或代理的任何签字必须分别表明其承运人、船长或代理的身份。代理的签字必须显示其是否作为承运人或船长的代理或代表签署提单。

② 通过下述方式表明货物已在信用证规定的装运港装载上具名船只：预先印就的措词，或注明货物已装船日期的装船批注。提单的出具日期将被视为装运日期，除非提单包含注明装运日期的装船批注，在此情况下，装船批注中显示的日期将被视为装运日期。如果提单包含"预期船"字样或类似有关限定船只的词语时，装上具名船只必须由注明装运日期以及实际装运船只名称的装船批注来证实。

③ 注明货物将从信用证中规定的装货港运至卸货港。

④ 表明正本提单的签发份数。

⑤ 提单应当含有承运条件或含有参阅承运条件的出处（简式或背面空白的提单），但银行对此类承运条件内容不予审核。

⑥ 未注明运输单据受租船合约约束。

（2）关于转运的定义。

根据《UCP 600》第20条第2款的规定，转运意指在信用证规定的装货港到卸货港之间的海运过程中，将货物由一艘船卸下再装上另一艘船的运输。

（3）关于转运的规定。

根据《UCP 600》第20条第3款的规定，只要同一提单包括运输全程，则提单可以注明货物将被转运或可被转运。银行可以接受注明将要发生或可能发生转运的提单。即使信用证禁止转运，只要提单上证实有关货物已由集装箱、拖车或子母船运输，银行仍可接受注明将要发生或可能发生转运的提单。对于提单中包含的声明承运人保留转运权利的条款，银行将不予理会。

（4）关于清洁提单。

根据《UCP 600》第27条的规定，银行只接受清洁运输单据。清洁运输单据指未载有明确宣称货物或包装有缺陷的条款或批注的运输单据。"清洁"一词并不需要在运输单据上出现，即使信用证要求运输单据为"清洁已装船"的。

4.托运委托书及其填写

托运委托书是托运人委托货运代理人向承运人托运货物的委托代理协议。托运人应当在委托书中明确委托事项，提供必要的托运信息，包括提供信用证、商业发票、装箱单等。在信用证结算方式下，委托事项应当以信用证为依据，在其他结算方式下，应当以买卖合同为依据。

订舱委托书主要栏目的填写要求如下（见表11-1）：

（1）托运人。为控制物权和日后提单背书转让方便，应当填写信用证受益人。

（2）收货人。按照信用证中提单制作要求填写。

（3）被通知人。按信用证中提单制作要求填写；如信用证无规定，按照买卖合同规定填写；如买卖合同无规定，填写买方名址及联系方式。

（4）第4项到第33项，严格按信用证规定填写。

（5）第34项，填写托运人对货运代理人的特别指示。

5.集装箱托运单的填写方法

在委托货运代理人的情况下，托运单由货运代理人代托运人填写，但是货运代理人填写后，一般会请求托运人复核。因此，托运人也应当掌握托运单的填写规则和注意事项。

托运单格式与托运委托书格式虽然不同，但主要内容基本相同，因此，托运委托书的填写规则和注意事项在此适用，就不再赘述。

【实训数据】

1.国际贸易模拟实训教学软件（TMT）中相关的实训数据及履约明细表中相关数据。

2.订舱委托书参考例（见表11-1）。

3.配舱回执参考例（见表11-2）。

4.集装箱货物托运单（场站收据）参考例（见表11-3）。

5.货物托运委托信息表（见表11-4）。

表11-1　　　　　　　　　　　　**出口货物订舱委托书**

公司编号：　　　　　　　　　　　　　　　日期：

1）托运人	4）信用证号码	
	5）开证银行	
	6）合同号码	7）成交金额 USD
	8）装运口岸	9）目的港
2）收货人	10）转船运输	11）分批装运
	12）信用证效期	13）装船期限
	14）运费	15）成交条件
	16）公司联系人	17）电话/传真
3）被通知人	18）公司开户行	19）银行账号
	20）特别要求	

21)标记唛码	22)货号规格	23)包装件数	24)毛重(kgs)	25)净重(kgs)	26)数量	27)单价(USD)	28)总价(USD)

29）总件数	30）总毛重	31）总净重	32）总尺码	33）总金额

34）备注

表11-2　　　　　　　　　　　　配舱回执

上海东大国际物流有限公司

中国上海市五一南路上顶大厦2415室

电话：021-84578455，84578456　传真：021-84578457

配 舱 回 执

TO：_____　　FROM：_____

ATTN.：_____　　DATE：_____

贵司委托我司配载之_____货物

货　　　名：_____

货　　　量：_____

船 名 航 次：_____

运　单　号：_____

预计开航日期：_____

报 关 时 间：_____

入 货 时 间：_____

入 货 地 点：_____

联　系　人：_____

电　　　话：_____

其　　　他：请在开船前确认提单。

如有不详，请速电话联系。

表11-3 集装箱货物托运单

Shipper （托运人）		D/R No.(编号) JH-FLSBL01

Consignee （收货人）	

集装箱货物托运单

Notify Party （被通知人）	

Pre-carriage by （前程运输）	Place of Receipt （收货地点）
Vessel （船名） Voy. No. （航次）	Port of Loading （装货港）

Port of Discharge （卸货港）	Place of Delivery （交货地点）	FINAL DESTINATION FOR THE MERCHANTS （目的地）

Container No. （集装箱号）	Seal No. （封志号） Marks & Nos. （标志与号码）	No. of Containers or pkgs （箱数或件数）	Kind of Packages/ Description of Goods （包装种类与货名）	Gross Weight 毛重 （千克）	Measurement 尺码 （立方米）

TOTAL NUMBER OF CONTAINERS OR PACKAGES （IN WORDS） 集装箱数或件数合计（大写）	

FREIGHT & CHARGES （运费与附加费） TOTAL	Revenue Tons （运费吨）	RATE （运费率）	Per （每） CONTAINER	Prepaid （运费预付）	Collect （到付）

Ex.Rate （兑换率）	Prepaid at （预付地点）	Payable at （到付地点）	Place of Issue （签发地点）
	Total Prepaid （预付总额）	No. of Original B （s） /L （正本提单份数）	

Service Type on Receiving CY	Service Type on Delivery CY
可否转船：	可否分批：
装期：	装运期：
金额：	
制单日期：	

表11-4   **货物托运委托信息表**

信用证号码		托运人		总数量	
装卸港口		收货人		单件尺码	
装运期		被通知人		总尺码	
信用证效期		货物描述		联系人	
分批装运		运输标志		特别事项	
转船		包装件数			
运费支付		总包装件数			
贸易术语		毛重/净重			
提单要求		总毛重/净重			

【实训步骤】

1.阅读本实训指导,掌握货物托运的一般程序。

2.根据有关实训数据,归纳货物托运委托信息。

3.阅读本实训指导,掌握托运委托书的写作要领。

4.登录国际贸易模拟实训教学软件(TMT),在"实训公司"栏中下载办理托运需要的空白单据。根据托运委托信息,填写托运单据。

5.将实训者分成两组,互相核查托运单据填写是否正确。

【实训内容】

1.按照本实训指导的货物托运一般程序示意图,写出完整的出口货物托运程序和各程序的具体内容。

2.根据实训数据中修改后的信用证内容,将托运信息归纳,填入"货物托运委托信息表"。

3.根据货物托运委托信息表内容,填写"托运委托书"。

4.实训者相互核查对方的托运委托书,提出修改意见。

【实训总结】

在完成本实训任务之后，按照附录三的格式完成实训报告。

实训十二　报检与报关操作

【实训目的与要求】

本实训的目的是使实训者了解货物出入境报检和报关的一般知识，掌握关检融合后"单一窗口"申报的流程、报关单填制规范以及操作技能，能够根据相关数据独立完成"单一窗口"报检和报关工作。

【实训指导】

1.报检与报关相关法律

（1）进出口报检的相关法律

报检是指从事进出口贸易的有关当事人在货物进出境时，办理商品出入境检验检疫业务，并取得相关证明的行为。有些进出口商品出入境时必须要经过法定检验，法定检验是指出入境检验检疫机构对列入目录的进出口商品以及法律、行政法规规定须经出入境检验检疫机构检验的其他进出口商品实施的检验。根据《中华人民共和国进出口商品检验法》，商检机构和经国家商检部门许可的检验机构，依法对进出口商品实施检验。列入目录的进出口商品，由商检机构实施检验。列入目录的进出口商品，按照国家技术规范的强制性要求进行检验；尚未制定国家技术规范的强制性要求的，应当依法及时制定，未制定之前，可以参照国家商检部门指定的国外有关标准进行检验。

（2）进出口报关的相关法律

报关是指从事进出口贸易的有关当事人在货物进出境时，向进出境地海关申报货物内容，按规定缴纳关税并请求海关查验放行的行为。根据《中华人民共和国海关法》，所有进出境货物及运输工具必须申报，接受监管。

2.中国海关对进出口货物报关单填制的一般性要求

申报人在填制报关单时，应当依法如实向海关申报，对申报内容的真实性、准确性、完整性和规范性承担相应的法律责任。

（1）报关人必须按照《中华人民共和国海关法》《中华人民共和国海关进出口货物申报管理规定》《中华人民共和国海关进出口货物报关单填制规范》（海关总署公告2019年第18号）的有关规定和要求，向海关如实填报。

（2）报关单的填报必须真实，做到"两个相符"：一是单证相符，二是单货相符。

（3）报关单的填报要准确、齐全、完整、清楚，报关单各栏目内容要逐项详细准确填报（打印），字迹清楚、整洁、端正，不得用铅笔或红色复写纸填写；若有更正，必须在更正项目上加盖校对章。

（4）不同批文或合同的货物、同一货物中不同贸易方式的货物、不同备案号的货物、不同提运单的货物、不同征免性质的货物、不同运输方式或相同运输方式但不同航次的货物等，均应分单填报。一份原产地证书只能对应一份报关单。同一份报关单上的商品不能同时享受协定税率和减免税。在一批货物中，对实行原产地证书联网管理的，如涉及多份原产地证书或含非原产地证书商品，也分单填报。

（5）在反映进出口商品情况的项目中，须分项填报的主要有下列几种情况：商品编号不同的、商品名称不同的、原产国（地区）/最终目的国（地区）不同的。

（6）已向海关申报的进出口货物报关单，如原填报内容与实际进出口货物不一致而又有正当理由的，申报人应向海关递交书面更正申请，经海关核准后，对原填报的内容进行更改或撤销。

3.关检融合后的"单一窗口"与新版报关单

（1）关检融合后的"单一窗口"

①"单一窗口"的概念

根据联合国的相关标准，"单一窗口"是指建立一个平台，与货物进出口和运输相关的各个当事方，按照进口、出口和转口相关的监管规定，在单一平台递交标准资料和单证，完成报检、报关手续。我国目前已经实施"单一窗口"申报，这一贸易便利化行动，可以提高海关的监管效率，降低政府和贸易商双方的成本。

②"单一窗口"系统登录

"单一窗口"系统采用网页版的B/S架构模式，无须安装客户端。企业可以随时随地通过网页进行申报操作。

A. 登录系统

打开"单一窗口"标准版门户网站，在页面下方点击"货物申报"。此外，也可选择"我要办事"页签，选择相应地区进入地方"单一窗口"网站，找到标准版登录入口。

B. 进入货物申报系统界面

登录成功后，根据各地区提供的入口，进入货物申报系统的界面。登录系统后，点击右上角"退出"字样，可安全退出系统。

（2）新版报关单

从 2018 年 8 月 1 日起，进出中国海关的货物将实行整合申报，报关单、报检单合并为一张报关单，报关报检通过"一张大表"即可完成。

整合的申报项目主要是对海关原报关单申报项目和检验检疫原报检单申报项目进行梳理，报关报检面向企业端整合形成"一张报关单、一套随附单证、一组参数代码、一个申报系统"。新版报关单填制的最新规定见海关总署发布的《中华人民共和国海关进出口货物报关单填制规范》。新版报关单具有以下特点：

① 整合原报关、报检申报数据项

将原报关、报检单合计 229 个货物申报数据项精简到 105 个，大幅减少了企业申报项目。

② 原报关报检单整合成为一张报关单

整合后的新版报关单以原报关单 48 个大项为基础，增加部分原报检内容形成了具有 56 个大项的新报关单打印格式，版式由竖版改为横版，与国际推荐的报关单样式接近，纸质单证全部采用普通打印方式，取消套打，不再印制空白格式单证。修改后的进口、出口货物报关单和进境、出境货物核注清单格式自 2018 年 8 月 1 日起启用，原报关单、核注清单同时废止，原入境、出境货物报检单也同时停止使用。

③ 原报关报检单据单证整合为一套随附单证

整合原报关、报检重复提交的随附单据和相关单证，形成统一的随附单证申报规范。

④ 原报关报检参数整合为一组参数代码

梳理整合后，统一了 8 个原报关、报检共有项的代码，包括国别（地区）代码、港口代码、币制代码、运输方式代码、监管方式代码、计量单位代码、包装种类代码、集装箱规格代码等。具体参数代码详见：海关总署门户网站→互联网+海关→通关参数→关检融合部分通关参数查询及下载。

⑤ 原报关报检申报系统整合为一个申报系统

在申报项目整合的基础上，将原报关报检的申报系统进行整合，形成一个统一的申报系统。用户由海关总署门户网站"互联网+海关"或中国国际贸易单一窗口接入。新系统按照整合申报内容对原有报关、报检的申报数据项、参数、随附单据等都进行了调整。

4.进出口报关

（1）进出口报关操作

对出口货物的报关数据进行一次录入、关联调取与暂存、删除、打印等操作。进入"单一窗口"申报页面后，在左侧菜单中点击"出口整合申报—出口报关单整合申报"，右侧显示录入界面，包括基本信息、商品信息、集装箱、随附单证、涉检信息等部分。

一般货物的进口申报业务与出口申报类似，进入"单一窗口"申报页面后，在左侧菜单中点击"进口整合申报—进口报关单整合申报"，右侧显示录入界面，包括基本信息、商品信息、集装箱、随附单证、涉检信息等部分。

（2）出境检验检疫申请

①出境检验检疫申请

涉检的出境货物可向海关业务主管部门进行出境检验检疫数据申请。可对出境检验检疫申请数据进行录入、暂存、删除、打印、申报等操作。出境检验检疫申请审核通过之后即生成电子底账，可以在出口报关单申报时被调用。

进入"单一窗口"申报页面后，在左侧菜单中点击"出口整合申报—出境检验检疫申请"，右侧显示录入界面，包括基本信息、商品信息、基本信息（其他）、集装箱信息等部分。

界面中的录入要求，总体说明如下：

灰色字段（如统一编号、检验检疫编号、电子底账数据号等）表示不允许录入，系统将根据相应操作或步骤自动返填。部分字段内的灰色字体为录入提示，请如实填写相关内容。申请受理机关、用途、到达口岸等字段，需要在参数中进行调取，不允许随意录入。使用键盘空格键，可调出下拉菜单并在其中进行选择。也可以输入已知的相应数字、字母或汉字，迅速调出参数，选择后点击回车键确认录入。日期类字段（如生产日期、发货日期等），点击录入框，在系统弹出的日历中进行选择。勾选类字段（如拼箱标志等），请根据实际业务填写。勾选代表"是"，不勾选代表"否"。

②入境检验检疫申请

在"单一窗口"中，可以对入境货物检验检疫申请数据进行录入、暂存、删除、打印等操作。进入该模块，系统弹出使用提示，根据实际业务需要使用入境检验检疫申请功能。

在左侧菜单中点击"进口整合申报—入境检验检疫申请"，右侧显示录入界面，包括基本信息、商品信息、基本信息（其他）、集装箱信息等部分。

界面中的录入要求说明如下：

灰色字段（如统一编号、检验检疫编号等）表示不允许录入，系统将根据相应操作或步骤自动返填。部分字段内的灰色字体为录入提示，请如实填写相关内容。申请受理机关、用途、启运国家等字段，需要在参数中进行调取，不允许随意录入。使用键盘空格键，可调出下拉菜单并在其中进行选择。也可以输入已知的相应数字、字母或汉字，迅速调出参数，选择后点击回车键确认录入。日期类字段（例如启运日期、到货日期等），点击录入框，在系统弹出的日历中进行选择。勾选类字段（例如原箱装载标志、拼箱标志等），请根据实际业务填写。勾选代表"是"，不勾选代表"否"。

5."单一窗口"中进口的"两段准入"申报

（1）"两段准入"监管的概念

根据海关总署发布的《关于分段实施准入监管 加快口岸验放的公告》（海关总署公告2019年第160号），自2019年11月15日起，对进口货物实施分段准入监管，简称"两段准入"，从进口申报企业角度，称为"两步申报"，目的是加快货物口岸通关验放速度。"两段准入"监管作业改革进一步优化了口岸营商环境，提高了贸易便利化水平。根据"两段准入"监管规定，进口企业可将105个申报项目分两个步骤，先做概要性申报，海关核准后即可提离货物，然后再做完整性申报，补充申报其他要求信息，完成进口通关手续。

在概要性申报阶段，对不涉及进口禁限管制、检验或检疫的货物，企业只需申报9个项目，确认2个物流项目；对涉及进口禁限管制、检验或检疫的，分别增加申报2个和5个项目，应税的须选择符合要求的担保备案编号。如果货物不需查验，即可提离；涉税货物已经提交税款担保的，或需查验货物海关已完成查验的，也可以提离。

在完整性申报阶段，企业在规定时间内补充申报其他项目，办理缴纳税款等通关手续。

关于"两段准入"的具体条件和要求，可查阅海关总署公告2019年第160号。

（2）"两步申报"的流程

概要性申报：登录"单一窗口"，点击申报进口、进境申报类型，然后录入报关单，申报前点击"两段准入申请"，进入"两段准入申请"界面→选择"是否涉证""是否涉税""是否涉检"→按照系统界面要求，录入相关信息。

完整性申报：登录"单一窗口"→进入"两段准入申请"界面→查找已完成概要申报并可以进行完整申报的报关单，按系统界面要求，录入相关信息。

【实训数据】

1.履约明细表中相关的实训数据。

2.本实训中的相关数据。

【实训步骤】

1.熟悉"单一窗口"下进出口报关报检流程。

2.掌握进出口报关单填报要领。

3.根据实训数据，填报出口报关单。

4.将实训者分成两组，互相检查报关单填报是否符合要求。

【实训内容】

1.根据本实训指导中的出口报关流程说明，写出出口货物报关的程序。

2.仔细阅读本实训指导中的我国出口货物报关单填报规范。

3.根据报关单栏目、填报内容要求，总结归纳实训数据中有关数据，为报关单的填报做好基础工作。

4.正式填报出口报关单。

5.分成两组实训者，互相核查报关单填制的正误。

【实训总结】

在完成本实训任务之后，按照附录三的格式完成实训报告。

实训十三　投保操作

【实训目的与要求】

　　本实训的目的是使实训者掌握投保单和保险单的制作要领，培养实训者独立完成出口货物保险的操作能力。本实训要求实训者了解出口货物保险的投保程序，掌握投保单和保险单的基本内容和填制要领，通过实训操作，初步具备独立完成出口货物保险工作的技能，保证保险工作既符合买卖合同要求，又使保险单据符合信用证要求。

【实训指导】

　　1.海上保险条款及险别回顾

　　在国际贸易中，我们最常见的海上货物保险条款有中国人民保险公司海洋运输货物保险条款（CIC条款）和伦敦保险协会海洋运输货物保险条款（ICC条款）。我国本土保险公司承保时，都采用CIC条款，国外保险公司承保时，多采用ICC条款。

　　CIC海洋运输货物保险条款中包括平安险、水渍险和一切险3种主险，以及一般附加险和特殊险，供投保人根据货物面临风险范围和程度，或根据买卖合同约定自主选择。

　　ICC条款包括的主险也有3种，分别为协会货物（A）险条款、协会货物（B）险条款和协会货物（C）险条款，其承保风险范围从（A）险条款到（C）险条款逐渐变小，与CIC条款刚好相反。附加险有协会战争险条款、协会罢工险条款和协会恶意损坏险条款。

2.有关法律、惯例规定

（1）保险法的有关规定

投保人作为保险合同的一方当事人，首先应当履行如实披露义务，将影响保险人决定是否承保和保险费率高低的事项如实告知保险人。投保人未履行如实告知义务，可能导致保险合同失效。投保人还应及时支付保险费，否则也可能导致保险合同失效。

（2）《国际贸易术语解释通则》的规定

根据国际商会《国际贸易术语解释通则》（INCOTERMS）的规定，卖方投保时的投保金额最低应当为发票金额的110%。

（3）《UCP 600》的要求

《UCP 600》第28条规定向银行提交的保险单应当满足以下条件：

① 保险单据应当由保险人或其代理人出具并签署。由其代理人签署的，必须标明其系代表保险公司或承保人签字。

② 如果保险单据表明其以多份正本出具，所有正本均须提交。

③ 暂保单将不被接受。

④ 保险单据日期不得晚于发运日期，除非保险单据表明保险责任不迟于发运日生效。

⑤ 投保险种、金额与币种应与信用证一致。如果信用证对投保金额未作规定，投保金额须至少为货物的CIF或CIP价格的110%。保险单据的风险区间至少涵盖从信用证规定的货物监管地或发运地开始到卸货地或最终目的地为止。

⑥ 保险单据可以注明受免赔率或免赔额（减除额）约束。

《ISBP 745》对保险单的制作规定如下：

关于保险单据及承保范围，除了需要满足《UCP 600》第28条规定外，还应满足以下要求：

Para K1条规定：信用证要求提交保险单据，比如保险单、预约保险项下的保险证明或保险声明，这表示该单据的审核将适用《UCP 600》第28条。

关于保险单据的出具人、签署及正本保险单据，Para K2条规定：

a.保险单据应当看似由保险公司或保险商或其代理人或代表出具并签署。例如，"AA Insurance Ltd"出具并签署的保险单据即看似已由保险公司出具。

b.当出具人表明为"保险人"身份时，保险单据无须显示出具人为保险公司或保险商。

Para K3条规定：只要保险单据已由保险公司或保险商或其代理人或代表签署，保险单据就可以在保险经纪人的信笺上出具。保险经纪人可以作为具名保险公司或具名保险商的代理人或代表签署保险单据。

Para K4条规定：保险单据由代理人或代表签署时，应当注明其所代理或代表签署的保险公司或保险商的名称，除非保险单据的其他地方已经表明了保险公司或保险商。例如，当"AA Insurance Ltd."已经表明其为保险人时，保险单据可以由"John Doe（作为代表）代表保险人"或"John Doe（作为代表）代表 AA Insurance

Ltd."签署。

Para K5条规定：当保险单据要求由出具人、被保险人或具名实体副签时，保险单据必须副签。

Para K6条规定：只要保险公司在单据的其他地方表明了保险公司，保险单据在签署栏中就可以仅显示保险公司的商号。例如，当保险单据在签署栏中显示由"AA"出具并签署时，在其他地方显示"AA Insurance Ltd."及其地址和联络细节，就可以接受。

Para K7条规定：

a.当保险单据表明由一个以上的保险人承保时，该保险单据可以由一个代表所有保险人的代理人或代表签署，或由一个保险人代表所有共同保险人签署。在后一种情况下，例如，保险单据"由AA Insurance Ltd.，作为牵头保险人，代表共同保险人"出具并签署。

b.尽管第K2、K3和K4条有所规定，当保险单据表明由一个以上的保险人承保时，其无须显示每个保险人的名称或各自的承保比例。

Para K8条规定：当信用证要求保险单据出具一份以上的正本，或者保险单据显示其已经出具了一份以上的正本时，所有正本都应当提交并看似已经签署。

Para K9条规定：保险单据不应表明提出索赔的截止日期。

Para K10条规定：

a.保险单据不应显示保险生效日期晚于装运日期。

b.当保险单据显示出具日期晚于（《UCP 600》第19条至第25条所定义的）装运日期时，应当以附注或批注的方式清楚地表明保险生效日期不晚于装运日期；

c.保险单据显示保险基于"仓至仓"或类似条款已经生效，且出具日期晚于装运日期，并不表示保险生效日期不晚于装运日期。

Para K11条规定：在保险单据没有出具日期和保险生效日期的情况下，副签日期也将视为证实了保险生效日期。

关于保险金额和比例，Para K12条规定：当信用证未规定保险金额时，保险单据应当以信用证的币别，至少按《UCP 600》第28条f款ii项规定的金额出具。对保险金额的最高比例没有限制。

Para K13条规定：保险金额不要求保留两位以上的小数。

Para K14条规定：保险单据可以表明保险受免赔率或免赔额（扣减额）约束。然而，当信用证要求保险不计免赔率（irrespective of percentage）时，保险单据不应含有表明保险受免赔率或免赔额（扣减额）约束的条款。保险单据无须注明"不计免赔率（irrespective of percentage）"。

Para K15条规定：当从信用证或交单清楚得知要求支款的金额仅是货物总价值的一部分（例如，由于折扣、预付款或类似情形，或部分货款延付）时，保险金额的计算必须以发票或信用证所显示的货物总价值为基础，并符合《UCP 600》第28条f款ii项的要求。

Para K16条规定：同一运输的同一险别应当由同一份保险单据承保，除非提交了承保相关部分保险的一份以上的保险单据，且每份保险单据都以百分比例或其他方式明确地表明：

a.每一保险人承保的金额；

b.每一保险人将分别承担各自的保险责任，且不受其他保险人在该次运输下可能已承保的保险责任的影响；并且

c.保险单据对应的承保金额的合计数，至少为信用证要求或者《UCP 600》第28条f款ii项规定的保险金额。

关于承保险别，Para K17条规定：

a.保险单据应当承保信用证要求的险别。

b.即使信用证可能明确规定应承保的险别，保险单据也可以援引除外条款。

Para K18条规定：当信用证要求承保"一切险"时，无论俹险单据是否标明"一切险"标题，即使其表明特定险别除外，提交载有任何"一切险"条款或批注的保险单据即满足要求。保险单据表明其承保"伦敦保险协会货物运输保险条款（A）"，或者，在空运项下其承保"伦敦保险协会货物运输保险条款（空运）"，即符合信用证要求"一切险"条款或批注的条件。

关于被保险人和背书，Para K19条规定：保险单据应当是信用证要求的形式，如有必要，还应当由要求索赔或有权索赔的实体背书。

Para K20条规定：

a.信用证不应要求保险单据出具成"凭来人"或"凭指示"。信用证应当显示被保险人的名称。

b.当信用证要求保险单据出具成"凭（具名实体）指示"时，保险单据无须显示"凭指示"字样，只要保险单据表明该具名实体为被保险人，或者表明将赔付给该具名实体且没有明确禁止背书转让即可。

Para K21条规定：

a.当信用证对被保险人未做规定时，保险单据不应表明将赔付给信用证的受益人，或开证行和申请人以外的其他机构，或其指示的一方，除非保险单据已经由受益人或该机构作了空白背书，或背书给了开证行或申请人。

b.保险单据的出具或背书，应能够使其项下的获偿权利在放单之时或放单之前得以转让。

关于保险单据的一般性条款和条件，Para K22条规定：银行不审核保险单据的一般性条款和条件。

关于保费，Para K23条规定：保险单据上任何有关保费支付的事项，银行不予理会，除非保险单据上注明"保险单据无效，除非保费已付"，且显示保费未付。

3.保险单据的转让

根据保险法律，投保人可以通过背书，将保险单据的受偿权利转让给被背书人。

4.投保单的主要内容

各保险人的投保单（或称保险申请书）格式不尽相同，但均应具备以下基本内容：

（1）投保人名称、地址、联系方式。

（2）货物名称及品质描述。

（3）运输标志。

（4）包装及数量。

（5）投保金额。

（6）运输工具。

（7）启运地/目的地及或装卸港口。

（8）投保险别。

（9）启运日期和投保日期。

（10）投保人签字。

5.保险单据的主要内容

保险单据的主要内容与投保单的基本相同，不同的是，保险单据是由保险人签发，并注明保单编号、签发日期、保险费和理赔地点等内容。

【实训数据】

1.国际贸易模拟实训教学软件（TMT）中相关的实训数据以及履约明细表中的数据。

2.空白投保单（见表13-1）。

表13-1 中国人民财产保险股份有限公司投保单

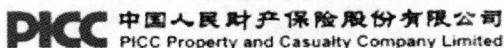

PICC 中国人民财产保险股份有限公司
PICC Property and Casualty Company Limited

地址（ADD）：	邮编（POST CODE）：
电话（TEL）：	传真（FAX）：

货 物 运 输 保 险 投 保 单

APPLICATION FORM FOR CARGO TRANSPORTATION INSURANCE

被保险人：

The Insured： _____

发票号（INVOICE NO.）

合同号（CONTRACT NO.）

信用证号（L/C NO.）

发票金额（INVOICE AMOUNT）_____ 投保加成（PLUS）_____ %

续表

兹有下列物品向中国人民保险公司营业部投保（INSURANCE IS REQUIRED ON THE FOLLOWING COMMODITIES）：

标　记 MARKS & NOS.	包装及数量 QUANTITY	保险货物项目 DESCRIPTION OF GOODS	保险金额 AMOUNT INSURED

启运日期：　　　　　　　　　　　　　装载运输工具：

DATE OF COMMENCEMENT＿＿＿＿＿＿　PER CONVEYANCE：＿＿＿＿＿＿＿＿＿

自　　　　　　　　　经　　　　　　　　　至

FROM＿＿＿＿＿＿　VIA＿＿＿＿＿＿　TO＿＿＿＿＿＿

提单号：　　　　　　　　　　　赔款偿付地点：

B/L NO.：＿＿＿＿＿＿＿＿＿＿　CLAIM PAYABLE AT＿＿＿＿＿

投保险别（PLEASE INDICATE THE CONDITIONS OR SPECIAL COVERAGES）：

请如实告知下列情况：（如'是'在[ ]中打√，'不是'打×）　　IF ANY，PLEASE MARK √ OR ×：

1.货物种类：袋装[ ]　　散装[ ]　冷藏[ ]　液体[ ]　　活动物[ ]　　机器/汽车[ ]　　危险等级[ ]

　　GOODS：BAG/JUMBO　BULK　REEFER　LIQUID　LIVE ANIMAL　MACHINE/AUTO　DANGEROUS CLASS

2.集装箱种类：普通[ ]　　开顶[ ]　框架[ ]　平板[ ]　冷藏[ ]

　　CONTAINER：ORDINARY　OPEN　FRAME　FLAT　REFRIGERATOR

3.转运工具：海轮[ ]　飞机[ ]　驳船[ ]　火车[ ]　汽车[ ]

　　BY TRANSIT：SHIP　PLANE　BARGE　TRAIN　TRUCK

4.船舶资料：　船籍 [　　　　]　　船龄[　　　]

　　PARTICULARS OF SHIP：REGISTRY　　　AGE

备注：被保险人确认已完全了解本保险合同条款和内容。　投保人（签名盖章）APPLICANTS SIGNATURE

THE ASSURED CONFIRMS HEREWITH THE TERMS AND
CONDITIONS OF THESE INSURANCE CONTRACTS FULLY　＿＿＿＿＿＿＿＿＿＿＿＿＿＿＿＿＿＿
UNDERSTOOD.

　　　　　　　　　　　　　　　　　　　　　　电话：（TEL）

投保日期：（DATE）＿＿＿＿＿＿＿＿　地址：（ADD）

本公司自用（FOR OFFICE USE ONLY）

费率：　　　　　　　　保费：　　　　　　　　备注：

RATE：＿＿＿＿＿＿＿＿　PREMIUM：＿＿＿＿＿＿

经办人：　　　　　　　核保人：　　　　　　　负责人：

　BY＿＿＿＿＿＿＿＿＿＿　＿＿＿＿＿＿＿＿＿＿　＿＿＿＿＿＿＿＿＿＿

【实训步骤】

1.阅读本实训指导中保险单据的有关法律及惯例。

2.登录国际贸易模拟实训教学软件（TMT），在"实习公司"栏中下载"投保单"，并根据实训数据填制投保单。

3.实训者相互核查投保单填制的正确性。

4.根据信用证和买卖合同约定，审核保险单据。

【实训内容】

1.首先阅读本实训指导中的有关法律、惯例规定，特别是《UCP 600》的有关规定，为投保单填制和保险单据审核打下理论基础。

2.阅读、归纳实训数据中有关保险内容，列入"保险资料汇总单"中。该资料汇总单由实训者根据格式投保单的基本内容自行编制。

3.根据保险资料汇总单的资料，填制投保单。

4.投保单填制完成后，实训者开始相互核查投保单填制的正确性。

5.根据信用证和买卖合同，审核保险单据的可接受性。

【实训总结】

在完成本实训任务之后，按照附录三的格式完成实训报告。

实训十四 发票与装箱单制作

【实训目的与要求】

本实训的目的是使实训者掌握出口收汇单据中的商业发票、装箱单/重量单的内容和制作方法。本实训要求实训者了解出口单据的种类，掌握这两种单据的结构与内容、《UCP 600》对商业发票的制作要求，以及商业发票、装箱单/重量单的制作要领，保证单据内容不互相矛盾，符合买卖合同或信用证的规定。

【实训指导】

1. 出口单据种类

不论何种支付方式，出口收汇一般都需要制作出口单据。尽管不同的支付方式下要求的收汇单据会有所不同，但基本单据都是相同的。一般来说，信用证支付方式下要求的收汇单据最为复杂，因此，本实训按照信用证支付方式要求，学习制单操作的知识。通常，信用证支付方式下收汇单据可按作用不同分为以下几种：

（1）商业单证。这类单证主要有商业发票、装箱单/重量单、运输单证、保险单等。

（2）官方单证。这类单证主要有原产地证、出口许可证、检验证书、海关发票等。

（3）金融单证。这类单证主要指商业汇票。

（4）其他单证。这类单证指根据买卖合同或信用证规定需要准备的装运通知、船公司的船舶证明、出口商证明等。

本实训主要学习商业发票、装箱单/重量单的制作有关知识。

2.《UCP 600》对商业发票的规定

《UCP 600》第18条对商业发票作了以下规定：

（1）商业发票

① 必须在表面上看来系由受益人出具（第38条另有规定者除外）。

② 必须做成以申请人的名称为抬头（第38条（g）款另有规定者除外）。

③ 发票币别与信用证币种相同。

④ 无须签字。

（2）按照指定行事的被指定银行、保兑行（如有）或开证行可以接受金额超过信用证所允许金额的商业发票，倘若有关银行已兑付或已议付的金额没有超过信用证所允许的金额，则该银行的决定对各有关方均具有约束力。

（3）商业发票中货物、服务或行为的描述必须与信用证中显示的内容相符。

《ISBP 745》对发票作了如下规定：

关于发票的名称，Para C1条规定：

a.当信用证要求提交"发票"而未做进一步描述时，提交任何类型的发票（如商业发票、海关发票、税务发票、最终发票、领事发票等）即满足要求。但是，发票不得表明"临时""预开"或类似名称。

b.当信用证要求提交"商业发票"时，提交名称为"发票"的单据也满足要求，即便该单据含有供税务使用的声明。

关于发票出具人，Para C2条规定：

a.发票应当看似由受益人，或者由已转让信用证项下的第二受益人出具。

b.当受益人或第二受益人变更了名称，且信用证提及的是以前的名称时，只要发票注明了该实体"以前的名称为（第一受益人或第二受益人的名称）"或类似措辞，发票就可以新实体的名称出具。

关于货物、服务或履约行为的描述及发票的其他一般性事项，Para C3条规定：发票显示的货物、服务或履约行为的描述应当与信用证中的描述一致，但不要求如镜像一致。例如，货物细节可以在发票的多处显示，当一并解读时，其显示的货物描述与信用证中的描述一致即可。

Para C4条规定：发票上的货物、服务或履约行为的描述应当反映实际装运或交付的货物、提供的服务或履约行为。例如，当信用证的货物描述要求装运"10辆卡车和5辆拖拉机"，但只装运了4辆卡车时，只要信用证不禁止部分装运，发票可以显示只装运了4辆卡车。发票注明实际装运货物（4辆卡车）的同时，还可以包含信用证规定的货物描述，即10辆卡车和5辆拖拉机。

Para C5条规定：发票显示与信用证规定一致的货物、服务或履约行为描述的同时，还可以显示与货物、服务或履约行为相关的额外信息，只要这些信息看似不会指向货物、服务或履约行为的不同性质、等级或类别。例如，当信用证要求装运"绒面革鞋子"，但是发票将货物描述为"仿造绒面革鞋子"；或当信用证要求"液压钻机"，但是发票将货物描述为"二手液压钻机"时，这些描述表示货物的性质、等级或类别出现了变化。

关于发票的内容，Para C6条规定：

a.发票应当显示：所装运或交付的货物、或所提供的服务或履约行为的价值。

b.单价（当信用证有规定时）。

c.信用证中表明的相同币别。

d.信用证要求的任何折扣或扣减。

Para C7条规定：发票可以显示信用证未规定的预付款、折扣等的扣减。

Para C8条规定：当信用证规定了贸易术语作为货物描述的一部分时，发票应当显示该贸易术语，而当信用证规定了贸易术语的出处时，发票应当显示贸易术语的相同出处。例如，信用证规定贸易术语为"CIF Singapore Incoterms 2020"，发票不应显示贸易术语为"CIF Singapore"或"CIF Singapore Incoterms"。但是，当信用证规定贸易术语为"CIF Singapore"或者"CIF Singapore Incoterms"时，发票可以显示贸易术语为"CIF Singapore Incoterms 2020"或任何其他版本。

Para C9条规定：诸如与单据、运费、保险费相关的额外费用和成本，应当包含在发票上显示的贸易术语所对应的价值之内。

Para C10条规定：发票无须签署或注明日期。

Para C11条规定：发票显示的货物的任何总数量和其重量或尺寸，不应与其他单据显示的同一数据相矛盾。

Para C12条规定：发票不应显示：

a.超装（《UCP 600》第30条b款另有规定除外）；或者

b.信用证未规定的货物、服务及履约行为。即便发票包含了信用证规定货物、服务或履约行为的额外数量为免费，或者样品和广告材料为免费，这仍然适用。

Para C13条规定：发票上显示的信用证规定的货物数量可以在5%的溢短装浮动幅度之内。货物数量最高+5%的变动，并不允许交单项下所要求的支款金额超过信用证金额。货物数量的5%溢短装浮动幅度，不适用于下列情形：

a.信用证规定货物数量不应超过或减少；或者

b.信用证以包装单位或商品件数规定货物数量。

Para C14条规定：当信用证未规定货物数量，且禁止部分装运时，发票金额在少于信用证金额最大5%的幅度内，将视为发票涵盖全部货物数量，不构成部分装运。

上述《UCP 600》和《ISBP 745》对发票的要求是制作发票的基本准则。

3.出口制单的基本要求

信用证支付方式下，收汇单据除了必须满足信用证要求外，还必须符合《UCP 600》和《ISBP745》的规定。因此，出口制单应当按照以下基本要求进行：

（1）保证单单一致。单单一致是指向银行递交的各个单据的表面内容一致，无相互矛盾之处。信用证支付方式下，银行处理的是单证，而不是货物（《UCP 600》第5条），单据之间相符就成为银行履行付款义务的必要条件之一。

（2）保证单证一致。单证一致是指向银行所提交的各种单证与信用证规定相符，无矛盾之处。

（3）保证单据内容正确、完整，符合有关规定和商业习惯。

（4）及时制单。

4.商业发票的内容及填制要领

商业发票（参见本实训数据中的表14-1）是出口方开给进口方的销售价目清单。对出口商而言，它是出口收汇、出口报检/报关的必要单据；对进口商而言，它是进口商凭以核对货物和价值、商业记账和核算的依据。它也是进口商报关的必要单据。

各出口公司的商业发票格式有所不同，但基本内容大致相同。商业发票的内容及填制要点如下：

（1）出票人。出票人的名称、地址应当醒目、正确；应当与信用证的描述完全一致，与其他单据的表述一致。可转让信用证下，银行可以接受由第二受益人出具的发票。出票人表示方法有两种：一种是由发票的票头直接表示；另一种是通过发票的签署来表示。

（2）抬头人。抬头人即信用证的申请人。《UCP 600》第18条第1款规定，发票的抬头人必须与信用证的申请人一致。《UCP 600》第38条第8款规定，可转让信用证下，银行可以接受第二受益人的发票中以第一受益人替换原证申请人。

（3）发票日期。发票日期为发票的签发日期。除提单日期外，发票日期应当是所有交付单据日期中最早的。根据《UCP 600》的规定，该日期可以早于信用证开立日期，但在实务中，因为实际装船货物数量可能与托运数量不一致，所以最好在提单签发之后再开立发票，这样，发票日期不大可能早于信用证日期。

（4）信用证/合同信息记载。为明确发票对象，应当在发票中引用信用证信息，包括信用证号码、开证行、开证日期、启运地/目的地，以及合同信息，包括合同编号、合同日期、运输工具名称、价格条件等。该项记载应当准确无误。

（5）货物描述。货物描述包括运输标志、品名、质量、数量描述。在所有交付单证中，发票对货物的描述应当是最详细的，应当与信用证规定严格一致。

（6）单价和总值。单价和总值是发票的重要项目，必须准确计算，正确缮制。同一发票内记载多项商品时，金额和数量的横乘、竖加不应存在矛盾。发票总值应当不超过信用证金额上限。

在信用证的单价、数量和总金额之前有"大约"规定时，被修饰项允许10%的增减，无修饰项不得增减。

关于数量增减，即使信用证没有增减幅度规定，也允许有5%的数量增减，但以包装单位或个数计数的货物，或信用证明文规定不得增减者除外。该数量的5%

增加并不必然允许信用证总金额增加。

在信用证对数量和金额规定有增减幅度时，该信用证下的不同颜色或不同规格货物，可以分别适用该增减幅度，但各自的增减幅度不得调剂借用，即使调剂后总金额未超过信用证总金额也不允许。

（7）信用证对发票记载的额外要求。对这类要求按照要求照打即可。

（8）佣金、折扣和预付款的处理。如果信用证要求发票价为净价，则在发票上作扣减计算，分别列明含佣价、佣金额和净价。如果信用证未做规定，只要含佣总金额扣除佣金后不超过信用证总金额即可接受。如果部分货款已经证外预付，发票中应当列明总金额、预付金额、议付金额。

佣金扣除可用下列方式表示：

Qty.	Unit price	Amount
	CIFC3 Singapore	
200pcs	USD100	USD20 000.00
	Less 3% commission：	USD600.00
	CIF NET VALUE：	USD19 400.00

（9）发票的签署。尽管《UCP 600》规定发票无须签署，但商业习惯上一般都对发票进行签署，但如果信用证本身要求必须签署，或发票无票头时，签署就成为必要项目，用以表明出票人。

（10）发票证明文据。如果信用证规定了发票证明文据，按照信用证规定照打即可。

5.装箱单/重量单的内容及填制要领

装箱单/重量单是商业发票的一种补充单据，帮助说明货物的包装、毛重、净重、尺码情况。包装货物使用包装单，散装货物使用重量单。此外，同类性质的单证还有包装明细单、花色搭配单、磅码单、尺码单等，它们的记载各有侧重，但作用都是相同的。

对于装箱单，《ISBP 745》作了如下规定：

Para M1 条规定：当信用证要求提交装箱单时，提交的单据包含货物包装的任何信息以满足其功能，并表明信用证规定的名称，或标明相似名称，或没有名称，即符合要求。

对装箱单的出具人，Para M2 条规定：装箱单应当由信用证规定的机构出具。Para M3 条规定：当信用证没有规定出具人名称时，装箱单可以由任何机构出具。

对于装箱单的内容，Para M4 条规定：当信用证规定了明确的包装要求时，且没有规定与其相符的单据，装箱单如有提交，其提及的有关货物包装的任何数据不应与该要求矛盾。Para M5 条规定：只要装箱单的出具人不是受益人，其就可以显示不同于其他一种或多种规定单据上注明的发票号码、发票日期和运输路线。Para M6 条规定：银行只审核总量，包括但不限于总数量、总重量、总尺寸或总包装件数，以确保相关的总量与信用证中和任何其他规定单据上显示的总量没有矛盾。

对于重量单，《ISBP 745》规定如下：

Para N1 条规定：当信用证要求提交重量单时，提交的单据包含货物重量的任何信息以满足其功能，并表明信用证规定的名称，或标明相似名称，或没有名称，即符合要求。

关于重量单的出具人，Para N2 条规定：重量单应当由信用证规定的机构出具。Para N3 条规定：当信用证没有规定出具人名称时，重量单可以由任何实体出具。

关于重量单的内容，Para N4 条规定：当信用证规定了明确的重量要求时，且没有规定与其相符的单据，重量单如有提交，其提及的有关货物重量的任何数据不应与该要求矛盾。Para N5 条规定：只要重量单的出具人不是受益人，其就可以显示不同于其他一种或多种规定单据上注明的发票号码、发票日期和运输路线。Para N6 条规定：银行只审核总量，包括但不限于总数量、总重量、总尺寸或总包装件数，以确保相关的总量与信用证中和任何其他规定单据上显示的总量没有矛盾。

装箱单/重量单的主要内容和填制要领如下：

（1）单据名称。根据《ISBP 745》的规定，如果信用证要求提供某种单据，只要单据的内容符合要求即可，没有名称或使用不同的名称都可接受。

（2）卖方/买方。填制要求与商业发票相同。

（3）商业发票编号。填制与其对应的商业发票编号。

（4）启运地/目的地。与商业发票相同。

（5）货物描述。应与商业发票一致。

（6）货物包装、数量、毛重、净重、尺码。应当详细描述，但应保持与商业发票一致。

（7）签署。与商业发票相同。

【实训数据】

1.国际贸易模拟实训教学软件（TMT）中相关的实训数据。

2.商业发票格式参考例（见表14-1）。

表14-1   商业发票格式

C O M M E R C I A L   I N V O I C E

1）SELLER	3）INVOICE NO.	4）INVOICE DATE
	5）L/C NO.	6）DATE
	7）ISSUED BY	
2）BUYER	8）CONTRACT NO.	9）DATE
	10）FROM	11）TO
	12）SHIPPED BY	13）PRICE TERM

14）MARKS	15）DESCRIPTION OF GOODS	16）QTY.	17）UNIT PRICE	18）AMOUNT

TOTAL

19）ISSUED BY

20）SIGNATURE

3.装箱单格式参考例（见表14-2）。

表14-2   装箱单格式

P A C K I N G   L I S T

1）SELLER	3）INVOICE NO.	4）INVOICE DATE
	5）FROM	6）TO
	7）TOTAL PACKAGES（IN WORDS）	
2）BUYER	8）MARKS & NOS.	

9）C/NOS.	10）NOS. & KINDS OF PKGS.	11）ITEM	12）QTY.（pcs.）	13）G.W.（kg）	14）N.W.（kg）	15）MEAS（m³）

16）ISSUED BY

17）SIGNATURE

【实训步骤】

1.阅读归纳本实训相关数据。登录国际贸易模拟实训教学软件（TMT），在"实习公司"栏中下载商业发票和装箱单。

2.阅读本实训指导，掌握商业发票的填制内容与要领。

3.填制商业发票。

4.阅读本实训指导，掌握装箱单/重量单的填制内容与要领。

5.填制装箱单。

6.实训者相互核查商业发票和装箱单填制的正误。

【实训内容】

1.到"履约明细表"中收集、归纳本实训所需的实训数据，为商业发票和装箱单的填制做数据准备。

2.阅读本实训指导，掌握商业发票和装箱单的制作内容与要领。

3.阅读表14-1、表14-2，掌握商业发票和装箱单的格式。

4.首先根据实训数据独立完成商业发票的填制，然后独立完成装箱单的填制。

5.两人一组，相互核查实训结果，指出不符点并加以改正。

【实训总结】

在完成本实训任务之后，按照附录三的格式完成实训报告。

实训十五　其他出口单据制作

【实训目的与要求】

本实训的目的是使实训者掌握除商业汇票和装箱单以外的出口单据（即信用证要求的单据）的内容和制作方法。本实训要求实训者掌握汇票、原产地证申请书、装运通知和受益人证明的制作要领，保证单据内容齐全、准确，内容不互相矛盾，符合买卖合同和信用证的规定。

【实训指导】

1.《ISBP 745》关于汇票（参见本实训数据中的表15-1）制作的有关规定

（1）汇票付款人的规定

Para B1 条规定：在信用证要求汇票的情况下，汇票付款人应当为信用证规定的银行。

（2）汇票付款期限的规定

Para B2 条规定：

a 款：汇票显示的付款期限应当与信用证条款一致。

b 款：当信用证要求汇票的付款期限不是即期或见票后定期付款时，应当能够从汇票自身数据确定付款到期日。

例如，当信用证要求汇票的付款期限为提单日期后60天，且提单日期为2021年5月14日时，汇票的付款期限应当以下面一种方式显示：

i."提单日期2021年5月14日后60天"；

ii."2021年5月14日后60天"；

iii.“提单日期后60天”，且在汇票表面的其他位置注明“提单日期2021年5月14日”；

iv.“出票后60天”且出票日期与提单日期相同；

v.“2021年7月13日”，即提单日期后60天。

c款：当汇票的付款期限提及，例如，提单日期之后60天时，装船日期将视为提单日期，即便装船日期早于或晚于提单出具日期。

d款：当使用“从……起（from）”和“在……之后（after）”确定付款到期日时，到期日将从单据日期、装运日期或信用证规定的事件日期的次日起计算，例如，从5月4日起10天或5月4日之后10天，均为5月14日。

e款：

i.当信用证要求提单，而汇票付款期限作成，例如，提单日期之后60天或从提单日期起60天，且提交的提单显示货物从一条船卸下后再装上另一条船，并显示了不止一个注明日期的装船批注，表明每一装运均从信用证允许的地理区域或港口范围内的港口装运时，其中最早的装船日期将用以计算付款到期日。例如，信用证要求从任何欧洲港口装运，且提单显示货物于5月14日在都柏林装上A船，于5月16日在鹿特丹转运装上B船，汇票应当显示在欧洲港口的最早装船日期，即5月14日后的60天。

ii.当信用证要求提单，而汇票付款期限作成，例如，提单日期之后60天或从提单日期起60天，且提交的提单显示同一条船上的货物从信用证允许的地理区域或港口范围内的多个港口装运，并显示了不止一个注明日期的装船批注时，其中最迟的装船日期将用以计算付款到期日。例如，信用证要求从任何欧洲港口装运，且提单显示部分货物5月14日在都柏林装上A船，其余部分于5月16日在鹿特丹装上同一条船，汇票应当显示在欧洲港口的最迟装船日期，即5月16日后的60天。

iii.当信用证要求提单，而汇票付款期限作成，例如，提单日后60天或从提单日起60天，而一张汇票下提交了多套提单时，其中的最迟装船日期，将用以计算付款到期日。

（3）汇票的付款到期日

Para B4条规定：当汇票使用实际日期表明付款到期日时，该日期应当反映信用证条款。

Para B5条规定：当汇票付款期限作成，例如，见票后60天时，付款到期日按如下规则确定：

a款：在相符交单的情况下，付款到期日为向汇票的受票银行，即开证行、保兑行或同意按指定行事的指定银行（“付款银行”）交单后的60天。

b款：在不符交单的情况下：

i.当该付款银行未发送拒付通知时，付款到期日为向其交单后的60天；

ii.当该付款银行为开证行且其已发送拒付通知时，付款到期日最迟为开证行同

意申请人放弃不符点后的60天;

iii.当该付款银行是开证行以外的一家银行且其已发送拒付通知时,付款到期日最迟为开证行发送的单据接受通知书日期后的60天。当该付款银行不同意按照开证行的单据接受通知书行事时,开证行应当在到期日承付。

c款:付款银行应当向交单人通知或确认付款到期日。

Para B6条规定:上述付款期限和付款到期日的计算方法也适用于延期付款信用证,或某些情形下的议付信用证,即不要求受益人提交汇票时。

(4)银行工作日、宽限期、付款的延迟

Para B7条规定:款项应于到期日在汇票或单据的付款地以立即能被使用的资金支付,只要该到期日是付款地的银行工作日。当到期日是非银行工作日时,付款将顺延至到期日后的第一个银行工作日。付款不应出现延迟,例如,宽限期、汇划过程所需时间等,不得在汇票或单据所载明或约定的到期日之外。

(5)汇票的出具和签署

Para B8条规定:

a款:汇票应当由受益人出具并签署,且应注明出具日期。

b款:当受益人或第二受益人变更了名称,且信用证提到的是以前的名称时,只要汇票注明了该实体"以前的名称为(第一受益人或第二受益人的名称)"或类似措辞,汇票就可以新实体的名称出具。

Para B9条规定:当信用证仅以银行的SWIFT地址表示汇票付款人时,汇票可以相同的SWIFT地址或该银行的全称显示付款人。

Para B10条规定:当信用证规定由指定银行或任何银行议付时,汇票付款人应当作成指定银行以外的一家银行。

Para B11条规定:当信用证规定由任何银行承兑时,汇票付款人应当作成同意承兑汇票并愿意按指定行事的银行。

Para B12条规定:当信用证规定:

a.由指定银行或任何银行承兑,且汇票付款人作成了该指定银行(其不是保兑行),且该指定银行决定不按指定行事时,受益人可以选择:

i.如有保兑行,以保兑行为汇票付款人,或者要求将单据按照交单原样转递给保兑行;

ii.将单据交给同意承兑以其为付款人的汇票并按指定行事的另一家银行(只适用于自由兑付信用证);或者

iii.要求将单据按照交单原样转递给开证行,在此情形下,随附或不随附以开证行为付款人的汇票。

b.由保兑行承兑,且汇票付款人作成了该保兑行,但交单不符,且该保兑行决定不恢复保兑时,受益人可以要求将单据按照交单原样转递给开证行,在此情形下,随附或不随附以开证行为付款人的汇票。

（6）汇票的金额

Para B13条规定：汇票金额应当为交单下要求支款的金额。

Para B14条规定：如果汇票同时显示大小写金额，那么大写金额应当准确反映小写金额，且应注明信用证规定的币别。当大小写金额矛盾时，大写金额将作为支款金额予以审核。

（7）汇票的背书

Para B15条规定：如果需要，汇票应当背书。

（8）汇票的更正与更改

Para B16条规定：汇票上数据的任何更正，应当看似已由受益人以额外的签字或小签加以证实。

Para B17条规定：当汇票上不允许数据更正时，开证行应当在信用证中明确规定。

（9）以申请人为付款人的汇票

Para B18条规定：信用证不得开立成凭以开证申请人为付款人的汇票兑付。然而，当信用证要求提交以申请人为付款人的汇票，作为一种规定单据时，该汇票应当只在信用证明确规定的范围内予以审核，其他方面将按照《UCP 600》第14条f款的规定审核。言外之意，该汇票只作为普通商业单据审核，不能作为该信用证兑付依据的金融票据审核。

2.《中华人民共和国票据法》对汇票内容的强制性要求

汇票是出票人签发的，委托付款人在见票时或者在指定日期无条件支付确定的金额给收款人或者持票人的票据。

《中华人民共和国票据法》第22条规定，汇票必须记载下列事项：

（1）表明"汇票"的字样。

（2）无条件支付的委托。

（3）确定的金额。

（4）付款人名称。

（5）收款人名称。

（6）出票日期。

（7）出票人签章。

另外，根据《中华人民共和国票据法》，汇票以背书转让汇票权利授予他人行使时，必须记载被背书人名称。

3.汇票的内容和填制要领

（1）汇票编号。该编号最好与相应的发票编号一致，以便核对。

（2）出票日期和地点。信用证项下，出票日期一般为提交银行议付的日期。

（3）汇票金额。汇票金额和币别应与信用证规定一致。如果信用证规定按发票金额100%开立，则汇票金额与发票金额一致；如果信用证规定按发票金额百分之多少开立，汇票金额应当按规定开立，差额部分通常为佣金；如果全部货款部分为托收、部分为信用证下支付，则信用证下的发票仍为100%，汇票金额按信用证规定开立。此外，汇票金额需要分别小写和大写，应注意保持金额一致。

（4）汇票的到期日。汇票的到期日即为汇票的付款日期。对于即期汇票，应在英文 at 和 sight 之间的付款期限处加打星号"**********"；对于见票后若干天付款的，在付款期限处加打"×××days after sight"；对于汇票出票日后若干天支付的，在付款期限处加打"×××days after date"；对于提单日之后若干元支付的，在付款期限处加打"×××days after the B/L date"；定期付款的，在付款期限处加打具体日期。

（5）收款人。信用证下，该项内容一般填打议付行名称；托收下，填打托收行名称。

（6）付款人。该项在汇票中的英文字"To"之后填打。信用证下，汇票的付款人应当为开证行或其指定银行。例如，信用证规定的"drawn on us""drawn on ×××bank"。也有信用证规定"drawn on applicant"的，在信用证中开证行保证付款条件下也是可以接受的。

（7）出票人。出票人必须是信用证的受益人。可转让信用证被转让时，出票人可以是第二受益人。

（8）对价条款。该项内容为非强制内容，可填打货物名称、数量等货物描述。

（9）出票条款。该项目内填打信用证编号、开证行和开证日期。

（10）签字。《中华人民共和国票据法》、《UCP 600》和《ISBP 745》规定，汇票必须经由出票人签字。

4.原产地证明的内容和填制要领

对于原产地证的制作，《ISBP 745》作出了如下要求：

Para L1 条规定：当信用证要求提交原产地证明时，提交看似与所开发票的货物相关且证实货物原产地，并经签署的单据，即满足要求。

Para L2 条规定：当信用证要求提交特定格式的原产地证明，比如 GSP Form A 格式时，应当仅提交特定格式的单据。

对于原产地证明的出具人，Para L3 条规定：

a.原产地证明应当由信用证规定的机构出具。

b.当信用证没有规定出具人名称时，原产地证明可以由任何机构出具。

c.当信用证要求提交由受益人、出口商或制造商出具的原产地证明时，只要原产地证明相应注明受益人、出口商或制造商，提交的原产地证明由商会或类似机构，比如但不限于行会、行业协会、经济协会、海关和贸易部门等类似机构出具也满足要求；当信用证要求提交由商会出具的原产地证明时，提交的原产地证明由行会、行业协会、经济协会、海关和贸易部门等类似机构出具也满足要求。

关于原产地证明的内容，Para L4 条规定：原产地证明应当看似与所开发票的货物相关联，例如，通过下列方式：

a.与信用证规定相符的货物描述，或与信用证所规定的货物描述不相矛盾的统称；或者

b.援引其他规定单据或原产地证明不可分割的附件上的货物描述。

Para L5 条规定：当原产地证明显示收货人信息时，其不应与运输单据中的收货人信息矛盾。但是，当信用证要求运输单据出具成"凭指示"、"凭托运人指示"、"凭开证行指示"、"凭指定银行（或议付行）指示"或"收货人：开证行"时，原产地证明可以显示收货人为信用证中除受益人以外的任何一个具名实体。当信用证已经转让时，收货人可以是第一受益人。

Para L6 条规定：原产地证明可以显示信用证受益人或其他规定单据上所显示的托运人以外的实体为发货人或出口商。

Para L7 条规定：当信用证规定货物原产地而没有要求提交原产地证明时，规定单据上对货物原产地的任何援引不应与规定的原产地相矛盾。例如，当信用证规定"货物原产地：德国"而没有要求提交原产地证明时，任何规定单据显示了不同的货物原产地，将视为数据矛盾。

Para L8 条规定：只要原产地证明显示的出口商或发货人不是受益人，其就可以显示不同于其他一种或多种规定单据上注明的发票号码、发票日期和运输路线。

原产地证明主要有一般原产地证明和普惠制原产地证明两种，都是用来证明商品原产国别的证书，后者在出口到给予普惠制国家时使用。在我国，一般原产地证明可由商会出具，也可通过中国国际贸易单一窗口中的海关原产地证书申请平台出具。

原产地证明的内容和填制要领如下：

（1）出口商。填写买卖合同的卖方或信用证下的受益人的详细名称和地址。

（2）收货人。填写买卖合同的买方或信用证下的开证申请人的详细名称和地址。

（3）运输方式和路线。填写装货港口、最终卸港口和运输方式。

（4）运输标志和包装号码。应与商业发票一致。

（5）货物描述、包装件数和包装种类。应与商业发票一致。

（6）HS 编码。按照《商品名称和编码协调制度》中的编码填写，应与报关单中的商品编码一致。

（7）数量或重量。应当按照运输单证的数量或重量填写。

（8）发票号码和日期。按照相应的商业发票编号和签发日期填写。

（9）出口商声明。该项目由出口商签字盖章，并注明签字时间及地点。

（10）签证机关栏。由签证机构签字盖章并注明签字时间及地点。

上述填制要领应体现在原产地证明申请书中。

5.其他单据的填制要领

（1）船公司证明

船公司证明是在卖方负责租船订舱情况下，买方为了进口报关、办理保险或防止卖方欺诈等，要求提供由船公司出具的证明文件，其主要内容应当包括船龄说明、船籍、装卸港口等，该证明应由船公司签字盖章。

对于船公司证明、品质证明、数量证明、受益人证明等信用证要求的文件都属于证明书、声明书类文件（Certificates，Certifications，Declarations and Statements）。这类文件的制作应满足《ISBP 745》的一般性要求：

Para A3 条规定：当信用证要求提交证明书或证明、声明书或声明时，该单据应当签署。

Para A4 条规定：证明书或证明、声明书或声明是否需要注明日期取决于所要求的证明书或证明、声明书或声明的类型、所要求的措辞和单据上所显示的措辞。

例如，当信用证要求提交由承运人或其代理人出具的证明书以证实船龄不超过25年时，为表明相符，该证明书可以注明：

a.船舶建造日期或年份，且该日期或年份不早于装运日期或装运所发生年份之前25年，此时没有必要显示出具日期；或者

b.信用证规定的措辞，此时要求显示出具日期，以证实自证明书出具之日船龄不超过25年。

Para A5 条规定：当载有证明或声明的单据已经签署并注明了日期时，只要该证明或声明看似由出具并签署单据的同一实体作出，单据上的证明或声明无须另行签署或加注日期。

（2）装运通知

装运通知是由卖方向买方制作并发出的关于货物装运情况的通知，主要目的是让买方办理保险和了解货物装运情况。其主要内容应当包括船名、装货港口、装运货物名称及数量、提单号码、完成装货的时间、开行日期、预计抵达目的港时间等。

（3）受益人证明

受益人证明指由受益人自己出证证明某项合同义务已经履行的文件。其内容按照信用证要求制作即可。例如，要求证明载有要求内容的装运通知已经于何时通知或邮寄给买方；证明提单副本已于何时航空快递给买方。

对于受益人证明，《ISBP 745》作出规定如下：

Para P1 条规定：当信用证要求提交受益人证明时，提交经签署的单据包含信用证所要求的数据和证明文句以满足其功能，并表明信用证规定的名称，或标明反映所要求证明类型的名称，或没有名称，即符合要求。

对于受益人证明的签署，Para P2 条规定：受益人证明应当由受益人或受益人代表签署。

对于受益人证明的内容，Para P3 条规定：受益人证明提及的数据，不应与信用证要求相矛盾。Para P4 条规定：受益人证明上提及的数据或证明文句无须与信

用证要求一致，但应当清楚表明信用证规定的要求已经获得满足；也无须包含货物描述，或对信用证或其他规定单据的任何其他援引。

【实训数据】

1.国际贸易模拟实训教学软件（TMT）中相关的实训数据。

2.履约明细表、发票中的相关数据和提单、装箱单中的相关数据。

3.商业汇票格式（见表15-1）。

表15-1 商业汇票格式

BILL OF EXCHANGE

No.

For （amount in figure） （place and date of issue）

At sight of this FIRST BILL of exchange （SECOND being unpaid）

Pay to _____ or order the sum of

（amount in word）

Value received for （quantity） （name of commodity）

Drawn under （name of issuing bank）

L/C No. _____ dated _____

To:（name and address of issuing bank） For and on behalf of

（name of drawer and signature）

4.原产地证明格式（见表15-2）。

表15-2 中华人民共和国原产地证明

1.Exporter	Certificate No.
2.Consignee	**CERTIFICATE OF ORIGIN** **OF** **THE PEOPLE'S REPUBLIC OF CHINA**
3.Means of transport and route	5.For certifying authority use only
4.Country / region of destination	

续表

6.Marks & numbers	7.Number and kind of packages; description of goods	8.H.S.Code	9. Quantity and weight	10. Number and date of invoices

11.Declaration by the exporter	12.Certification
The undersigned hereby declares that the above details and statements are correct, that all the goods were produced in China and that they comply with the Rules of Origin of the People's Republic of China.	It is hereby certified that the declaration by the exporter is correct.
Place and date, signature and stamp of authorized signatory	Place and date, signature and stamp of certifying authority

【实训步骤】

1.从信用证、商业发票中归纳单据填制的有关信息。登录国际贸易模拟实训教学软件（TMT），在"实习公司"栏中下载商业汇票和原产地证明。

2.学习本实训指导中关于商业汇票的指导，填制商业汇票。

3.学习本实训相关指导，填制原产地证明。

4.学习本实训相关指导，制作装运通知和受益人证明。

5.核查上述单据填制的正误。

【实训内容】

1.阅读信用证和商业发票，归纳单据填制信息。

2.学习《ISBP 745》和《中华人民共和国票据法》关于商业汇票填制与签发的有关规定，阅读本实训有关指导，熟悉商业汇票的格式，根据相关数据，独立完成商业汇票的填制。

3.阅读本实训指导中关于原产地证明的指导，了解原产地证明格式，根据相关数据，独立完成原产地证明的填制实训。

4.阅读本实训指导，根据实训数据，以公司信纸完成装运通知、受益人证明两份单据的制作。

【实训总结】

在完成本实训任务之后，按照附录三的格式完成实训报告。

实训十六　审单操作

【实训目的与要求】

　　本实训的目的是培养实训者全面审核信用证下所提交单据相符与否的能力。本实训要求实训者在前期各实训操作的基础上，根据信用证及其修改通知书、《UCP 600》和《ISBP 745》的规定，对准备提交单据的种类、格式、内容、出具日期、签署等作出全面审核，如果发现不符点或遗漏单证，及时提出修改、补充意见，保证所有单证相互之间不矛盾，符合信用证规定。

【实训指导】

　　1.《UCP 600》关于审核单据的标准

　　《UCP 600》第14条对信用证项下单据的银行审核标准作出了较为详细的规定，这些规定对于受益人自己审核信用证要求的单据提供了依据。

　　（1）银行只负责审核单据表面是否相符。

　　（2）不因任何原因缩减5个审单日。各审单银行应自其收到单据的翌日起，在最多不超过5个银行工作日的时间内决定单据是否相符。该期限不因单据提示日适逢信用证有效期或最迟提示期或在其之后而被缩减或受到其他影响。这就要求受益人应提早交单，以免银行提出不符点时，信用证已经过期。

　　（3）交单期限。装运单据必须由受益人或其代表按照相关条款在不迟于装运日后的21个公历日内提交，但无论如何不得迟于信用证的到期日。

　　（4）单证相符。单据中内容的描述不必与信用证、信用证对该项单据的描述以及国际标准银行实务完全一致，但不得与该项单据中的内容、其他规定的单据或信用证相冲突。

（5）货物描述。除商业发票外，其他单据中的货物、服务或行为描述若须规定，可使用统称，但不得与信用证规定的描述相矛盾。

（6）其他单据的制作。如果信用证要求提示运输单据、保险单据和商业发票以外的单据，但未规定该单据由何人出具或单据的内容，只要所提交单据的内容满足其功能需要且其他方面与第14条（d）款相符，银行将对提示的单据予以接受。

（7）多余的单证。提示信用证中未要求提交的单据，银行将不予置理。如果收到此类单据，可以退还提示人。

（8）单证日期。单据的出单日期可以早于信用证开立日期，但不得迟于信用证规定的提示日期。

（9）单据的地址及联系方式。当受益人和申请人的地址显示在任何规定的单据上时，不必与信用证或其他规定单据中显示的地址相同，但必须与信用证中述及的各自地址处于同一国家内。用于联系的资料（电传、电话、电子邮箱及类似方式）如作为受益人和申请人地址的组成部分将被不予置理。然而，当申请人的地址及联系信息作为按照第19条、第20条、第21条、第22条、第23条、第24条或第25条出具的运输单据中收货人或通知方详址的组成部分时，则必须按照信用证规定予以显示。

（10）托运人、发货人。显示在任何单据中的货物的托运人或发货人不必是信用证的受益人。

2.单据审核的依据

信用证下各单据审核的依据是：

（1）有效的信用证和随后的修改通知书（如果有的话）。

（2）信用证适用的UCP。

（3）《ISBP 745》。

其中，《ISBP 745》是审核各项单据是否相符的具体规则性依据。发票、汇票、保险单据、装箱单、原产地证明、受益人证明等常见的主要单据的制作规则已经在相应的实训环节给出，先将《ISBP 745》关于提单的制作规则介绍如下：

Para E1条规定：

a.信用证要求提交只涵盖港至港运输的运输单据，即信用证没有提及收货、接管地或最终目的地，无论其如何命名，这表示该单据的审核将适用《UCP 600》第20条。

b.提单不应包含第G2段a款和b款所描述的任何租船合同事项。

Para E2条规定：提单无须表明"海运提单""海洋提单""港至港提单"或类似名称，即便信用证如此命名所要求的单据。

关于提单的出具、承运人、承运人身份的识别及签署，Para E3条规定：

a.提单可以由承运人或船长以外的任何实体出具，只要其满足《UCP 600》第20条的要求。

　　b.当信用证规定"货运代理人提单可接受（Freight Forwarder's Bill of Ladings are acceptable）""运输行提单可接受（House Bill of Ladings are acceptable）"或类似措辞时，提单可以由出具人签署，且不必注明其签署身份或承运人名称。

　　Para E4条规定：信用证规定"货运代理人提单不可接受〔Freight Forwarder's Bills of Ladings are not acceptable）"或"运输行提单不可接受〔House Bills of Ladings are not acceptable）"类似措辞，在提单的名称、格式、内容或签署方面没有任何含义，除非信用证对其出具和签署规定了明确要求。没有这些要求时，该规定将不予理会，提交的提单将按照《UCP 600》第20条的要求予以审核。

　　Para E5条规定：

　　a.提单应当按《UCP 600》 第20条a款i项规定的方式签署，并注明承运人名称，表明其身份。

　　b.当提单由承运人的具名分支机构签署时，该签字视同由承运人作出。

　　c.当提单由承运人的代理人签署时，该代理人应当具名，此外，应当注明其作为"承运人（承运人名称）的代理人"或"代表承运人的代理人"签署或类似措辞。当承运人在该单据的其他地方表明"承运人"身份时，该具名代理人可以"承运人的代理人"身份签署，而无须再次提及承运人名称。

　　d.当提单由船长签署时，船长签字应当注明"船长"身份，无须注明船长姓名。

　　e.当提单由船长代理人签署时，该代理人应当具名，此外，应当注明其作为"船长代理人"或"代表船长的代理人"签署或类似措辞，无须注明船长姓名。

　　关于装船批注、装运日期、前程运输、收货地及装货港，Para E6条规定：

　　a.当提交预先印就"已装船"提单时，提单的出具日期将视为装运日期，除非其载有单独注明日期的装船批注。在后一种情况下，该装船批注日期将视为装运日期，不论其早于或晚于提单出具日期。装船批注日期也可以显示在指定栏位或方框中。

　　b.尽管信用证可能要求提单表明港至港运输，但是：

　　i.当提单显示了与装货港相同的收货地，例如，收货地：鹿特丹堆场，装货港：鹿特丹，且未（在前程运输栏位或收货地栏位）显示前程运输工具时；或者

　　ii.当提单显示了不同于装货港的收货地，例如，收货地：阿姆斯特丹，装货港：鹿特丹，且未（在前程运输栏位或收货地栏位）显示前程运输工具时：

　　（i）如果提单为预先印就的"已装船"提单，那么出具日期将视为装运日期，无须装船批注。

　　（ii）如果提单为预先印就的"收妥待运"提单，那么该提单要求载有注明日期的装船批注，装船批注日期将视为装运日期。装船批注日期也可以显示在指定栏位或方框中。

　　c.尽管信用证可能要求提单表明港至港运输，但是：

　　i.当提单显示了不同于装货港的收货地，例如，收货地：阿姆斯特丹，装货

港：鹿特丹，且（在前程运输栏位或收货地栏位）显示了前程运输工具时，无论预先印就的"已装船"提单，还是预先印就的"收妥待运"提单，该提单都应当载有注明日期的装船批注，该批注还应包括船名和信用证规定的装货港。该装船批注也可以显示在指定的栏位或方框中。装船批注日期或指定栏位或方框中的日期，将视为装运日期。

ⅱ.当提单（在前程运输栏位或收货地栏位）显示了前程运输工具，如果未显示收货地，无论是预先印就的"已装船"提单还是预先印就的"收妥待运"提单，该提单都应当载有注明日期的装船批注，该批注还应包括船名和信用证规定的装货港。该装船批注也可以显示在指定的栏位或方框中。装船批注日期或指定栏位或方框中的日期，将视为装运日期。

d.当提单载有"如收货地栏位载有信息，则提单上任何'已装船''已装载船上'或类似批注，将视为货物已装载到从收货地至装货港的前程运输工具上"或类似条款，且收货地栏位如还另外载有信息时，那么该提单应当载有注明日期的装船批注。该批注还应当包括船名和信用证规定的装货港。该装船批注也可以显示在指定的栏位或方框中。装船批注日期或指定栏位或方框中的日期，将视为装运日期。

e.信用证要求的具名装货港应当显示在提单的装货港栏位。然而，只要装船批注表明货物在"收货地"或类似栏位中的港口装上具名船只，装货港就可以显示在"收货地"或类似栏位中。

f.提单应当显示信用证规定的装货港。当信用证规定了装货港，也表明了装货港的所在国时，提单上无须注明该国别名称。

g.当信用证规定了装货港的地理区域或港口范围（例如，"任一欧洲港口"或"汉堡、鹿特丹、安特卫普港"）时，提单应当显示实际的装货港，且其应当位于该地理区域或港口范围之内。提单无须显示该地理区域。

h.当提单显示了一个以上的装货港时，该提单应当表明装船批注并载有每个装货港所对应的装船日期，无论是预先印就的"收妥待运"提单还是预先印就的"已装船"提单。例如，当提单显示从布里斯班港和阿德莱德港装运时，同时要求关于布里斯班港和阿德莱德港的注明日期的装船批注。

Para E7条规定："已装运且表面状况良好""已装载船上""清洁已装船"，或其他包含"已装运"或"已装船"字样的用语，与"已装船装运"具有相同效力。

关于卸货港，Para E8条规定：

a.信用证要求的具名卸货港，应当显示在提单的卸货港栏位。

b.然而，具名卸货港也可以显示在"最终目的地"或类似栏位中，只要批注表明卸货港为"最终目的地"或类似栏位中的港口即可。例如，当信用证要求货物运送至费利克斯托港，但费利克斯托港显示为最终目的地而非卸货港时，提单可以通过批注表明"卸货港：费利克斯托"。

Para E9条规定：提单应当显示信用证规定的卸货港。当信用证规定了卸货港，也表明了该港口的所在国时，提单上无须显示该国别名称。

Para E10 条规定：当信用证规定了卸货港的地理区域或港口范围（例如，"任一欧洲港口"或"汉堡、鹿特丹、安特卫普港"）时，提单应当显示实际卸货港，且其应当位于信用证规定的地理区域或港口范围之内。提单无须显示该地理区域。

关于正本提单，Para E11 条规定：

a.提单应当注明所出具的正本份数。

b.提单标注"第一正本""第二正本""第三正本"或"正本""第二联""第三联"等类似字样，均为正本。

关于收货人、指示方、托运人和背书、被通知人，Para E12 条规定：当信用证要求提单表明以具名实体为收货人，例如，"收货人：（具名实体）"（即，"记名"提单），而非"收货人：凭指示"或"收货人：凭（具名实体）指示"时，在该具名实体前不应含有"凭指示"或"凭×××指示"字样，或者不应在该具名实体后注明"或凭指示"字样，无论该字样是打印还是预先印就。

Para E13 条规定：

a.当提单收货人作成"凭指示"或"凭托运人指示"时，该提单应当由托运人背书。只要背书是托运人或代表托运人作出，该背书就可以由托运人之外的具名实体作出。

b.当信用证要求提单表明收货人为"凭（具名实体）指示"时，提单不应直接显示收货人为该具名实体。

Para E14 条规定：

a.当信用证规定了一个或多个被通知人的细节时，提单也可以显示另外一个或多个被通知人的细节。

b.（i）当信用证未规定被通知人的细节时，提单可以任何方式（除第 E14 段 b（ii）款项表明的情形外）显示任何被通知人的细节；（ii）当信用证未规定被通知人的细节，而提单显示了作为被通知人的申请人细节，包括申请人地址和联络细节时，其不应与信用证规定的申请人细节相矛盾。

Para E15 条规定：当信用证要求提单表明"收货人：'开证行'或'申请人'"、"收货人：凭'开证行'或'申请人'指示"或"被通知人：'申请人'或'开证行'"时，提单应当相应地显示开证行或申请人的名称，但无须显示信用证可能规定的开证行或申请人的地址或任何联络细节。

Para E16 条规定：当申请人地址和联络细节显示为收货人或被通知人细节的一部分时，其不应与信用证规定的申请人细节相矛盾。

关于转运、部分装运以及提交多套提单时如何确定交单期，Para E17 条规定：

转运是指从信用证规定的装货港到卸货港之间的运输过程中，货物从一条船卸下再装上另一条船。如果提单显示的货物卸下再装运，并非发生在规定的两个港口之间，则不属于信用证和《UCP 600》第 20 条 b 款和 c 款下的转运。

Para E18 条规定：以一条以上的船只进行的运输是部分装运，即便这些船只在同一天出发并前往同一目的地。

Para E19条规定：

a.当信用证禁止部分装运，而提交了一套以上的正本提单，涵盖货物从一个或多个装货港（信用证特别允许的，或规定的地理区域或港口范围内）装运时，每套提单都应当显示其涵盖的货物运输，由同一船只经同次航程前往同一卸货港。

b.当信用证禁止部分装运，而按照第E19段a款提交的一套以上的正本提单含有不同的装运日期时，其中最迟的日期将用于计算交单期，且该日期不得晚于信用证规定的最迟装运日期。

c.当信用证允许部分装运，且作为同一面函下单一交单的一部分提交的一套以上的正本提单，含有装上不同船只或不同航程的同一船只所对应的不同装运日期时，其中最早的日期将用于计算交单期，且所有这些日期都不得晚于信用证规定的最迟装运日期。

关于清洁提单问题，Para E20条规定：提单不应含有明确声明货物或包装状况有缺陷的条款。例如：

a.提单上载有的"包装无法满足海运航程"或类似措辞的条款，即属于明确声明包装状况有缺陷的例子。

b.提单上载有的"包装可能无法满足海运航程"或类似措辞的条款，并没有明确声明包装状况有缺陷。

Para E21条规定：

a."清洁"字样没有必要在提单上显示，即便信用证要求提单标明"清洁已装船"或"清洁"字样。

b.删除提单上"清洁"字样，并非明确声明货物或包装状况有缺陷。

关于货物描述，Para E22条规定：提单上的货物描述可以使用与信用证所规定的货物描述不相矛盾的统称。

关于卸货港交货代理人的名称与地址，Para E23条规定：当信用证要求提单显示卸货港的交货代理人或类似措辞的名称、地址和联络细节时，其地址无须位于卸货港，也无须与卸货港在同一个所在国。

关于提单的更正和更改，Para E24条规定：提单上数据的任何更正与更改均应当证实。该证实应当看似由承运人或船长，或其任一代理人所为，该代理人可以不同于出具或签署提单的代理人，只要其表明作为承运人或船长的代理人身份。

Para E25条规定：对于正本提单上可能作过的任何更正或更改，其不可转让的副本无须证实。

关于运费和额外费用，Para E26条规定：提单显示的运费支付事项，无须与信用证规定的等同一致，但不应与该单据、任何其他规定的单据或信用证中的数据相矛盾。例如，当信用证要求提单标注"运费目的地支付（freight payable at destination）"时，其可以标明为"运费待收（freight collect）"。

Para E27条规定：

a.当信用证规定运费以外的费用不可接受时，提单不应显示运费之外的费用已经或将要产生。

b.提单显示运费以外的费用时，可以明确提及额外费用，或使用与货物装卸费用相关的贸易术语，比如但不限于，"船方不管装货 Free In （FI）"、"船方不管卸货 Free Out （FO）"、"船方不管装卸货 Free In and Out （FIO）"及"船方不管装卸货及积载 Free In and Out Stowed （FIOS）"。

c.提单提及的可能加收的费用，例如，由于卸货或卸货后的延迟可能加收的费用（滞期费），或由于延迟归还集装箱可能加收的费用（滞箱费），不属于运费以外的额外费用。

关于凭多套提单放货问题，Para E28条规定：提单不应明确规定，货物释放只能基于该单据和其他一套或多套提单的一并提交，除非所有提及提单构成同一信用证项下同次交单的一部分。例如，"提单号 YYY 和 ZZZ 涵盖集装箱号×××项下的货物，货物只能释放给同一人且必须提交该货物的所有提单"，即视为明确规定在货物释放前，必须一并提交与所提及的集装箱或包装单位相关的其他一套或多套提单。

3.单据审核的基本原则

单据的审核是对已经缮制的单据对照前述的3个依据或合同（非信用证付款方式下）进行及时的检查、核对，如发现问题，及时更正，达到安全收汇的目的。信用证下单据的审核原则是：

（1）及时性：要求货物出口装运后，及时填制并及时审核有关单据，从而保证对单据上的可能差错做到及时发现，及时更正，有效地避免因审核不及时造成的各项工作的被动。

（2）全面性：要求一方面要根据前述3个审核依据对所有的提交单据的种类、形式、内容、份数、日期、签署做全面的审核，不放过任何一个不符点；另一方面，要加强与各有关部门的联系和衔接，使发现的问题得到及时、妥善的处理。

（3）正确性：要求做到单单相符、单证相符。单单相符是指根据《UCP 600》及《ISBP 745》的规定精神，按照非镜像原则，保证各单据之间相关内容不存在矛盾之处。非镜像原则是指只要不相互矛盾，即使文字上有所不同，也不应视为单单不符。单证相符是要求按照非镜像原则，保证各单据的种类、形式、内容、份数、日期、签署等与信用证、UCP、ISBP及商业习惯一致。

此外，也要审核所有单据是否做到了单货相符、单约相符。单货相符是指单证上的记载与实际装运货物一致；单约相符是指提交的单据在种类、份数、内容上保持一致。单货相符、单约相符不是信用证的审核原则，恰恰相反，银行只审核单据表面而不管货物实际情况如何。然而从履行买卖合同义务角度考虑，单据记载与实际出运的货物不一致、提交的单据与合同规定不一致很可能构成卖方违约。我们要求单货相符、单约相符的目的，就是要在信用证单据审核过程中，同时审核买卖合同履行情况，做到诚实守约。

4.单据审核的经验方法

单证审核的经验方法概括起来为纵横交错法，即先进行以信用证为依据的各项单据审核，保证单证相符，然后进行以商业发票为中心的其他单据审核，保证单单相符。

（1）综合审核的要点

① 单证及份数是否齐全。

② 文件类型是否符合要求。

③ 单证是否按规定进行了认证。

④ 单证之间的货物描述、数量、金额、重量、体积、运输标志等是否一致。

⑤ 单证日期是否符合要求。

（2）汇票审核的要点

① 付款人名称、地址是否正确。

② 金额的大、小写是否一致。

③ 付款期限是否符合信用证规定。

④ 汇票金额是否超出信用证金额。

⑤ 出票人、收款人、付款人是否符合信用证规定。

⑥ 币制名称是否与信用证要求和发票上的一致。

⑦ 出票条款是否全面、正确。

⑧ 是否按需要进行了背书。

⑨ 是否由出票人作了签署。

⑩ 汇票份数是否作了说明。

（3）商业发票审核的要点

① 抬头人是否符合信用证规定。

② 签发人是否为受益人。

③ 货物描述是否完全符合信用证要求。

④ 货物数量是否符合信用证的规定。

⑤ 单价和价格条件是否符合信用证规定。

⑥ 提交的正副本份数是否符合信用证的要求。

⑦ 是否载有信用证要求表明和证明的内容。

⑧ 金额是否超出信用证的金额。

（4）保险单据审核的要点

① 是否为保险公司或其代理出具。

② 投保加成是否符合信用证规定。

③ 保险险别是否符合信用证规定。

④ 保险单据的类型是否与信用证的要求一致。

⑤ 保险单据的正副本份数是否齐全。

⑥ 保险单据上的币别是否与信用证上的币别一致。

⑦ 包装件数、唛头等是否与发票和其他单据一致。

⑧ 运输工具、启运地及目的地是否与信用证和其他单据一致。

⑨ 如转运，保险期限是否包括了全程运输。

⑩ 保险单的签发日期是否早于或等于运输单据的签发日期。

⑪ 以受益人为投保人的保险单据是否已经由投保人背书。

（5）运输单据审核的要点

① 单证类型是否符合信用证规定。

② 启运地、转运地、目的地是否符合信用证规定。

③ 装运日期/出单日期是否符合信用证规定。

④ 收货人和被通知人是否符合信用证规定。

⑤ 商品名称是否与信用证和发票矛盾。

⑥ 运费预付或运费到付是否已正确表明。

⑦ 正副本份数是否符合信用证要求。

⑧ 运输单据上是否有不良批注。

⑨ 包装件数是否与其他单据一致。

⑩ 唛头是否与其他单据一致。

⑪ 全套正本单证是否都由承运人或其代理人正确地盖章及签字。

⑫ 是否已正确背书。

（6）其他单据

装箱单、重量单、原产地证明、商检证书等是否单单相符和单证相符。

【实训数据】

1.国际贸易模拟实训教学软件（TMT）中相关的实训数据。

2.信用证分析单（见表8-1）。

3.出口货物信息明细表（见表16-1）。

表16-1　　　　　　　　　　出口货物信息明细表

货号	单价	数量	总值	单位	包装	件毛重	件净重	总毛重	总净重	件尺码	总尺码	其他

4.前期实训中完成的各种单证。

5.已填制单据信息表（见表16-2）。

表16-2　　　　　　　　　　已填制单据信息表

项目	汇票	发票	装箱单	提单	保险单	原产地证明	其他单证1	其他单证2
编号								
内容								
签发日								
份数								

6.信用证审单记录表（见表16-3）。

表16-3　　　　　　　　信用证审单记录表

	不符点	改正意见
汇票	1. 2. 3. ⋮	1. 2. 3. ⋮
发票	1. 2. 3. ⋮	1. 2. 3. ⋮
提单	1. 2. 3. ⋮	1. 2. 3. ⋮

【实训步骤】

1.编制、填制信用证分析单。

2.编制、填制出口货物信息明细表。

3.编制、填制已填制单据信息表。

4.登录国际贸易模拟实训教学软件（TMT）系统，在"实习公司"栏中下载"信用证审单记录表"。

5.对照信用证，审核各项出口单据，找出不符点，并填制信用证审单记录表。

【实训内容】

1.编制信用证分析单，根据实训数据中的信用证及信用证修改通知书填制该表。

2.编制出口货物信息明细表，并根据出口合同和提单填制该表。

3.编制已填制单据信息表，并根据已填制的单据填制该表。

4.编制信用证审单记录表。

5.根据上述信息，进行各单证的纵横审核，结果记录在信用证审单记录表中，同时就各项不符点提出修改意见。

6.实训者分成两人一组，互相核查对方的审单工作，并指出不当之处。

【实训总结】

在完成本实训任务之后，按照附录三的格式完成实训报告。

实训十七　交单及善后操作

【实训目的与要求】

本实训的目的是使实训者了解出口交单以及之后的善后工作内容，培养善后工作的处理能力。本实训要求实训者了解、掌握出口交单内容与程序，如果单据顺利提交，后续工作的主要内容是什么，应当如何处理；如果所交单据被议付行/开证行提出不符点，后续工作的主要内容是什么，应当如何处理。在单据问题处理之后，还应学会如何总结整笔交易。

【实训指导】

1.交单议付及其善后工作的主要内容

在审核信用证下单据准确无误后，应当在信用证规定的交单期内，或在装货完成后的21天内，向信用证规定的交单行，或在信用证规定任意议付情况下，向出口人选定的银行交单议付。

向银行交单前，受益人应当制作"交单委托书"（格式见表17-1），然后连同信用证通知书、信用证原件及其修改通知书、汇票，以及信用证要求的商业发票、提单等各项议付单据，送交议付银行。

出口商完成出口交单工作之后，便进入了出口工作的最后环节，即善后工作阶段。该阶段的主要工作内容有：

（1）银行正常接受单据情况下的主要工作

银行正常接受单据是指议付行和开证行对提交的全部单据没有异议，正常地支付了汇票款项。此时的善后工作主要有：向买方发出善后函、办理出口退税。

（2）银行提出单据不符点情况下的主要工作

银行提出不符点是指议付行或者开证行经审核单据，认为提交的单据有与信用证或UCP或ISBP规定不符之处，并书面通知受益人的行为。此时的善后工作主要内容有：对照信用证、UCP、ISBP审核银行提出的不符点的合理性，如果认为银行的不符点不成立，应据理力争撤销不符点，说服银行照约付款；如果银行提出的不符点成立，采取措施消除不符点，重新提交单据，或者在不符点无法消除时，凭保议付。

（3）对整笔业务过程进行经验教训总结，以利日后业务开展，并整理所有相关文件，归类存档

2.对银行提出单据不符点的处理方法

对银行提出的单据不符点，应当首先根据有关规定对不符点通知进行审核，如果发现不符点理由不充分，应当通过与银行据理力争的办法撤销不符点；对于确实存在的不符点，应首先考虑是否有改正机会。一般来说，对汇票、商业发票、装箱单、受益人证明等自制单证，如果交单较早，都有时间改正。对于第三方单证能否改正，取决于单证性质、出证机构、修改内容和时间。对于有机会修改的单证，应抓紧时间在信用证有效期内或提单日后21天内，重新提交单据。

对于单据不符点确实无法改正的，可采取向银行提供保函的办法带不符点议付，但开证行有是否接受不符点的最终决定权。一般地，只要说服买方接受不符点，买方可以通知开证行接受不符点支付货款。

3.致买方善后函的内容及写作方法

出口善后函的写作形式和篇幅较为随意，但主要内容应当包括：对整个交易进行概括，例如，告知对方我方已经如约发运货物，按期向银行交单，并按期收回了货款等。对买方在业务过程中所作的各项努力给予肯定与赞赏，例如，感谢对方及时按约开出了信用证，或按照我方要求修改了信用证，或接受了我方单据不符点等。对双方未来业务进行展望，推介我方的其他产品等。

4.出口退税的办理方法

（1）出口退税制度概述

出口退税制度是一个国家退还在国内生产和流通的过程中，以及在出口环节上已经缴纳的间接税的税收管理制度。其目的是使出口货物以不含税价格进入国际市场，避免对跨国流动产品或者货物重复征税，促进出口贸易。世界上许多国家，如法国、英国、卢森堡、葡萄牙和瑞典等都实行出口退税制度。

（2）出口退税业务流程

中国国际贸易"单一窗口"标准版的出口退税子系统提供了备案申报、退税申报、代办退税、单证申报、其他申报、进料加工申报等业务功能。企业退税实现"一个平台、一次递交、一个标准"，从而提高企业出口退税效率，缩短通关时间，降低企业成本，有效促进我国国际贸易便利化。

企业进入"单一窗口"完成出口基本数据申报后，进入"出口退税"模块，按照要求完成相关数据匹配和申请即可。

5.业务总结、文件归档

项目负责人在出口业务收汇后，对各笔业务都应当进行经验教训总结，以利日后业务开展，并整理所有相关文件，归类存档。

【实训数据】

1.信用证通知书、信用证、信用证修改通知书、信用证及其修改通知书要求的所有出口单据，包括实训十六中修正的相关出口单据。

2.客户交单委托书见表17-1。

表17-1

交单委托书

致：中国工商银行＿＿＿＿＿＿＿＿＿＿分行

本公司向贵行递交下列出口单据，信用证业务请贵行依照《跟单信用证统一惯例》办理，跟单托收业务请按照现行《托收统一规则》办理。根据国际惯例，银行对于单据在传递过程中发生的延迟及/或遗失免责。

公司名称：＿＿＿＿＿＿＿＿＿＿＿＿＿＿＿＿＿＿＿＿

公司联系人：＿＿＿＿＿＿＿＿　电话：＿＿＿＿＿＿＿＿

发票号码：＿＿＿＿＿＿　币种金额：＿＿＿＿＿　核销单编号：＿＿＿＿＿

**请贵行收妥款项后，划入我司下列账号：

账号：＿＿＿＿＿＿＿＿　开户银行：＿＿＿＿＿＿＿＿＿

**贵行费用请直接从我司下列账号中收取：

账号：＿＿＿＿＿＿＿＿　开户银行：＿＿＿＿＿＿＿＿＿

国际收支交易编码 ☐☐☐☐☐ 交易附言（出口商品中文名称）

单据	汇票	发票	海运提单	空运提单	保险单	装箱单/重量单	品质证	原产地证明	GSP格式A	受益人证明	装运通知	邮寄收据
份数												

信用证	信用证号码：　　　　　　　　　　　　开证行（Issuing Bank）： 我行通知号： 寄单指示： ☐　请贵行按信用证要求寄单索汇，收妥结汇 ☐　若单据存在不符点，请通知我司改单 ☐　若单据存在不符点，我司担保出单，并承担由此产生的不能收汇风险 ☐　其他指示
跟单托收	代收行指示：　　　　　　　　　　　付款人（Drawee）全称： ☐　代收行（Collecting Bank）（全称、地址） 　　　　　　　　　　　　　　　　　交单方式： 　　　　　　　　　　　　　　　　　☐　付款交单（D/P） 　　　　　　　　　　　　　　　　　☐　承兑交单（D/A）期限： ☐　请贵行代为选择代收行，风险由我司承担　☐　其他交单方式： 寄单指示： ☐　贵行托收行费用由　☐　我司承担　　☐　付款人承担 ☐　代收行费用由　☐　我司承担　　☐　付款人承担 ☐　若付款人拒绝付款/承兑，不必做成拒绝证书 ☐　其他指示

第一联　银行留存联

公司印鉴

年　　月　　日

银行签收记录：

【实训步骤】

1.登录国际贸易模拟实训教学软件（TMT），在"实习公司"栏中下载"交单委托书"，填制客户交单委托书，收集全部交单文件，向议付银行交单。

2.撰写致买方善后业务函。

3.撰写出口业务总结。

4.出口业务文件分类归档。

【实训内容】

1.参阅本实训指导，填制客户交单委托书，集齐所有文件，向银行交单。

2.参阅本实训指导，就实训案例中的出口业务撰写致买方善后业务函。

3.就实训案例中的业务操作各个环节中的主要操作过程、发生的问题及处理办法、心得体会，撰写出口业务总结。

4.将实训案例中的所有文件分类，然后按类归档。

【实训总结】

在完成本实训任务之后，按照附录三的格式完成实训报告。

实训十八　进口操作

【实训目的与要求】

本实训的目的是使实训者具备货物进口操作的基本技能。本实训要求实训者了解货物进口的基本流程和操作方法，掌握信用证支付方式下开证申请书的填制方法。

【实训指导】

1.货物进口的一般流程

货物进口的一般流程包括以下各环节：

支付准备→租船订舱→投保→审单付款→报关报验→接货验收→进口索赔

事实上，进口是出口的反向操作，所以，出口各个环节的操作方法和注意事项在进口环节中同样适用，只是我们需要将自己从出口人的角色更换为进口人的角色。因此，本实训环节主要做进口开证有关的操作实训。

2.银行接受信用证开证申请的条件

在支付准备阶段，如果合同规定以信用证方式支付，则除了准备好外汇来源外，还要向银行申请开立信用证。我们需要了解银行接受开证申请的通常条件：

（1）申请人必须是具有法人资格和进口经营权的企业和单位，在开证行开立本币或外币账户，财务、经营状况正常，资信良好，与开证行保持稳定的结算业务往来并获得银行给予的进口开证授信额度。

（2）进口商品在批准经营的范围之内。

（3）系银行的"对外付汇进口单位名录"在册企业。

（4）提供适当的担保，对于授信额度以内的开证或资信良好的优质客户，可无须提供担保或缴纳保证金。

3.申请开立信用证的程序

（1）递交有关合同的副本及附件。进口商在向银行申请开证时，要向银行递交进口合同的副本以及所需附件，如进口许可证、进口配额证、政府相关部门批准文件等。

（2）填写开证申请书。进口商根据银行规定的统一开证申请书格式，填写一式三份，一份留业务部门、一份留财务部门、一份交银行。

（3）缴纳保证金。进口商向银行开立信用证，通常应向银行缴付一定比例的保证金，其金额一般为信用证金额的百分之几到百分之几十，根据进口商的资信情况而定。

4.进口开证中的注意事项

（1）申请开立信用证前，应完成进口审批，落实外汇来源。

（2）开证前应询问卖方能否按期装运货物。

（3）开证要"证同一致"，严格按照正本合同要求开立，以免日后改证。

（4）如为远期付款，要明确汇票期限。

（5）为保证货物质量符合规定，可在开证时要求对方提供指定商检机构的商检证书，并在证中明确货物的规格品质。

（6）信用证内容明白无误，明确规定各种单据的出单人，规定各单据表述的内容。

【实训数据】

1.本教材综合案例一的基本数据。

2.表18-1是银行开立信用证申请书的格式。

表 18-1
开立信用证申请书

开立信用证业务合同编号：

（下表由申请人以英文填写，因表格字迹不清、词意含混或书（拼）写错误而引起的一切后果由申请人承担）

Applicant: Address: Telephone No.:	L/C No .: Contract No .: Date and Place of Expiry of the Credit :
Advising　Bank:＿＿　（if　left　in　blank,　any correspondent at your option） Issue by teletransmission （the operative instruments） Confirmation of the credit: □ not requested□ requested□authorised if requested by beneficiary	Beneficiary: Address: Telephone No.:
□ Irrevocable documentary credit □ Irrevocable transferable documentary credit	Amount in figures and words
Description of goods, services or performance:	Credit available with ＿＿ bank □ by sight payment □ by negotiation □ by acceptance □ by deferred payment at against the documents detailed herein and □beneficiary's draft （s） for ＿＿% /□＿＿% of the invoice value at ＿＿＿ drawn on issuing bank
	Partial shipments □ allowed □ not allowed
	Transshipments □allowed □ not allowed
	Shipment to be made not later than: Place of Taking in charge/Dispatch from.../Place of receipt... Port of Loading/Airport of Departure: Port of Discharge/Airport of Destination: Place of Final Destination/for Transportation to.../Place of Delivery:
	Terms of price:

Documents required （at least in duplicate unless otherwise specified）: （marked with ×）

1. □ Signed Commercial Invoice indicating Contract No.　　　　and L/C No.

2.Shipment to be effected by Sea from Port to Port:

□Full set original of clean "on board" Bills of Lading made out □to order□to order of ＿＿＿＿＿

and endorsed in blank by the shipper, marked "freight □ to collect □ prepaid" notifying: □ Applicant.

3. Shipment to be effected by Multimodal or Combined transport （covering at least two different modes of transport）:

□ Full set of original clean "On Board" Multimodal or Combined transport documents made out □to order/□ to order of _____ and endorsed in blank by the shipper marked "freight □prepaid/□to collect" and notify Applicant.

4.Shipment to be effected by Air:

□ Original Air Waybill showing "freight □ to collect □ prepaid" □ notifying applicant indicating freight amount and consigned to: □Applican□_____

5.Shipment to be effected by Rail:

□ Full set of Rail Waybill showing "freight □ to collect □ prepaid" □ notifying applicant indicating freight amount and consigned to: □Applicant□_____

6. □ Insurance Policy/Certificate blank endorsed for   % of the invoice value showing claims payable in China in currency of the Credit covering:

7. □ Packing List/Weight List indicating quantity/gross and net weight of each package and packing conditions.

8. □ Certificate of Quantity/Weight issued by:

indicating the actual surveyed quantity/weight of shipped goods as well as the packing condition.

9. □ Certificate of Quality issued by:

10. □ Certificate of Origin.

11. □ Beneficiary's certified copy of telex/fax dispatched to applicant within _____ hours after shipment.

12. □ Beneficiary's letter certifying that one set of non-negotiable shipping documents including have been sent to applicant directly by express mail immediately after shipment.

13. □ Article 10 (c) & (f) of UCP 600 are not applicable to the credit. Any subsequent amendment (s) to the credit will be considered as effective, if no objection is raised within seven days after its receipt. In case rejection is received, the advising bank is requested to advise us by telex immediately.

14. □ Other documents, if any :

Additional instructions:

1. □ All banking charges outside the issuing bank are for beneficiary's account .

2. □ Documents to be presented within days after the date of shipment but within the validity of the Credit .

3. □ Third party as shipper is not acceptable. Short Form/Blank Back B/L is not acceptable. On deck shipment is not allowed.

4. □ Both quantity and amount___% more or less are allowed.

5. □ All documents to be forwarded in one cover.

6. □ Other terms, if any:

We request you to issue on our behalf and for our account your Irrevocable Credit in accordance with the above instructions (marked (x) where appropriate) .This Credit will be subject to Current ICC Uniform Customs and Practice for Documentary Credits (as amended, modified or replace from time to time) , insofar as they are applicable transacted by :

申请人（公章）   开证行（单位印章）

法定代表人（负责人）或授权代表   负责人或授权代表

（签字或盖章）   （签字或盖章）

【实训步骤】

1.学习进口业务一般流程。
2.了解银行接受开证申请的条件。
3.掌握开证申请的程序及注意问题。
4.撰写开证申请书。

【实训内容】

1.参阅本实训指导，了解进口业务的一般程序以及各程序的具体内容。
2.参阅本实训指导，了解银行接受开证申请的一般条件。
3.学习本实训指导中关于开证申请的程序和注意事项。
4.根据本实训数据，填制开证申请书。要求实训者严格按照合同规定填制开证申请书，对合同开证细节条款没有规定的单证，为了维护合同利益，可以考虑添加合同规定之外的单证。开证申请书空白位置不够用的，可以添加附页。

【实训总结】

在完成本实训任务之后，按照附录三的格式完成实训报告。

综合应用篇

综合案例一　恒信公司出口案

【基础信息】

1.我出口公司和德国进口公司基本情况

恒信进出口有限公司（以下简称恒信公司）名址：

EVERTRUST IMP. & EXP. CO., LTD.

ROOM 203, WORLD TRADE CENTER, 277 WU XING ROAD, SHANGHAI, CHINA.TEL：86-21-64331255，FAX：86-21-64331256

德国进口公司（以下简称德国公司）名址：

GLOBLE TRADING UM GMBH

MOOSFELDTRABE 96, 85238 PETERSHAUSEN, GERMANY

TEL：08137/6280　　FAX：08137/6290

E-MAIL ADDRESS：GLOBLE@ARCOR.DE

2021年6月12日的《中国日报》（China Daily）上刊登，德国公司欲求购中国产的举重器。

2.恒信公司商品信息见综合案例表1-1

综合案例表1-1　　　　　　恒信公司商品信息表

商品	举重器（DUMBBELL SETS）		
货号	G6610（5KGS）	G6610（10KGS）	G6610（15KGS）
包装方式	2套/箱 0.147 立方米/箱	1套/箱 0.147 立方米/箱	1套/箱 0.147 立方米/箱
毛/净重	5kgs	10kgs	15kgs
供货单价	40元/套	70元/套	110元/套
起订量	20′集装箱	20′集装箱	20′集装箱
总量	1 700套	1 700套	1 700套

3.有关出口费用见综合案例表1-2

综合案例表1-2　　　　　　**恒信公司举重器出口费用明细表**　　　　　　金额单位：元

国内费用				国外运费（美元）	汇率	利润率（％）	保险费率（％）			增值税税率（％）	退税率（％）
国内运费	商检报关费	港杂费	包装费				一切险	战争险	保险加成率		
1 000	785	1 525	1/套	1 950	6.23	10	0.7	0.3	10	13	9

【操作要求】

1.草拟建立业务关系函

请根据基础资料，给德国公司发一封建立业务关系的信函，介绍可供产品。要求格式正确、内容完整。建交函日期定为2021年7月22日。

2.出口报价

收到恒信公司建立业务关系函后，德国公司回函如下：

GLOBLE TRADING UM GMBH

MOOSFELDTRABE 96，85238 PETERSHAUSEN，GERMANY

TEL：08137/6280　FAX：08137/6290

TO：EVERTRUST IMP. & EXP. CO.，LTD.　　　　　**FAX：86-21-64331256**

July 24，2021

Dear Sirs，

We are very glad to receive your fax of July 22nd，from which we know that you are specialized in just the line of Dumbbell Sets and can supply from stock.

As you maybe know，there is a heavy demand for Dumbbell Sets here in German market. So we are interested in all the three specifications you can supply，especially G6610（10KGS）.As for the quantity，we think it will all depend on the price. Therefore please quote us your best price for G6610（10KGS）on CIF Hamburg basis，together with all details concerning packing，payment，insurance etc.

Your early reply is being expected with much interest.

Best Regards，

Manager

请根据上述回函，按照本教材表2-2列出的详尽计算过程（结果保留4位小数，最后报价取2位小数），首先进行出口报价核算，然后写一封发盘函，详细回答客户提出的问题，告知对方交易的基本条款，即期信用证支付，收到信用证后30天装运，并敦促对方尽快作出决定。发盘日期定为：2021年7月24日。

3.出口还价

恒信公司发盘后，收到德国公司还盘如下：

GLOBLE TRADING UM GMBH

MOOSFELDTRABE 96，85238 PETERSHAUSEN，GERMANY

TEL：08137/6280　FAX：08137/6290

TO：EVERTRUST IMP. & EXP. CO.，LTD.　　　　　FAX：86-21-64331256

July 25，2021

Dear Sirs，

　　We take pleasure in receiving your fax dated July 24，in which you quote for Dumbbell Sets G6610（10KGS）.

　　Although we appreciate your efforts，we have had some difficulties in obtaining the order as the price quoted by you exceeds the limit given by our customers. You will also be aware of the growing competition in this market from Korean products，all of which are of excellent quality and at much lower price than yours. May we suggest that you make some allowances，say 10%？

　　As for the terms of payment，we find that payment terms on L/C basis has con- strained our marketing capacity. Therefore we should like to ask you to give us the payment by D/P 30 days' sight. If you need bank references，we'll be glad to supply them. Meanwhile，the shipment should be during August with partial shipment and transship-ment not allowed.

　　If above suggestion can be accepted，please arrange us sample for our quality checking.

　　Your immediate attention to this matter will be highly appreciated.

Best Regards，

Manager

　　根据上述还盘进行核算，首先计算根据德国公司的还价，恒信公司总利润额还剩多少元人民币？利润率又为多少？其次计算，若接受对方价格，恒信公司利润率降为6%，在其他条件不变的情况下，国内收购价（含税）应当降为多少？将计算结果填入本教材表4-1、表4-3内。最后写出还盘函，告知对方由于国内厂商无法降价，对方降价10%要求无法接受，但考虑首次合作，同意给5%的特别折扣，付款方式可以改为30天远期信用证。该报价有效期为2天，请对方尽早回电。

4.签约操作

收到恒信公司的还盘函后，德国公司复函如下：

GLOBLE TRADING UM GMBH

MOOSFELDTRABE 96，85238 PETERSHAUSEN，GERMANY

TEL：08137/6280　FAX：08137/6290

TO：EVERTRUST IMP. & EXP. CO.，LTD.	FAX：86-21-64331256

July 29，2021

Dear Sirs，

Your fax of July 25 is well received with attention，as well as the sample you sent. We are glad to say that the quality of your sample is satisfactory to us.

Your great efforts in promoting this transaction is highly appreciated and we therefore decide to accept the 5% discount you kindly offered. We hope that prices can be lowered when business between us expands.

Regarding your request for L/C at 30 days' sight，we agree to it considering of showing our cooperation in this matter. However，we hope D/P payment will be considered while long-standing cooperation has been established. We will be only too obligated to provide any bank reference you need.

Finally，please note that the total quantity for this order will be 1 700 sets to one 20 feet container. If the quality meets our clients' requirements，repeated orders will follow in the near future.

Looking forward to your Sales Confirmation with much interest.

Best Regards，

Manager

请根据双方往来函电确认的交易条件，制作售货确认书（合同编号：KH-SPTSC38）。

然后，致函德国公司，告知随函附寄售货确认书，请其会签并寄回一份，并要求其按约开出信用证。之后，收到德国公司回函如下：

GLOBLE TRADING UM GMBH

MOOSFELDTRABE 96，85238 PETERSHAUSEN，GERMANY

TEL：08137/6280　FAX：08137/6290

TO：EVERTRUST IMP. & EXP. CO.，LTD.	FAX：86-21-64331256

August 1，2021

Dear Sirs，

Many thanks for your fax of July 29，together with your S/C No. KH-SPTSC38.

One copy of the S/C has been counter-signed and sent for your file，in which if you have any disagreement with the terms，please inform us immediately. Otherwise，it will be deemed to have been accepted，the covering L/C will be thereafter opened accordingly.

Looking forward to future business with you.

Best Regards,

Manager

5.审证、改证

售货确认书签订之后，德国公司开来信用证如本教材附录二。

请参照操作指南中的审证原则和方法对收到的信用证进行认真细致的审核，并给国外客户写一封信，列明不符点，并要求迅速改证。之后不久，收到对方复函如下：

GLOBLE TRADING UM GMBH

MOOSFELDTRABE 96，85238 PETERSHAUSEN，GERMANY

TEL：08137/6280　FAX：08137/6290

TO：EVERTRUST IMP. & EXP. CO.，LTD.	FAX：86-21-64331256

Aug 4，2021

Dear Sirs，

Your letter of L/C amendment has been received with concern. We have immediately instructed our banker to made necessary amendments，which will soon reach your party. Please arrange the shipment duly and keep us in touch.

We are looking forward to future business with you.

Best wishes，

Manager

6.履约准备

不久，收到银行改证通知书及信用证修改通知书如下：

BANK OF CHINA SHANGHAI BRANCH

ADDRESS：50 HUQIU ROAD

CABLE：CHUNGKUO

TELEX：33062 BOCSH E CN

SWIFT：BKCHCMBJ300

PHONE：021-3232070

FAX：021-3232071

修 改 通 知
Notification of Amendment

2021/08/06

To: 致： EVERTRUST IMP. & EXP. CO., LTD. ROOM 203，WORLD TRADE CENTER， 277 WU XING ROAD, SHANGHAI, CHINA		WHEN CORRESPONDING PLEASE QUOTE OUR REF. NO.	NO. 9711-01
ISSUING BANK 开证行 DEUTSCHE BANK FILIAL HANNOVER		TRANSMITTED TO US THROUGH 转递行 REF NO.	
L/C NO. 信用证号 384010021947	DATED 开证日期 August 2, 2021	AMOUNT 金额 USD 21 709.00	EXPIRY PLACE 有效地 LOCAL
EXPIRY DATE 效期 2021/09/05	TENOR 期限 30 DAYS	CHARGE 未付费用 RMB 300.00	CHARGE BY 费用承担人 BENE
RECEIVED VIA 来证方式 SWIFT	AVAILABLE 是否生效 VALID	TEST/SIGN 印押是否相符 YES	CONFIRM 我行是否保兑 NO
AMEND NO. 修改次数 1	AMEND DATE 修改日期 2021/08/06	INCREASE AMT 增额 USD 0.00	DECREASE AMT 减额 USD 0.00

DEAR SIRS，迳启者：

WE HAVE PLEASURE IN ADVISING YOU THAT WE HAVE RECEIVED FROM THE A/M BANK A（N）AMENDMENT TO THE CAPTIONED L/C，CONTENTS OF WHICH ARE AS PER ATTACHED SHEET（S）. 兹通知贵司，我行自上述银行收到修改一份，内容见附件。

THIS AMENDMENT SHOULD BE ATTACHED TO THE CAPITIONED L/C ADVISED BY US，OTHERWISE，THE BENEFICIARY WILL BE RESPONSIBLE FOR ANY CONSEQUENCES ARISING HEREFROM. 本修改须附于有关信用证，否则，贵公司须对此而产生的后果承担责任。

REMARKS: 备注：

THIS L/C CONSISTS OF＿＿＿TWO＿＿＿SHEET（S），INCLUDING THE COVERING LETTER AND ATTACHMENT（S）. 本信用证连同面函及附件共＿2＿页纸。

KINDLY TAKE NOTE THAT THE PARTIAL ACCEPTANCE OF THE AMENDMENT IS NOT ALLOWED. 本修改不能部分接受。

THIS AMENDMENT IS ADVISED SUBJECT TO ICC UCP PUBLICATION NO. 600. 本修改之通知系遵循国际商会跟单信用证统一惯例第600号出版物办理。

YOURS FAITHFULLY

BANK OF CHINA

中国银行上海分行

信用证修改通知书

Status : MESSAGE DELIVERED

Station : 1　　　　　BEGINNING OF MESSAGE

RCVD	* FIN/Session/OSN	: F01　60436	942305
RCVD	* Own Address	: COMMCNSHADLN	BANK OF CHINA SHANGHAI
RCVD	*		BRANCH 50 HUQIU RD, SHANGHAI
RCVD	*		CHINA
RCVD	* Output Message Type	: 700	ISSUE OF A DOCUMENTARY CREDIT
RCVD	* Input Time	: 1401	
RCVD	* MIR	: 151220BNACCUHHAXXX8919302222	
RCVD	* Sent by	: AYUDTHBKA×××	DEUTSCHE BANK
RCVD	*		FILIAL HANNOVER
RCVD	* Output Date/Time	: 210806/0945	
RCVD	* Priority	: Normal	
RCVD	*		

RCVD	*20 /	SENDER'S REFERENCE
RCVD	*	384010021947
RCVD	*21 /	RECEIVER'S REFERENCE
RCVD	*	NON REF
RCVD	*52A/	ISSUING BANK
RCVD	*	DEUTSCHE BANK
RCVD	*	FILIAL HANNOVER
RCVD	*31C/	DATE OF ISSUE
RCVD	*	210802
RCVD	*	02-AUG-2021
RCVD	*30 /	DATE OF AMENDMENT
RCVD	*	210806
RCVD	*	06-AUG-2021
RCVD	*26E /	NUMBER OF AMENDMENT
RCVD	*	1
RCVD	*59 /	BENEFICIARY-NAME & ADDRESS
RCVD	*	EVERTRUST IMP. AND EXP. CO., LTD.
RCVD	*	ROOM 203, WORLD TRADE CENTER,
RCVD	*	277 WU XING ROAD,
RCVD	*	SHANGHAI, CHINA
RCVD	*79 /	NARRATIVE
RCVD	*	1-READ IN FIELD 20 UNDER DATE AND PLACE OF EXPIRY AS 210920 / 20, SEP, 2021.
RCVD	*	2-READ IN FIELD 59 UNDER BENEFICIARY-NAME & ADDRESS AS
RCVD	*	EVERTRUST IMP. AND EXP. CO., LTD.
RCVD	*	ROOM 203, WORLD TRADE CENTER,
RCVD	*	277 WU XING ROAD,

RCVD	*	SHANGHAI, CHINA
RCVD	*	3-READ IN FIELD 42C UNDER DRAFTS AT...AS 30 DAYS SIGHT
RCVD	*	4-READ IN FIELD 44C UNDER LATEST DATE OF SHIPMENT AS 210904 04 SEP 2021
RCVD	*	5-IN FIELD 46A DOCUMENTS REQUIRED,DELETE:
RCVD	*	+INSPECTION SHALL BE EFFECTED BEFORE SHIPMENT BY THE BENEFICIARY
RCVD	*	AND RELEVANT REPORTS OR CERTIFICATES SHALL BE ISSUED BY GEORGE
RCVD	*	SMITHS INSPECTION AGENT OR INSPECTOR APPROVED BY THE APPLICANT.
RCVD	*	THE APPLICANT RESERVES THE RIGHT TO RE-INSPECT THE GOODS AT THE
RCVD	*	DESTINATION PORT.
RCVD	*	ADD: +INSPECTION SHOULD BE EFFECTED BEFORE SHIPMENT BY THE
RCVD	*	BENEFICIARY.RELEVANT DOCUMENTS OR CERTIFICATES ARE REQUIRED
RCVD	*	TO BE ISSUED BY CCIC SHANGHAI CO.,LTD.OR SPECIFIC INSPECTOR
RCVD	*	ACCEPTED BY THE BENEFICIARY.MEANWHILE,THE APPLICANT
RCVD	*	RESERVES THE RIGHT OF RE-INSPECTION AT THE DESTINATION PORT.
RCVD	*	6-READ INSURANCE CLAUSE IN FIELD 46A UNDER DOCUMENTS REQUIRED AS
RCVD	*	+INSURANCE POLICY/CERTIFICATE MADE OUT FOR TOTAL INVOICE VALUE
RCVD	*	PLUS 10 PERCENT AND COVERING ALL RISKS AND WAR RISK AS PER C.I.C.OF
RCVD	*	PICC DATED 1/1/2009.
RCVD	*	7-IN FIELD 47A UNDER ADDITIONAL CONDITIONS, ADD: THIS CREDIT IS
RCVD	*	SUBJECT TO ICC UCP PUBLICATION NO.600.
RCVD	*	
RCVD	*	ALL OTHER TERMS AND CONDITIONS REMAIN UNCHANGED.
RCVD	*	
RCVD	*	
RCVD	*	
RCVD	*MAC:	Authentication Code
RCVD	*	6588FBA5
RCVD	*CHK:	CheckSum
RCVD	*	4DAF2B97D6DC
RCVD	*	
RCVD	*SAC:	SWIFT Authentication Correct
RCVD	*COP:	P: CBT Primary Copy
RCVD	*	

User requested copy from OMHQ

在收到信用证修改通知书并审核无误后，准备履行合同，填写履约明细表。

7.订舱

首先制作商业发票（发票编号：KH-SPTINV01）及装箱单，然后填制出口货物订舱委托书向船公司订舱。

8.出口报关

收到配舱回单后，填制出口货物报关单，向海关办理货物的申报出口手续。

9.出口货物投保

出口报关完成后，请根据相关信息填写出口货物投保单，向保险公司办理投保手续。

10.发出装运通知

出口货物在海关验讫放行（即收到盖有海关验讫放行章的装货单）后，即可办理货物的装运手续。装船完毕后，应向德国公司发出货物装运通知。装运通知的内容主要包括合同号码、货物名称、货物金额、货物数量、包装件数、承运船名、运输航次、提单号码、发票号码、信用证号码。

11.出口单据制作及审核

根据操作指南中的单据制作要求及信用证中的具体规定，缮制全套出口单据。

全套出口单据制作完毕后，请按照纵横交错法，对单据进行审核，如有不符点，及时改正。在确保全套出口单据完全符合信用证规定后，再次向议付行交单。

12.出口业务善后工作

在收到出口货款后，给国外客户发一封善后函。

【参考答案】

1.建立业务关系函

恒信进出口有限公司

EVERTRUST IMP. & EXP. CO., LTD.

ADD.: ROOM 203, WORLD TRADE CENTER, 277 WU XING ROAD, SHANGHAI, CHINA	TEL: 86-21-64331255 FAX: 86-21-64331256

TO：GLOBLE TRADING UM GMBH

July 22nd，2021

Dear Sir/Madame,

　　We learn from "China Daily" of June 12，2021 that you are looking for Dumbbell Sets made in China and we feel we may be able to help you.

　　Mainly trading with Europe，we are specialized in the line of sports goods，but up to now we have not had the pleasure of entering into business relations with traders from your country.Therefore we address this letter to you in order to ascertain whether cooperation to the advantage of both our firms could be established.

　　To give you a general idea of the various kinds of Dumbbell Sets now available for export, we enclose a brochure for your reference. On the other hand, please favor us with a list of those articles you are interested in, so that we might be able to give you all the necessary information regarding supply possibilities.

Our bankers are Bank of China, Shanghai Branch from whom you will be able to obtain all the information required in regard to our business integrity and financial standing (E-mail Address is Bank@sift.sift.edu)

Yours faithfully,

Manager

2.出口报价核算

出口报价核算过程及结果见综合案例表1-3。

综合案例表1-3 出口报价核算结果汇总表

核算项目	核算过程	核算结果	单位
货物总体积	0.0147×1 700	25	立方米
货物总毛重	10×1 700	17	公吨
实际成本	实际成本 $= \dfrac{\text{含税成本} \times (1 + \text{增值税税率} - \text{退税率})}{1 + \text{增值税税率}}$ $= \dfrac{70 \times (1 + 0.13 - 0.09)}{1 + 0.13}$	64.4248	CNY/单位
退税收入	退税收入 $= \dfrac{\text{含税成本} \times \text{退税率}}{1 + \text{增值税税率}}$ $= (70 \div 1.13) \times 9\%$	5.5752	CNY/单位
国际运费	1 950÷1 700×6.23	7.1462	CNY/单位
保险费	CIF110%×1%	0.011CIF	CNY/单位
FOB报价	FOB=（64.4248+2.9471）×1.1÷6.23	11.90	USD/unit
CFR报价	CFR=（64.4248+2.9471+7.1462）×1.1÷6.23	13.15	USD/unit
CIF报价	CIF $= \dfrac{64.4248 + 2.9471 + 7.1462}{1 - 110\% \times 1\% - 10\%} \div 6.23$	13.45	USD/unit

3.还盘核算及还盘函

还盘核算结果见综合案例表1-4、综合案例表1-5。

综合案例表1-4　　　　　　　　**还盘核算过程记录表**　　　　　　　金额单位：元

项目	计算过程	计算结果
外商还价	（13.45×90%）×1 700×6.23	128 204.06
含税成本	70×1 700	119 000.00
退税收入	70×1 700÷（1+13%）×9%	9 477.88
实际成本	119 000-9 477.88	109 522.12
国内费用	1 700＋1 000+785+1 525	5 010.00
国际运费	1 950×6.23	12 148.50
占款利息		
银行费用		
保险费	128 204.06×110%×1%	1 410.24
佣金		
利润额	货款收入-实际成本-业务费用-出口运费-出口保费	113.20
利润率	113.2÷128 204.06	0.088%

综合案例表1-5　　　　　　　　**含税成本核算过程记录表**　　　　　　　金额单位：元

项目	计算过程	计算结果
外商还价	13.45×90%×6.23	75.4141
费用率与利润率之和	保险加成×保险费率+利润率 110%×1%＋6%	7.1%
费用额之和	国内费用+国际运费 2.9471＋7.1462	10.09
增值税税率	13%	
退税率	9%	
含税成本	$采购成本 = \dfrac{\left[\dfrac{外商}{还价}\times(1-\dfrac{费用率与}{利润率之和})-\dfrac{费用额}{之和}\right](1+\dfrac{增值税}{税率})}{1+增值税税率-退税率}$ $=\dfrac{[75.4141\times(1-7.1\%)-10.09]\times(1+13\%)}{1+13\%-9\%}$	65.16元/套

4.签约操作

签约操作函如下：

恒信进出口有限公司
EVERTRUST IMP. & EXP. CO., LTD.

ADD.: ROOM 203, WORLD TRADE CENTER,	TEL: 86-21-64331255
277 WU XING ROAD, SHANGHAI, CHINA	FAX: 86-21-64331256

TO: GLOBLE TRADING UM GMBH

July 30, 2021

Dear Sirs,

　　Many thanks for your order and we are sending you our signed Sales Confirmation No. KH-SPTSC38 in duplicate. Please counter sign and return for our file.

　　As the shipment date is approaching, please immediately instruct your bank to issue the relevant L/C in our favor otherwise the shipment date may be delayed.

Yours faithfully,

Manager

　　售货确认书如下：

SALES CONFIRMATION

S/C No.: KH-SPTSC38

Date: 30-Jul-21

The Seller: EVERTRUST IMP. & EXP. CO., LTD.
Address: 　ROOM 203, WORLD TRADE CENTER,
　　　　　277 WU XING ROAD, SHANGHAI,
　　　　　CHINA

The Buyer: GLOBLE TRADING UM GMBH
Address: 　MOOSFELDTRABE 96, 85238 PETERSHAUSEN,
　　　　　GERMANY

Item No.	Commodity & Specifications	Unit	Quantity	Unit Price (USD)	Amount (USD)
G6610	Dumbbell 10kgs/set	set	1 700	12.77	21 709.00

TOTAL: US DOLLAR TWENTY ONE THOUSAND SEVEN HUNDRED AND NINE ONLY

PRICE TERM: CIF Hamburg, Germany

　　PACKING: to be packed in cartons of 1 set each, 20 cartons to a plate, total 1 700 cartons to one 20' container

PORT OF LOADING: Shanghai

PORT OF DESTINATION: Hamburg

TIME OF SHIPMENT: within 30 days after receipt of the relevant L/C

TERMS OF PAYMENT: by irrevocable L/C at 30 days sight through a bank acceptable to the seller. The buyer shall open the L/C to the seller before August 4, 2021. The L/C shall be valid for negotiation in China until the 15th day after the date of shipment.

INSURANCE: to be covered by the seller for 110% of invoice value against All Risks and War Risk as per CIC of PICC dated 1/1/2009

OTHER TERMS AND CONDITIONS :

1. The buyer shall have the covering letter of credit reach the Seller 30 days before shipment, failing which the Seller reserves the right to rescind without further notice, or to regard as still valid whole or any part of this contract not fulfilled by the Buyer, or to lodge a claim for losses thus sustained, if any.

2. In case of any discrepancy in Quality/Quantity, claim should be filed by the Buyer within 130 days after the arrival of the goods at port of destination; while for quantity discrepancy, claim should be filed by the Buyer within 150 days after the arrival of the goods at port of destination.

3. For transactions concluded on CIF basis, it is understood that the insurance amount will be for 110% of the invoice value against the risks specified in the Sales Confirmation. If additional insurance amount or coverage required, the Buyer must have the consent of the Seller before Shipment, and the additional premium is to be borne by the Buyer.

4. The Seller shall not hold liable for non-delivery or delay in delivery of the entire lot or a portion of the goods hereunder by reason of natural disasters, war or other causes of Force Majeure, However, the Seller shall notify the Buyer as soon as possible and furnish the Buyer within 15 days by registered airmail with a certificate issued by the China Council for the Promotion of International Trade attesting such event（s）.

5. All deputies arising out of the performance of, or relating to this contract, shall be settled through negotiation. In case no settlement can be reached through negotiation, the case shall then be submitted to the China International Economic and Trade Arbitration Commission for arbitration in accordance with its arbitral rules. The arbitration shall take place in Shanghai. The arbitral award is final and binding upon both parties.

6. The Buyer is requested to sign and return one copy of this contract immediately after receipt of the same. Objection, if any, should be raised by the Buyer within 3 working days, otherwise it is understood that the Buyer has accepted the terms and conditions of this contract.

7. Special conditions:（These shall prevail over all printed terms in case of any conflict.）

THE SELLER   THE BUYER

EVERTRUST IMP. & EXP. CO., LTD   GLOBLE TRADING UM GMBH

_____   _____

（signature）   （signature）

5. 审证、改证

改证函如下：

恒信进出口有限公司
EVERTRUST IMP. & EXP. CO., LTD.

| ADD.: ROOM 203, WORLD TRADE CENTER, | TEL: 86-21-64331255 |
| 277 WU XING ROAD, SHANGHAI, CHINA | FAX: 86-21-64331256 |

TO: GLOBLE TRADING UM GMBH

Aug 4, 2021

Dear Sirs,

We are very glad to receive your L/C No. 384010021947, but we are quite sorry to find that it contains some discrepancies with the S/C. Please instruct your bank to amend the L/C as quickly as possible.

The L/C is to be amended as follows:

1. The credit is amended to be available for 30 days sight draft.

2. Insurance policy in duplicate shall covering the amount "for total invoice value plus 10%".

3. Time of shipment and expiry date of the credit has to be extended to Sept. 4th and Sept. 20th in China respectively.

4. The name of Beneficiary shall be "EVERTRUST IMP. AND EXP. CO., LTD.".

5. The inspection clause has been amended to read as "Inspection of quantity should be effected before shipment by the beneficiary. Relevant documents or certificates are required to be issued by Shanghai Import and Export Commodity Inspection Bureau or specific inspector accepted by the Beneficiary. Meanwhile, the Applicant reserves the right of re-inspection at the destination port."

6. This credit is subject to 《UCP 600》.

Please amend the L/C accordingly.

Yours faithfully,
Manager

6. 履约准备

恒信进出口有限公司
EVERTRUST IMP. & EXP. CO., LTD.

| ADD.: ROOM 203, WORLD TRADE CENTER, | TEL: 86-21-64331255 |
| 277 WU XING ROAD, SHANGHAI, CHINA | FAX: 86-21-64331256 |

履约明细表

合同号码：KH-SPTSC38　　　　　合同日期：30-Jul-21　　　　　填制人：李勤昌

履约环节

⊙托运	⊙报检　类型：CIP 数量检验
⊙投保	⊙认证　类型：CCPIT 原产地认证
⊙报关	⊙装运

货物明细

货号	品名	单价	数量	包装方式	包装件数	单件包装信息				
						长 cm	宽 cm	高 cm	毛重 kg	净重 kg
G6610-10KGS	DUMBBELL	USD 12.77	1 700 SETS	1 SET/CTN	1 700 CTNS				10	10

贸易术语：CIF Hamburg, Germany　　　　运输标志：KD-SPTSC08

SPORTAR

HAMBURG

C/NO.1-1700

信用证明细

信用证号码：384010021947	证到日期：Aug. 3，2021	开证日期：Aug. 2，2021
是否经过修改：经过一次修改	信用证修改通知书日期：Aug. 6, 2021	信用证到期日：Sep. 20, 2021
开证行：DEUTSCHE BANK, FILIAL HANNOVER	通知行：Bank of China	议付行：Any bank in China

装运明细

装运港：Shanghai	目的港：Hamburg	装运方式：By sea
装运期限：Sep. 4，2021	分批装运：不允许	转运：不允许

单据明细

金融单据	⊙汇票	○本票	○支票
发票	⊙商业发票	○形式发票	○海关发票
包装单据	⊙装箱单	○重量单	○尺码单
运输单据	⊙海运提单	○空运单	○承运收据
保险单据	⊙保险单	○保险凭证	
原产地证明	○商会一般原产地证明		○普惠制原产地证明
检验证书	○生产厂商检验证书		⊙CIQ 检验证书
证明单据	⊙受益人证明		○船公司证明
其他单据	无		
交单期限	不迟于运输单据签发后 15 天，且在信用证有效期内		

单据要求

金融单据		
出票人	EVERTRUST IMP. & EXP. CO., LTD.	
提交份数	一式两份	
受票人	DEUTSCHE BANK FILIAL HANNOVER	汇票金额　USD21 709.00
		付款期限　AT 30 DAYS AFTER SIGHT
信用证中的特别要求：1.汇票上注明是根据 DEUTSCHE BANK, FILIAL HANNOVER 2021 年 8 月 2 日开立的 384010021947 号信用证出票 2.汇票上注明信用证的号码		

发　票	
单据名称	Commercial Invoice
出具人	EVERTRUST IMP. & EXP. CO., LTD.
提交份数	一式三份
货物描述	DUMBBELL　ART. No. G6610（10KGS） CIF Hamburg, Germany Shipping Marks: KD-SPTSC08, SPORTAR, HAMBURG, C/NO.1~1700
信用证中的特别要求：1.发票经手签 2.发票上注明 FOB 价格金额和保险费金额 3.汇票上注明信用证的号码	

包装单据	
单据名称	Packing List
出具人	EVERTRUST IMP. & EXP. CO., LTD.
提交份数	一式三份
信用证中的特别要求：注明信用证的号码	

运输单据	
单据名称	Bill of Lading
出具人	船公司
提交份数	全套提单（至少包括两份副本）
收货人	To order
被通知方	开证申请人和开证行
信用证中的特别要求：1.注明运费已付 2.注明信用证的号码	

保险单据	
单据名称	Insurance Policy
出具人	保险公司
提交份数	一式两份
保险金额	发票金额的110%
保险险别	ALL RISKS AND WAR RISK AS PER C.I.C. OF PICC DATED 1/1/2009.
信用证中的特别要求：注明信用证的号码	

原产地证明	
单据名称	Certificate of Origin
出具人	中国国际贸易促进委员会CCPIT
提交份数	一式两份
信用证中的特别要求：注明信用证的号码	

检验证书	
单据名称	Inspection Certificate for Quantity
出具人	海关检疫
提交份数	一式两份
信用证中的特别要求：注明信用证的号码	

证明单据	
单据名称	Beneficiary's Certificate
出具人	EVERTRUST IMP. & EXP. CO., LTD.
提交份数	一份
信用证中的特别要求：1.注明信用证的号码 2.证明装运样品已在装船前寄给开证申请人	

其他单据	
单据名称	
出具人	
提交份数	

7. 订舱

商业发票填制如下：

COMMERCIAL INVOICE

1) SELLER	3) INVOICE NO.	4) INVOICE DATE
EVERTRUST IMP. AND EXP. CO., LTD. ROOM 203, WORLD TRADE CENTER, 277 WU XING ROAD, SHANGHAI, CHINA	KH-SPTINV01	1–Sep–21
	5) L/C NO.	6) DATE
	384010021947	2–Aug–21
	7) ISSUED BY DEUTSCHE BANK	
2) BUYER	8) CONTRACT NO.	9) DATE
GLOBLE TRADING UM GMBH MOOSFELDTRABE 96, 85238 PETERSHAUSEN, GERMANY	KH-SPTSC38	30–Jul–21
	10) FROM SHANGHAI, CHINA	11) TO HAMBURG, GERMANY
	12) SHIPPED BY	13) PRICE TERM CIF HAMBURG, GERMANY

14) MARKS	15) DESCRIPTIONOFGOODS	16) QTY.	17) UNIT PRICE	18) AMOUNT
			FOB SHANGHAI VALUE	USD 20 222.35
			INSURANCE PREMIUM	USD 1 410.73
KD-SPTSC08 SPORTAR HAMBURG	DUMBBELL / ART NO. G6610–10KGS	1 700 SETS CIF HAMBURG, GERMANY		
			USD 12.77	USD 21 709.00
C/ NO.1–1700	L/C NO.: 384010021947			

TOTAL   USD21 709.00

TOTAL: US DOLLAR TWENTY ONE THOUSAND SEVEN HUNDRED AND NINE ONLY

19) ISSUED BY

EVERTRUST IMP. AND EXP. CO., LTD.

20) SIGNATURE

3 copies

装箱单填制如下：

P A C K I N G　L I S T

1) SELLER	3) INVOICE NO.	4) INVOICE DATE
EVERTRUST IMP. AND EXP. CO., LTD.	KH-SPTINV01	1–Sep–21

	5) FROM	6) TO
ROOM 203，WORLD TRADE CENTER, 277 WU XING ROAD, SHANGHAI, CHINA	SHANGHAI, CHINA	HAMBURG, GERMANY

7) TOTAL PACKAGES　(IN WORDS)

SAY ONE THOUSAND AND SEVEN HUNDRED SETS ONLY

2) BUYER	8) MARKS & NOS.
GLOBLE TRADING UM　GMBH MOOSFELDTRABE 96, 85238 PETERSHAUSEN，GERMANY	KD-SPTSC08 SPORTAR HAMBURG C/NO.1–1700

9) C/NOS.	10) NOS. & KINDS OF PKGS.	11) ITEM	12) QTY. (pcs.)	13) G.W. (kg)	14) N.W. (kg)	15) MEAS (m³)
1–1700	1 700 CARTONS	DUMBBELL				
	IN ONE 20 FEET CONTAINER/ ART NO. G6610–10KGS					
			1 700	17 000	17 000	25.00
	L/C NO.: 384010021947					
TOTAL	1 700 CTNS		1 700	17 000	17 000	25.00

16) ISSUED BY

EVERTRUST IMP. & EXP. CO., LTD.

17) SIGNATURE　　　　　　　　　　　　　　　　3 copies

订舱委托书填制如下：

公司编号 BOX02	**出口货物订舱委托书**	日期2021年8月20日

1）托运人	**4）信用证号码：**384010021947	
EVERTRUST IMP. AND EXP. CO., LTD. ROOM 203，WORLD TRADE CENTER, 277 WU XING ROAD, SHANGHAI, CHINA	**5）开证银行：**DEUTSCHE BANK	
	6）合同号码：KH-SPTSC38	**7）成交金额：**USD21 907.00
	8）装运口岸：SHANGHAI, CHINA	**9）目的港：**HAMBURG, GERMANY
2）收货人 THE ORDER OF SHIPPER	**10）转船运输：**NO	**11）分批装运：**NO
	12）信用证效期：2021-9-20	**13）装船期限：**2021-9-4
	14）运费：PREPAID	**15）成交条件：**CIF HAMBURG, GERMANY
	16）公司联系人：	**17）电话/传真：**64331255
3）被通知人 GLOBLE TRADING UM GMBH MOOSFELDTRABE 96, 85238 PETERSHAUSEN，GERMANY DEUTSCHE BANK FILIAL HANNOVER	**18）公司开户行：**中国银行	**19）银行账号：**7938724375
	20）特别要求	

21） 标记唛码	**22）** 货号规格	**23）** 包装件数	**24）** 毛重（kgs）	**25）** 净重（kgs）	**26）** 数量	**27）** 单价（USD）	**28）** 总价（USD）
							CIF HAMBURG，GERMANY
KD-SPTSC08 SPORTAR HAMBURG/ART NO. G6610-10KGS C NO.1-1700	DUMBBELL	1 700 CTNS	17 000	17 000	1 700 SETS	USD 12.77	USD 21 709.00

29）总件数		**30）总毛重**	**31）总净重**	**32）总尺码**		**33）总金额**
1 700 CTNS IN ONE 20′ CONTAINER		17 000 KGS	17 000 KGS	25 M³	TOTAL	USD 21 709.00

34）备注

8.出口报关

出口货物报关单填制如下：

中华人民共和国海关出口货物报关单

预录入编号：089635495　　　　　海关编号：089635495

出口口岸 吴淞海关		备案号		出口日期 21.09.04	申报日期 21.09.01
经营单位 恒信进出口有限公司 3101935046		运输方式 江海运输	运输工具名称 YI XIANG/V307		提运单号 KH-SPTBL01
发货单位 恒信进出口有限公司		贸易方式 一般贸易　0110	征免性质 一般征税　(101)		结汇方式 信用证
许可证号		运抵国（地区） 德国	指运港 汉堡		境内货源地 上海
批准文号		成交方式 CIF	运费 USD 1 950.00	保费 RMB 1 504.03	杂费
合同协议号 KH-SPTSC38		件数 1 700	包装种类 纸箱	毛重（千克） 17 000	净重（千克） 17 000
集装箱号 LXLU56087123		随附单据		生产厂家 上海吴淞体育用品厂	
标记唛码及备注 KD-SPTSC08/SPORTAR/HAMBURG/C/NO.1-UP					

项号	商品编号	商品名称、 规格型号	数量及单位	最终 目的国	单价	总价	币制	征免
1.	9506990000	哑铃	1 700 套 17 000.000 千克	德国	12.77	21 709.00	USD 美元	照章征税

税费征收情况

录入员　　　　　录入单位	兹声明以上申报无讹并承担法律责任	海关审单批注及放行日期（签章）	
		审单	审价
报关员　王涛	申报单位（签章）	征税	统计
单位地址　上海吴兴路277号	恒信进出口有限公司	查验	放行
		签发官员：李丰	
邮编　　电话　64331255　填制日期　21.09.01		签发日期：2021-09-01	

9.出口货物投保

出口货物投保单填制如下：

海运出口货物投保单

1）保险人：中国人民保险公司　　2）被保险人：EVERTRUST IMP. AND EXP. CO., LTD.

3）标记	4）包装及数量	5）保险货物项目	6）保险金额
KD-SPTSC08 SPORTAR HAMBURG C NO.1-1700	1 700 CTNS 1×20'CONTAINER	DUMBBELL/ART NO. G6610-10KGS	USD 21 709.00

7）总保险金额：

TOTAL: US DOLLAR TWENTY ONE THOUSAND SEVEN HUNDRED AND NINE ONLY

8）运输工具：（船名）　　（航次） 　　YI XIANG　　V307	9）装运港： SHANGHAI, CHINA	10）目的港： HAMBURG, GERMANY

11）投保险别：

　　OCEAN MARINE CARGO CLAUSES

　　ALL RISKS AND WAR RISK

　　AS PER CIC OF PICC DATED 1/1/2009

12）货物启运日期：　　4-Sep-21

13）投保日期：30-Aug-21　　　　14）投保人签字

10. 发出装运通知

装运通知书填制如下：

恒信进出口有限公司
EVERTRUST IMP. AND EXP. CO., LTD.
Tel：86-21-64331255　　Fax：86-21-64331256
ADD.：ROOM 203，WORLD TRADE CENTER，277 WU XING ROAD，HANGHAI，CHINA

TO：GLOBLE TRADING UM GMBH　　　**DATE**：5-Sep-21

MOOSFELDTRABE 96，85238 PETERSHAUSEN，GERMANY

FROM：EVERTRUST IMP. AND EXP. CO., LTD

SHIPPING　ADVICE

S/C NO.：	KH-SPTSC38
L/C NO.：	384010021947
B/L NO.：	KH-SPTBL01
GOODS：	DUMBBELL / ART NO. G6610-10KGS
VALUE（US$）：	21 709.00
QUANTITY：	1 700 SETS
PACKAGES：	one 20′container
G.W.（KGS.）：	17 000
N.W.（KGS.）：	17 000
MEAS.（M³）：	25.000
VESSEL：	YI XIANG V307
FROM：	SHANGHAI, CHINA
TO：	HAMBURG, GERMAN
ATD：	4-Sep-21
ETA：	29-Sep-21

BEST REGUARDS

11. 出口单据制作及审核

全套出口单据制作如下：

（1）发票：见参考答案 7。

（2）装箱单：见参考答案 7。

（3）装运通知：见参考答案 10。

（4）提单：提单填制如下。

Shipper EVERTRUST IMP. AND EXP. CO., LTD. ROOM 203，WORLD TRADE CENTER, 277 WU XING ROAD, SHANGHAI, CHINA				B/L No.: KH-SPTBL01	
Consignee THE ORDER OF SHIPPER				**BILL OF LADING**	
Notify Party GLOBLE TRADING UM GMBH MOOSFELDTRABE 96, 85238 PETERSHAUSEN，GERMANY DEUTSCHE BANK FILIAL HANNOVER				中 国 远 洋 运 输 公 司 *CHINA OCEAN SHIPPING COMPANY*	

*Pre carriage by	*Place of Receipt SHANGHAI, CHINA CY
Ocean Vessel Voy. No. YI XIANG V 307	Port of Loading SHANGHAI, CHINA

Port of discharge	*Final destinatin HAMBURG, GERMAN	Freight payable at	Number original Bs/L 3/3

Marks and Numbers	Number and kind of packages;Description	Gross weight	Measurement m³
KD-SPTSC08 SPORTAR HAMBURG C/NO.1–UP CONTAINER NO. YX307HG56087 / SEAL 0085795624	1 700 SETS OF DUMBBELL / ART NO. G6610–10KGS L/C NO.：384010021947 **SHIPPER'S LOAD COUNT AND SEAL** **FREIGHT PREPAID**	17 000 KGS	25 CBM

ORIGINAL

TOTAL PACKAGES （IN WORDS）	SAY ONE THOUSAND AND SEVEN HUNDRED SETS ONLY

Freight and charges	PREPAID

	Place and date of issue 4 SEP. 2021　SHANGHAI
	Signed for the Carrier COSCO　SHANGHAI 陈紫冰

*Applicable only when document used as a Through Bill of Loading

（5）原产地证：原产地证填制如下。

1.Exporter EVERTRUST IMP. AND EXP. CO., LTD. ROOM 203，WORLD TRADE CENTER, 277 WU XING ROAD, SHANGHAI, CHINA	Certificate No.：456879141653
2.Consignee GLOBLE TRADING UM GMBH MOOSFELDTRABE 96, 85238 PETERSHAUSEN， GERMANY	**CERTIFICATE OF ORIGIN** **OF** **THE PEOPLE'S REPUBLIC OF CHINA**
3.Means of transport and route FROM SHANGHAI, CHINA TO HAMBURG, GERMAN BY SEA	5.For certifying authority use only
4.Country / region of destination HAMBURG, GERMAN	

6.Marks and numbers	7.Number and kind of packages;description of goods	8.H.S. Code	9.Quantity and weight	10.Number and date of invoices
KD-SPTSC08 SPORTAR HAMBURG C/NO.1-UP	1 700 SETS OF DUMBBELL / ART NO. G6610-10KGS ONE 20′ CONTAINER	9506990000	1 700 SETS 17 000 KGS	KH-SPTINV01 SEP, 1, 2021

CONTAINER NO.YX307HG56087

L/G NO.：SPT-KHLC28

****

11.Declaration by the exporter	12.Certification
The undersigned hereby declares that the above details and statements are correct, that all the goods were produced in China and that they comply with the Rules of Origin of the People's Republic of China. **EVERTRUST IMP. AND EXP. CO., LTD.** 李 勤 昌 SHANGHAI，SEP., 3, 2021 李勤昌 ———————————————— Place and date, signature and stamp of authorized signatory	It is hereby certified that the declaration by the exporter is correct. 中国国际贸易促进委员会 单据证明专用章 CHINA COUNCIL FOR THE PROMOTION OF INTERNATIONAL TRADE （SHANGHAI） SHANGHAI，SEP., 3, 2021 王晓玲 ———————————————— Place and date, signature and stamp of certifying authority

（6）保险单：正本保险单填制如下。

PICC

中国人民财产保险股份有限公司
PICC Property and Casualty Company LTD.

总公司设于北京　　一九四九年创立
Head Office Beijing　Established in 1949

货物运输保险单 CARGO TRANSPORTATION INSURANCE POLICY

提单号（B/L No.）　　　KH-SPTBL01	保险单号（Policy No.）PYIE200621806548745
合同号　　　　　　　　KH-SPTSC38	
发票号　　　　　　　　KH-SPTINV01	
信用证号　　　　　　　384010021947	

被保险人（Insured）：　　　　EVERTRUST IMP. AND EXP. CO., LTD.

中国人民财产保险股份有限公司（以下简称本公司）根据被保险人要求，以被保险人向本公司缴付约定的保险费为对价，按照本保险单列明条款承保下述货物运输保险，特订立本保险单。

　　THIS POLICY OF INSURANCE WITNESSES THAT PICC PROPERTY AND CASUALTY COMPANY LTD. (HEREINAFTER CALLED "THE COMPANY") AT THE REQUEST OF THE INSURANCED AND IN CONSIDERATION OF THE AGREED PREMIUM PAID TO THE COMPANY BY THE INSURANED, UNDERTAKES TO INSURE THE UNDERMENTIONED GOODS IN TRANSPORTATION SUBJECT TO THE CONDITIONS OF THIS POLICY AS PER THE CLAUSES PRINTED BELOW.

标记 MARKS & NOS.	数量及包装 QUANTITY	保险货物项目 GOODS	保险金额 AMOUNT INSURED
KD-SPTSC08 SPORTAR HAMBURG C NO.1-1700	1 700 SETS	DUMBBELL / ART NO. G6610-10KGS	USD 21 709.00

总保险金额：

Total Amount Insured: <u>US DOLLAR TWENTY ONE THOUSAND SEVEN HUNDRED AND NINE ONLY</u>
保费（Premium）: <u>AS ARRANGED</u>　　　　启运日期（Date of Commencement）: <u>SEP.04,2021</u>
装载运输工具（Per Conveyance）:　　<u>YI XIANG V307</u>
自：　　　　　　　　　　　　　经：
From　　<u>SHANGHAI, CHINA</u>　　　Via<u>　　　　　　　</u>　To <u>HAMBURG, GERMAN</u>
承保险别（Conditions）:

COVERING ALL RISKS AND WAR RISK AS PER C.I.C OF PICC DATED 1/1/09 **ORIGINAL**

所保货物如发生保险单项下可能引起索赔的损失，应立即通知本公司或下述代理人查勘。如有索赔，应向本公司提交正本保险单（本保险单共有三份正本）及相关文件。如一份正本已用于索赔，其余正本自动失效。

　　IN THE EVENT OF LOSS OR DAMAGE WHICH MAY RESULT IN A CLAIM UNDER THIS POLICY, IMMEDIATE NOTICE MUST BE GIVEN TO THE COMPANY OR AGENT AS MENTIONED. CLAIMS, IF ANY, ONE OF THE ORIGINAL POLICY WHICH HAS BEEN ISSUED IN <u>THREE</u> ORIGINAL(S) TOGETHER WITH THE RELEVENT DOCUMENTS SHALL BE SURRENDERED TO THE COMPANY. IF ONE OF THE ORIGINAL POLICY HAS BEEN ACCOMPLISHED, THE OTHERS TO BE VOID.

保险人：　　　　　中国人民财产保险股份有限公司上海市分公司
UNDERWRITER　PICC PROPERTY AND CASUALTY COMPANY
GLOBLE TRADING UM GMBH　　　　　　　LTD. SHANGHAI BRANCH
MOOSFELDTRABE 96,　　　　地址/ADD：　中国上海中山南路56号
85238 PETERSHAUSEN, GERMANY　　　　56 Zhong Shan Nan Road, Shanghai, China.
TEL: 08137/6280　FAX: 08137/6290　电话/TEL：　021-63234305
　　　　　　　　　　　　　　传真/FAX：　021-63217466-44
　　　　　　　　　　　　　　EMAIL：　claims@shh.picc.com.cn

赔款偿付地点
Claim Payable at　　<u>HAMBURG IN USD</u>　　　　授权人签字：
签单日期（Issuing Date）　<u>SEP.02,2021</u>
核保人：徐丽　　制单人：马晓庆　　　　　　经办人：韩郈　　www.piccnet.com.cn

Picc Property And Casualty Company Limited Shanghai Branch　NO. 0587654
Authorized Signature:

周庆龙　　　　Manager

（7）检验证书：正本检验证书填制如下。

CCIC Shanghai CO., LTD.

ORIGINAL

No.361，Zhao Jia Bang Road, Shanghai
P.C：200032
Tel: 021-63062406, 64189367
Fax: 021-63244587
E-mail: shanghai@ccic.com

Preshipment Inspection Certificate for Quantity

Certificate No.: SH/EXY6170
Date: Sept. 3, 2021

Applicant：EVERTRUST IMP. AND EXP. CO., LTD.
　　　　　ROOM 203，WORLD TRADE CENTER,
　　　　　277 WU XING ROAD, SHANGHAI, CHINA

Consignor：EVERTRUST IMP. AND EXP. CO., LTD.
　　　　　ROOM 203，WORLD TRADE CENTER,
　　　　　277 WU XING ROAD, SHANGHAI, CHINA

Consignee：GLOBLE TRADING UM GMBH
　　　　　MOOSFELDTRABE 96,
　　　　　85238 PETERSHAUSEN，GERMANY

Commodity：DUMBBELL / ART NO. G6610-10KGS

Quantity/Weight declared：1 700 SETS / 17 000 KGS

Invoice No.：KH-SPTINV01

Letter of Credit No.: 384010021947

Shipping Marks：　　　　KD-SPTSC08
　　　　　　　　　　　SPORTAR
　　　　　　　　　　　HAMBURG
　　　　　　　　　　　C/ NO.1-1700

Results of Inspection:
THE SHIPMENT OF DUMBBELL /ART NO.G6610-10 KGS HAS
BEEN INSPEtCTED BEFORE SHIPMENT AND WAS FOUND TO
BE PACKED IN CARTONS OF 1 SET EACH, 20 CARTONS TO
A PLATE, TOTAL 1 700 CARTONS TO ONE 20′ CONTAINER.

* * * * on behalf of

This report is issued without prejudice to the liabilities to the parties concerned.

Authorized signature(s)

（8）受益人证明：受益人证明填制如下。

恒信进出口有限公司
EVERTRUST IMP. AND EXP. CO., LTD.
ROOM 203，WORLD TRADE CENTER, 277 WU XING ROAD, SHANGHAI, CHINA

TEL: 86–21–64331255   FAX: 86–21–64331256

CERTIFICATE

DATE: 5–Sep–21

S/C NO.:	KH-SPTSC38
L/C NO.:	384010021947
INVOICE NO. :	KH-SPTINV01
B/L NO.:	KH-SPTBL01
GOODS：	DUMBBELL / ART NO.: G6610–10KGS
VALUE :	USD 21 709.00
QUANTITY:	1 700 SETS

WE CERTIFY THAT SHIPPING SAMPLE HAVE BEEN SENT TO GLOBLE TRADING GMBH BEFORE SHIPMENT.

EVERTRUST IMP. AND EXP. CO., LTD.

李 勤 昌

（9）汇票：汇票填制如下。

BILL OF EXCHANGE

No　*KH-SPTINV01*

For　*US$21 709.00*　　　*SHANGHAI*　　DATE　　*SEP. 8, 2021*

At　*30 DAYS AFTER*　*sight of this* **FIRST** *bill of exchange*（**SECOND** *of the same*

tenor and date unpaid）*Pay to*　　**1BANK OF CHINA**　　*or order the sum of*

SAY US DOLLAR TWENTY ONE THOUSAND SEVEN HUNDRED AND NINE ONLY

Drawn under　*DEUTSCHE BANK*

L/C No　*384010021947*　　　*Dated*　*AUG. 3, 2021*

To

　DEUTSCHE BANK

　FILIAL HANNOVER

EVERTRUST IMP. AND EXP. CO., LTD.

李　勤　昌

12. 出口业务善后工作

善后函草拟如下：

恒信进出口有限公司
EVERTRUST IMP. & EXP. CO., LTD.

ADD.: ROOM 203，WORLD TRADE CENTER，	**TEL：86-21-64331255**
277 WU XING ROAD，SHANGHAI，CHINA	**FAX：86-21-64331256**

TO：GLOBLE TRADING UM GMBH　　　　　　　　　　5/10/21

Dear Sirs，

　　We have heard from our accounting bank that Deutsche Bank has honored our draft drawn under the L/C No. 384010021947. We are glad that the first transaction concluded between us is so smooth and successful. Thank you for your cooperation in our first deal.

　　We are looking forward to receiving your further orders. For your information， we are attaching the brochure of our other products which may be interested in by your customer. We have no doubt that there will be a prospective and profitable market in Denmark and Europe for us through our mutual efforts.

Yours sincerely，

Manager

综合案例二　时代公司出口案

【基础信息】

1.我国出口公司和古巴进口公司基本情况

大连时代文具进出口有限公司（以下简称时代公司）名址：

TIMES STATIONERY IMP.& EXP.CO.，LTD.

493 DONGBEI ROAD，SHAHEKOU DISTRICT，DALIAN，CHINA.

TEL：+86-411-84687543，FAX：+86-411-84687542

E-MAIL：SALES@DLTIMES.COM.CN

古巴进口公司（以下简称古巴公司）名址：

SEMPRRA ENTERPRISE LTD.

586#，NACION ROAD，HABANA DE CUBA

TEL：537-873-6554　FAX：537-873-6556

E-MAIL ADDRESS：　SEMPRRA @INFO.CU

2021年通过贸促会介绍，大连时代文具进出口有限公司开始与古巴的SEMPR-RA ENTERPRISE LTD.建立联系，洽谈有关铅笔的合作项目。

2.时代公司产品信息见综合案例表2-1

综合案例表2-1　　　　　　　　　时代公司商品信息表

商品	铅笔（PENCIL）		
货号	1868# 普通	1968# 带皮头	2012# 带皮头磨尖
包装方式	144 支/中盒 20 中盒/大箱 37mm×55mm×28mm	144 支/中盒 20 中盒/大箱 37mm×55mm×28mm	144 支/中盒 20 中盒/大箱 37mm×55mm×28mm
毛/净重	20kgs/21kgs	21kgs/22kgs	20.5kgs/21.5kgs
供货单价 （含税）	14.40 元/罗 144 支/罗	15.84 元/罗 144 支/罗	17.28 元/罗 144 支/罗
起订量	40′集装箱	40′集装箱	40′集装箱
总量	20 000 罗/1 000 箱	20 000 罗/1 000 箱	20 000 罗/1 000 箱

3.有关出口费用见综合案例表2-2

综合案例表2-2　　　　　　　时代公司铅笔出口费用明细表　　　　　　金额单位：元

国内费用（人民币元）				国外运费（美元）	汇率	利润率（%）	保险费率（%）			增值税税率（%）	退税率（%）
国内运费	商检报关费	港杂费	包装费				一切险	战争险	保险加成率		
1 000	785	1 525	1/套	1 950	6.2	10	0.7	0.3	10	13	11

【操作要求】

1.草拟建立业务关系函

请根据基础资料，给古巴客户发一封建立业务关系的信函，介绍可供产品。要求格式正确、内容完整。建交函日期定为2021年12月10日。

2.出口报价

收到时代公司建立业务关系函后，古巴公司回函如下：

SEMPRRA ENTERPRISE LTD.
ADD.: 586#, NACION ROAD, HABANA DE CUBA
TEL: 537–873–6554　　　FAX: 537–873–6556
E-MAIL: SEMPRRA @INFO.CU

RE：INQUIRY OF PENCIL

TO：TIMES STATIONERY IMP. & EXP. CO., LTD.　　ATTN.：MR. RECHARD LI

　　493 DONGBEI ROAD, SHAHEKOU　　　　　　FAX NO.：+86-411-84687542

　　DISTRICT, DALIAN, CHINA.　　　　　　　　DATE：DECEMBER 12, 2021

Dear Mr. Rechard Li,

　　Thank you for your fax dated Dec. 10, 2021 with breif introduction of your company. We are now in demand for some HB pencils and are interested in items 1868# / 1968# / 2012#. Can you please quote your best prices of above items on FOB basis?

　　Thank you in advance.

Best regards,

Franco S.H.

Purchasing Manager

SEMPRRA ENTERPRISE LTD.

　　请根据上述回函首先进行出口报价核算，按照本教材表2-2列出详尽的计算过程（结果保留4位小数，最后报价取2位小数），然后写一封发盘函，包括包装、最小订量、报价有效期、付款方式（即期信用证）以及交货期（收到信用证后50天装运）。发盘日期定为：2021年12月16日。

3.出口还价

时代公司报盘后，收到古巴公司还盘如下：

SEMPRRA ENTERPRISE LTD.

ADD.: 586#, NACION ROAD, HABANA DE CUBA
TEL: 537-873-6554   FAX: 537-873-6556
E-MAIL: SEMPRRA @INFO.CU

RE：INQUIRY OF PENCIL

TO：TIMES STATIONERY IMP. & EXP. CO., LTD.   ATTN.: MR. RECHARD LI
   493 DONGBEI ROAD, SHAHEKOU   FAX NO.: +86-411-84687542
   DISTRICT, DALIAN, CHINA   DATE：DECEMBER 19, 2021

Dear Mr. Rechard Li,

Thank you for your quotation. As the biggest dealer of stationery in Cuba, we are always in demand of huge quantity of pencils. After studying your quotation carefully, we found that they are a little bit higher than our current purchasing prices. Would you please kindly re-calculate and give us a better price on item 1968# basing on an order quantity of 1×40′container?

Best regards,
Franco S.H.
Purchasing Manager
SEMPRRA ENTERPRISE LTD.

假设含税成本不变，考虑到对方订单的数量和首次合作，将利润率降到6%，重新核算报价，并计算此订单的预期利润为多少。

将计算结果填入本教材表4-3内，最后写出还盘函，告知对方此报价为我们所能做到的最好价格，并且因为汇率不可预测的变动，本还盘有效期仅为3天，请对方尽早回电确认。

4.签约操作

收到时代公司的还盘函后，古巴公司复函如下：

SEMPRRA ENTERPRISE LTD.
ADD.: 586#, NACION ROAD, HABANA DE CUBA
TEL: 537-873-6554   FAX: 537-873-6556
E-MAIL: SEMPRRA @INFO.CU

RE: INQUIRY OF PENCIL

TO: TIMES STATIONERY IMP. & EXP. CO., LTD.	ATTN.: MR. RECHARD LI
493 DONGBEI ROAD, SHAHEKOU	FAX NO.: +86-411-84687542
DISTRICT, DALIAN, CHINA.	DATE: DECEMBER 23, 2021

Dear Mr. Rechard Li,

We appreciate your effort on prices. Aiming at a long termed business relationship, we accept your offer of USD 2.54/Gross FOB Dalian of item 1968#, but we can only order 1×40′ container for this first order. After testing on the quality of your products, bigger orders will follow.

Please prepare sales contract for us to sign and open relative letter of credit.

Best regards,

Franco S.H.

Purchasing Manager

SEMPRRA ENTERPRISE LTD.

请根据双方往来函电确认的交易条件，制作形式发票和售货确认书（号码：CUBA08-1225）。然后，致函古巴公司，告知随函附寄售货确认书，请其会签并寄回一份，并要求其按约开出信用证。之后，收到古巴公司回函如下：

SEMPRRA ENTERPRISE LTD.
ADD.: 586#, NACION ROAD, HABANA DE CUBA
TEL: 537-873-6554   FAX: 537-873-6556
E-MAIL: SEMPRRA @INFO.CU

RE: INQUIRY OF PENCIL

TO: TIMES STATIONERY IMP. & EXP. CO., LTD.	ATTN.: MR. RECHARD LI
493 DONGBEI ROAD, SHAHEKOU	FAX NO.: +86-411-84687542
DISTRICT, DALIAN, CHINA	DATE: DECEMBER 26, 2021

Dear Mr. Rechard Li,

The Sales Contract are well received. Thank you for your quick action. We will sign the Sales Contract later today and then fax back to you.

Letter of credit will be issued tomorrow.

Best regards,

Franco S.H.

Purchasing Manager

SEMPRRA ENTERPRISE LTD.

5.审证、改证

售货确认书签订之后，古巴公司开来信用证如下：

```
**********RECEIVED MESSAGE ****              DEC-27-2021 11：23       PAGE NO.:
Status  :  MESSAGE DELIVERED
Station  :    1                    BEGINNING OF MESSAGE
RCVD      * FIN/Session/OSN      :F01     6460        070304
RCVD      * Own Address         : COMMCNSHADLN    BANK OF CHINA
RCVD      *                                       DALIAN
RCVD      *                                       （DALIAN BRANCH）
RCVD      * Output Message Type  :700             ISSUE OF A DOCUMENTARY CREDIT
RCVD      * Input Time           :1101
RCVD      * MIR                  :121220BNACCUHHAXXX8919302222
RCVD      * Sent by             : BNACCUHHAXXX    BENST NACIONAL DE CUBA
RCVD      *                                       LA HABANA
RCVD      *
RCVD      * Output Date/Time     :211227/0157
RCVD      * Priority             : Normal
RCVD      * MUR
RCVD      *27  /  SEQUENCE OF TOTAL
RCVD      *        1/1
RCVD      *20  /  DOCUMENTARY CREDIT NUMBER
RCVD      *        C0702345
RCVD      *31C/  DATE OF ISSUE
RCVD      *        211227
RCVD      *                      DEC-27-2021
RCVD      *40E/  APPLICABLE RULES
RCVD      *        UCP LATEST VERSION
RCVD      *31D/  DATE AND PLACE OF EXPIRY
RCVD      *        220225 CHINA
RCVD      *                      FEB-25-2022
RCVD      *50  /  APPLICANT
RCVD      *        SEMPRRA ENTERPRISE LTD.
RCVD      *        586#, NACION ROAD,
RCVD      *        HABANA DE CUBA
RCVD      *59  /  BENEFICIARY-NAME & ADDRESS
RCVD      *        TIME STATIONERY IMP. & EXP. CO., LTD.
RCVD      *        493 DONGBEI ROAD, SHAHEKOU
RCVD      *        DISTRICT, DALIAN, CHINA.
RCVD      *32B/  CURRENCY CODE, AMOUNT
RCVD      *        USD 50 800.00
RCVD      *                              US Dollar 50 800.00
RCVD      *
RCVD      *41D/  AVAILABLE WITH...BY?-NAME&ADDR
RCVD      *        ANY BANK, IN CHINA
RCVD      *        BY NEGOTIATION
RCVD      *42C/  DRAFTS AT...
RCVD      *        SIGHT
RCVD      *42D   DRAWEE-NAME & ADDRESS
RCVD      *        ISSUING BANK
RCVD      *43P/  PARTIAL SHIPMENTS
```

```
RCVD      *        NOT ALLOWED
RCVD      *43T/    TRANSSHIPMENT
RCVD      *        ALLOWED
RCVD      *44A/    ON BOARD/DISP/TAKING CHARGE AT/F
RCVD      *        DALIAN PORT, CHINA
RCVD      *44B/    FOR TRANSPORTATION TO?
RCVD      *        HAVANA PORT, CUBA
RCVD      *44C/    LATEST DATE OF SHIPMENT
RCVD      *        220217
RCVD      *                             FEB-17-2022
RCVD      *45A/    DESCRIPTION OF GOODS &/OR SERVICE
RCVD      *        WOODEN PENCIL WITH ERASER
RCVD      *        20000 GROSSES AT USD 2.26/GROSS
RCVD      *        FOB DALIAN PORT, CHINA
RCVD      *46A/    DOCUMENTS REQUIRED
RCVD      *        +MANUALLY SIGNED COMMERCIAL INVOICE IN TRIPLICATE.
RCVD      *        +2/3 CLEAN ON BOARD OCEAN BILLS OF LADING MADE OUT TO THE
RCVD      *        ORDER OF ISSUING BANK MARKED FREIGHT COLLECT AND NOTIFY APPLICANT
RCVD      *        +PACKING LIST IN TRIPLICATE.
RCVD      *        +CERTIFICATE OF ORIGIN APPROVED BY CCIPT.
RCVD      *        +QUALITY CERTIFICATE ISSUED BY BENEFICIARY.
RCVD      *        +INSPECTION CERTIFICATE OF QUANTITY, WEIGHT AND CONTAINER VISUAL,
RCVD      *        STUFFING ISSUED BY S.I.S CUBA CONTROL OR CCIC.
RCVD      *        +BENEFICIARY'S DECLARATION STATING HAVING SENT 1/3 OF ORIGINAL OF
RCVD      *        BILL OF LADING AND COPIES OF THE REST SHIPPING DOCUMENTS TO
RCVD      *        APPLICANT WITHIN 48 HOURS AFTER SHIPMENT.
RCVD      *47A/    ADDITIONAL CONDITIONS
RCVD      *        +WITHIN 3 DAYS AFTER THE SHIPPING DATE, THE BENEFICIARY SHALL NOTIFY
RCVD      *        BY THE TELEX, FAX OR E-MAIL TO THE APPLICANT THE FOLLOWING DATA OF THE
RCVD      *        SHIPMENT:
RCVD      *        A) NUMBER OF CONTRACT
RCVD      *        B) NUMBER OF BILL OF LADING
RCVD      *        C) NUMBER OF CONTAINER (S)
RCVD      *        D) NAME OF VESSEL
RCVD      *        E) NAME OF COMMODITY AND QUANTITY
RCVD      *        F) NET AND GROSS WEIGHT IN KILOGRAM
RCVD      *        G) VALUE OF SHIPPED COMMODITIES
RCVD      *        H) DESTINATION PORT
RCVD      *        +MAKING SHIPPING MARK AS N/M
RCVD      *        +TRANSSHIPMENT PERMITTED ONLY ON TERRITORY OUTSIDE OF THE U.S.A.
RCVD      *        JURISDICTION.
RCVD      *        +TO ADVISING BANK: KINDLY COLLECT YOUR ADVISING COMMISSION
RCVD      *        BEFORE RELEASING THE DOCUMENTARY CREDIT TO BENEFICIARY.
RCVD      *        +IF DOCUMENTS PRESENTED ARE FOUND TO BE DISCREPANT, PLEASE
RCVD      *        STATE DISCREPANCIES NOTED
RCVD      *71R/    CHARGE
RCVD      *        ALL BANK CHARGES OUTSIDE CUBA
RCVD      *        ARE FOR BENEFICIARY'S ACCOUNT
RCVD      *48  /   PERIOD FOR PRESENTATION
RCVD      *        WITHIN 7 DAYS AFTER THE DATE OF
RCVD      *        SHIPMENT BUT WITHIN THE VALIDITY OF
```

RCVD	*	THE CREDIT
RCVD	*49 /	CONFIRMATION INSTRUCTIONS
RCVD	*	WITHOUT
RCVD	*76 /	INSTR TO PAYG/ACCPTG/NEGOTG BANK
RCVD	*	IN REIMBURSEMENT OF YOUR PAYMENTS WE SHALL COVER YOU AT MATURITY
RCVD	*	+THE AMOUNT OF EACH DRAWING TO BE ENDORSED ON THE REVERSE
RCVD	*	SIDE OF THIS CREDIT BY THE NEGOTIATION BANK
RCVD	*	+IN CASE DOCUMENTS PRESENTED WITH DISCREPANCY（IES）
RCVD	*	A DISCREPANCY FEE OF USD50.00 OR EQUIVALENT PLUS OUR TELEX/SWIFT
RCVD	*	EXPENSES（IF APPLICABLE）WILL BE DEDUCTED FROM THE PROCEEDS
RCVD	*72 /	SENDER TO RECEIVER INFORMATION
RCVD	*	ALL DOC MUST BE SENT IN ONE LOT
RCVD	*	BY DHL TO ISSUING BANK
RCVD	*	AGUIAR NO. 236 ENTRE AMARGURE Y
RCVD	*	LAMPARILLA, HABANA VIEJA,
RCVD	*	LA HABANA, CUBA
RCVD	*	
RCVD	*	
RCVD	*MAC:	Authentication Code
RCVD	*	00000000
RCVD	*CHK:	CheckSum
RCVD	*	BFBAA31B7DE3
RCVD	*SAC:	SWIFT Authentication Correct
RCVD	*COP:	P: CBT Primary Copy
RCVD	*	

User requested copy from OMHQ

　　请参照实训指导中的审证原则和方法对收到的信用证进行认真细致的审核，并给古巴公司写一封信，列明不符点，要求其迅速改证。之后不久，收到对方复函如下：

SEMPRRA ENTERPRISE LTD.
ADD.: 586#, NACION ROAD, HABANA DE CUBA
TEL: 537-873-6554　　FAX: 537-873-6556
E-MAIL: SEMPRRA @INFO.CU

RE: INQUIRY OF PENCIL

TO：TIMES STATIONERY IMP. & EXP. CO., LTD.	ATTN.: MR. RECHARD LI
493 DONGBEI ROAD, SHAHEKOU	FAX NO.: +86-411-84687542
DISTRICT, DALIAN, CHINA.	DATE：DECEMBER 30, 2021

Dear Mr. Rechard Li,

　　After discussion with our bank, the changes requested by you have been made to Letter of Credit No. C0702345. The amendment of L/C is expected to reach you after new year's holiday.

Best regards,
Franco S.H.
Purchasing Manager
SEMPRRA ENTERPRISE LTD.

6.履约准备

不久，收到银行改证通知及信用证修改通知书如下：

中国银行
BANK OF CHINA

BANK OF CHINA DALIAN BRANCH
　　　　ADDRESS：659# ZHONGSHAN.
　　　　SQUARE, DALIAN, CHINA
　　　　TELEX：33045 BOCSH E CN
　　　　SWIFT：BKCHCMBJ300
　　　　PHONE：0411-82634512
　　　　FAX：0411-82634511

修 改 通 知 书
Notification of Amendment

2022/01/04

To: 致: TIMES ENTERPRISE CO., LTD.		WHEN CORRESPONDING PLEASE QUOTE OUR REF. NO.	NO. 0812-33
Issuing Bank 开证行		Transmitted to us through 转递行 REF NO.	
L/C NO. 信用证号 C0702345	DATED 开证日期 DEC-27-2021	Amount 金额 USD 50 800.00	EXPIRY PLACE 有效地 LOCAL
EXPIRY DATE 效期 BEFORE THIS AMENDMENT 修改前 FEB-25-2022	TENOR 期限 30 DAYS	CHARGE 未付费用 RMB 300.00	CHARGE BY 费用承担人 BENE
RECEIVED VIA 来证方式 SWIFT	AVAILABLE 是否生效 VALID	TEST/SIGN 印押是否相符 YES	CONFIRM 我行是否保兑 NO
AMEND NO. 修改次数 1	AMEND DATE 修改日期 2022/01/04	INCREASE AMT 增额 USD 0.00	DECREASE AMT 减额 USD 0.00

DEAR SIRS, 迳启者：
WE HAVE PLEASURE IN ADVISING YOU THAT WE HAVE RECEIVED FROM THE A/M BANK A（N）
AMENDMENT TO THE CAPTIONED L/C, CONTENTS OF WHICH ARE AS PER ATTACHED SHEET（S）.
兹通知贵司，我行自上述银行收到修改一份，内容见附件。

THIS AMENDMENT SHOULD BE ATTACHED TO THE CAPITIONED L/C ADVISED BY US, OTHERWISE,
THE BENEFICIARY WILL BE RESPONSIBLE FOR ANY CONSEQUENCES ARISING HEREFROM
本修改须附有关信用证，否则，贵公司须对此而产生的后果承担责任。

REMARKS: 备注:

THIS L/C CONSISTS OF __TWO__ SHEET（S）, INCLUDING THE COVERING LETTER AND ATTACHMENT（S）.
本信用证连同面函及附件共　2　页纸。
KINDLY TAKE NOTE THAT THE PARTIAL ACCEPTANCE OF THE AMENDMENT IS NOT ALLOWED.
本修改不能部分接受。
THIS AMENDMENT IS ADVISED SUBJECT TO ICC UCP PUBLICATION NO. 600.
本修改之通知系遵循国际商会跟单信用证统一惯例第600号出版物办理。

YOURS FAITHFUL
BANK OF CHINA DALIAN BRA'NCH
中国银行大连分行

信用证修改通知书

```
******RE CEIVED MESSAGE ****            4-JAN-2022 09:30              PAGE NO.: 1925

Status      : MESSAGE DELIVERED

Station     : 1                    BEGINNING OF MESSAGE

RCVD        * FIN/Session/OSN      : F01      6460          070304

RCVD        * Own Address          : COMMCNSHADLN        BANK OF CHINA

RCVD        *                                            DALIAN

RCVD        *                                            (DALIAN BRANCH)

RCVD        * Output Message Type   : 700                ISSUE OF A DOCUMENTARY CREDIT

RCVD        * Input Time            : 0925

RCVD        * MIR                   : 121220BNACCUHHAXXX8919302222

RCVD        * Sent by               : BNACCUHHAXXX        BENST NACIONAL DE CUBA

RCVD        *                                            LA HABANA

RCVD        *

RCVD        * Output Date/Time      : 220104/0630

RCVD        * Priority              : Normal

RCVD        * MUR

RCVD        *
------------------------------------------------------------------------------------
RCVD        * 20 /   SENDER'S REFERENCE

RCVD        *        384010021947

RCVD        * 21 /   RECEIVER'S REFERENCE

RCVD        *        NON REF

RCVD        * 52A/   ISSUING BANK

RCVD        *

RCVD        *

RCVD        * 31C/   DATE OF ISSUE

RCVD        *        211227

RCVD        *                 DEC-27-2021

RCVD        * 30 /   DATE OF AMENDMENT

RCVD        *        220104

RCVD        *                 JAN-04-2022

RCVD        * 26E /  NUMBER OF AMENDMENT

RCVD        *        1

RCVD        * 59 /   BENEFICIARY-NAME & ADDRESS (BEFORE THIS AMENDMENT)

RCVD        *        TIME STATIONERY IMP. & EXP. CO., LTD.

RCVD        *        493 DONGBEI ROAD, SHAHEKOU

RCVD        *        DISTRICT, DALIAN, CHINA.

RCVD        * 79 /   NARRATIVE
```

RCVD	*	1-ON FIELD 31D NEW DATE OF EXPIRY MAR 5,2022
RCVD	*	2-ON FIELD 59 UNDER BENEFICIARY-NAME & ADDRESS MUST NOW READ:
RCVD	*	TIMES STATIONERY IMP.& EXP.CO.,LTD.
RCVD	*	3-ON FIELD 35A DESCRIPTION OF GOODS AND/OR SERVICE,ADD CONTRACT NO.
RCVD	*	CUBA08-1225
RCVD	*	4-ON FIELD 46A DOCUMENTS REQUIRED,
RCVD	*	+CHANGE 2/3 CLEAN ON BOARD OCEAN BILLS OF LADING... TO 3/3 CLEAN ON BOARD
RCVD	*	BILLS OF LADING...
RCVD	*	+ DELETE: BENEFICIARY'S DECLARATION STATING HAVING SENT 1/3 OF ORIGINAL OF
RCVD	*	BILL OF LADING AND COPIES OF THE REST SHIPPING DOCUMENTS TO
RCVD	*	APPLICANT WITHIN 48 HOURS AFTER SHIPMENT.
RCVD	*	6-ON FIELD 48 PERIOD FOR PRESENTATION CHANGE 7 DAYS TO 15 DAYS.
RCVD	*	
RCVD	*	OTHERWISE UNCHANGED.
RCVD	*	
RCVD	*	
RCVD	*	

RCVD	* MAC: Authentication Code
RCVD	* 6588FBA5
RCVD	* CHK: CheckSum
RCVD	* 4DAF2B97D6DC
RCVD	*

RCVD	* SAC: SWIFT Authentication Correct
RCVD	* COP: P: CBT Primary Copy
RCVD	*

User requested copy from OMHQ

在收到信用证修改通知并审核无误后，准备履行合同，填写履约明细表。

7.订舱

首先制作商业发票（发票号码：CUBA08-1225）及装箱单，然后填制出口货物订舱委托书向船公司订舱。

8.出口报关

收到配舱回执后，填制出口货物报关单，向海关办理货物的出口申报手续。

9.出口货物投保

出口报关完成后，请根据相关信息填写出口货物投保单，向保险公司办理投保手续。

10.发出装运通知

出口货物在海关验讫放行（即收到盖有海关验讫放行章的装货单）后，即可办理货物的装运手续。装船完毕后，应向古巴公司发出货物装运通知。装运通知的内容主要包括：合同号码、货物名称、货物金额、货物数量、包装件数、承运船名、运输航次、提单号码、发票号码、信用证号码。

11.出口单据制作及审核

根据实训指导中的单据制作要求及信用证的具体规定，缮制全套出口单据。

全套出口单据制作完毕后，请按照纵横交错法，对单据进行审核，如有不符点，及时改正。在确保全套出口单据完全符合信用证规定后，再次向议付行交单。

12.出口业务善后工作

在收到出口货款后，给古巴公司发一封善后函。

【参考答案】

1.建立业务关系函

TIMES STATIONERY IMP. & EXP. CO., LTD.
493 DONGBEI ROAD, SHAHEKOU DISTRICT, DALIAN, CHINA
TEL: +86–411–84687543, FAX: +86–411–84687542
E-MAIL: SALES@DLTIMES.COM.CN

TO: SEMPRRA ENTERPRISE LTD.	TEL: 537–873–6554	
ADD.: 586#, NACION ROAD,	FAX: 537–873–6556	
HABANA DE CUBA	E-MAIL: SEMPRRA @INFO.CU	
ATTN.: FRANCO S.H.	DATE: DECEMBER, 10, 2021	

RE: COMPANY INTRODUCTION

Dear Mr. Franco, S.H.

With full humility and respect, we would like to introduce ourselves as an experienced manufacturer of pencils in the north of China.

Our company was founded in year 1969 in north of China, where is rich of forest and woods. Since then, we have been acting as a leading manufacturer of pencils for more than 30 years in China. With qualified resources of raw material and skillful workers, we started exporting pencils in recent years and have gained trust from many oversea customers.

For more details of our company and products, please visit our website:

http://www.dltimes.com.cn. Please feel free to contact us if you are interested in any item listed.

Best regards,

Rechard Li

Sales Manager

TIMES STATIONERY IMP. & EXP. CO., LTD.

2.出口报价核算及发盘函

出口报价核算结果见综合案例表2-3、综合案例表2-4、综合案例表2-5。

综合案例表2-3　　　　　　Item 1868#出口报价核算表

Item 1868#	核算过程	核算结果	单位
货物总体积	0.37m×0.55m×0.28m×1 000箱	56.98	立方米
货物总毛重	21kgs×1 000箱	21	公吨
实际成本	14.4×（1+13%－11%）÷（1+13%）	12.9982	CNY/单位
退税收入	14.4÷（1+13%）×11%	1.4018	CNY/单位
国内费用	（1 000+800+560+8×1 000）÷20 000罗	0.518	CNY/单位
国际运费			CNY/单位
保险费			CNY/单位
FOB报价	（12.9982+0.518）÷[（1－10%）×6.2]	2.42	USD/unit

综合案例表2-4　　　　　　Item 1968#出口报价核算表

Item 1968#	核算过程	核算结果	单位
货物总体积	0.37m×0.55m×0.28m×1 000箱	56.98	立方米
货物总毛重	22kgs×1 000箱	22	公吨
实际成本	15.84×（1+13%－11%）÷（1+13%）	14.2981	CNY/单位
退税收入	15.84÷（1+13%）×11%	1.5419	CNY/单位
国内费用	（1 000+800+560+8×1 000）÷20 000罗	0.518	CNY/单位
国际运费			CNY/单位
保险费			CNY/单位
FOB报价	（14.2981+0.518）÷[（1－10%）×6.2]	2.66	USD/unit

综合案例表2-5　　　　　　Item 2012#出口报价核算表

Item 2012#	核算过程	核算结果	单位
货物总体积	0.37m×0.55m×0.28m×1 000箱	56.98	立方米
货物总毛重	21.5kgs×1 000箱	21.5	公吨
实际成本	17.28×（1+13%－11%）÷（1+13%）	15.5979	CNY/单位
退税收入	17.28÷（1+13%）×11%	1.6821	CNY/单位
国内费用	（1 000+800+560+8×1 000）÷20 000罗	0.518	CNY/单位
国际运费			CNY/单位
保险费			CNY/单位
FOB报价	（15.6554+0.518）÷[（1－10%）×6.2]	2.90	USD/unit

发盘函如下：

TIMES STATIONERY IMP. & EXP. CO., LTD.
493 DONGBEI ROAD, SHAHEKOU DISTRICT, DALIAN, CHINA
TEL: +86−411−84687543, FAX: +86−411−84687542
E-MAIL: SALES@DLTIMES.COM.CN

TO: SEMPRRA ENTERPRISE LTD.	TEL: 537−873−6554
ADD.: 586#, NACION ROAD,	FAX: 537−873−6556
HABANA DE CUBA	E-MAIL: SEMPRRA @INFO.CU
ATTN.: FRANCO S.H.	DATE: DECEMBER, 16, 2021

RE: QUOTATION

Dear Mr. Franco, S.H.

Thank you for your quick reply. Please find our below quotation:

Item 1868# USD 2.42/Gross FOB Dalian, China

Item 1968# USD 2.66/Gross FOB Dalian, China

Item 2012# USD 2.90/Gross FOB Dalian, China

Packing: 144 pcs/1 gross to be packed in an plain white box; 20 boxes to be packed in a carton.

MOQ: 1×40′ container / 10 000 cartons

Validity: 10 days

Payment: L/C at sight

Delivery: 50 days after issuance of L/C

Best regards,

Rechard Li

Sales Manager

TIMES STATIONERY IMP. & EXP. CO., LTD.

3. 还盘核算及还盘函

还盘核算结果见综合案例表2-6。

综合案例表2-6　　　　　　　　**还盘核算过程记录表**

item 1968#	核算过程	核算结果	单位
货物总体积	0.37m×0.55m×0.28m×2 000箱	113.96	立方米
货物总毛重	22kgs×2 000箱	44	公吨
实际成本	15.84×（1+13%−11%）÷（1+13%）	14.2981	CNY/单位
退税收入	15.84÷（1+13%）×11%	1.5419	CNY/单位
国内费用	（1 000+800+560+8×1 000）÷20 000罗	0.518	CNY/单位
国际运费			CNY/单位
保险费			CNY/单位
FOB报价	（14.2981+0.518）÷[（1−6%）×6.2]	2.54	USD/unit
预期利润	（2.54×6.2+1.5419−15.84−0.518）×20 000	18 638.00	CNY

还盘函：

TIMES STATIONERY IMP. & EXP. CO., LTD.

493 DONGBEI ROAD, SHAHEKOU DISTRICT, DALIAN, CHINA
TEL: +86–411–84687543, FAX: +86–411–84687542
E-MAIL: SALES@DLTIMES.COM.CN

TO:　SEMPRRA ENTERPRISE LTD.　　　TEL:　　537–873–6554

ADD.: 586#, NACION ROAD,　　　　　FAX:　　537–873–6556

　　　HABANA DE CUBA　　　　　　　E-MAIL: SEMPRRA @INFO.CU

ATTN.: FRANCO S.H.　　　　　　　　DATE:　　DECEMBER, 20, 2021

RE: COUNTER OFFER

Dear Mr. Franco, S.H.

Thank you for your quick reply. After our recalculation, and considering the initiation of our business, we firm offer as follows:

Item 1968# USD 2.54/Gross FOB Dalian, China

Packing: 144 pcs/1 gross to be packed in an plain white box; 20 boxes to be packed in a carton.

MOQ: 1×40′ container / 10000 cartons

Validity: 3 days

Payment: L/C at sight

Delivery: 50 days after issuance of L/C

As the Dollar is still depreciating, please confirm as soon as possible.

Best regards,

Rechard Li

Sales Manager

TIMES STATIONERY IMP. & EXP. CO., LTD.

　4. 签约操作

　　售货确认书制作如下：

SALES CONTRACT

No：CUBA08-1225

Date：DEC. 25，2021

Seller：Times Stationery Imp. & Exp. CO.，Ltd.

　　　493 Dongbei Road，Shahekou District，Dalian，China

Buyer：Semprra Enterprise Ltd.

　　　586#，Nacion Road，Habana De Cuba

　　Tel：537-873-6554　　　Fax：537-873-6556

This contract is made by and between the Sellers and the Buyers; Whereby the Sellers agree to sell and the Buyers agree to buy the under-mentioned goods according to the terms and conditions stipulated below and overleaf:

(1) Names of commodity and specification	(2) Quantity /gross	(3) Unit price	(4) Amount
Wooden Pencil With Eraser Item No. 1968#	20 000	FOB Dalian, China USD 2.54/ GRS	USD50 800.00

TOTAL: US DOLLAR FIFTY THOUSAND AND EIGHT HUNDRED ONLY

(5) Packing: one gross to be packed in a plain white inner box; 20 boxes to be packed in a carton.

(6) Port of Loading: Dalian port, China.

(7) Port of Destination: Havana port, Cuba.

(8) Shipping Marks: as per buyer's indication.

(9) Time of Shipment: Within 50 days after receipt of L/C, allowing transhipment.

(10) Terms of Payment:

By 100% Confirmed, Irrevocable and Sight Letter of Credit to remain valid for negotiation in China until the 15th day after shipment.

(11) Insurance: to be effected by the Buyer.

(12) The Buyer shall establish the covering Letter of Credit within 3 days after this contract is signed; failing which, the Seller reserves the right to rescind this Sales Contract without further notice, or to accept whole or any part of this Sales Contract, non-fulfilled by the Buyer, of to lodge claim for direct losses sustained, if any.

(13) Documents: The Sellers shall present to the negotiating bank, Clean On Board Bill of Lading, Invoice, Quality Certificate issued by the China Certification & Inspection (Group) Co., Ltd. or the Manufacturers, Survey Report on Quantity/ Weight issued by the China Certification & Inspection (Group) Co., Ltd.

(14) For this contract is signed on FOB basis, the Buyer shall book shipping space within 3 days after receipt of notice from the Seller, failing which the Seller could book shipping space by themselves and on the Buyer'.

(15) Quality/Quantity Discrepancy; In case of quality discrepancy, claim should be filed by the Buyer within 30 days after the arrival of the goods at port of destination; while for quantity discrepancy, claim should be filed by the Buyer within 15 days after the arrival of the goods at port of destination. It is understood that the Seller shall not be liable for any discrepancy of the goods shipped due to causes for which the Insurance Company, Shipping Company, other transportation organizations and/or Post Office are liable.

(16) The Seller shall not be held liable for failure or delay in delivery of the entire lot or a portion of the goods under this Sales Contract in consequence of any Force Majeure incidents.

（17）Arbitration：

All disputes in connection with this contract or the execution thereof shall be settled friendly through negotiations. In case no settlement can be reached， the case may then be submitted for arbitration to China International Economic And Trade Arbitration Commission in accordance with the provisional Rules of Procedures promulgated by the said Arbitration Commission. The arbitration shall take place in Beijing and the decision of the Arbitration Commission shall be final and binding upon both parties; neither party shall seek recourse to a law court nor other authorities to appeal for revision of the decision. Arbitration fee shall be borne by the losing party. Or arbitration may be settled in the third country mutually agreed upon by both parties.

（18）The Buyer is requested always to quote THE NUMBER OF THE SALES CONTRACT in the Letter of Credit to be opened in favour of the Seller.

Seller：	Buyer：
Times Stationery Imp. & Exp. CO., Ltd.	Semprra Enterprise Ltd.

Our Contract Template Database is complied in accordance with laws of P.R.China. This English document is translated according to its Chinese version. In case of discrepancy， the original version in Chinese shall prevail.

5. 审证、改证

改证函如下：

TIMES STATIONERY IMP. & EXP. CO., LTD.

493 DONGBEI ROAD, SHAHEKOU DISTRICT, DALIAN, CHINA
TEL: +86-411-84687543, FAX: +86-411-84687542
E-MAIL: SALES@DLTIMES.COM.CN

TO: SEMPRRA ENTERPRISE LTD.	TEL: 537-873-6554
ADD.: 586#, NACION ROAD,	FAX: 537-873-6556
HABANA DE CUBA	E-MAIL: SEMPRRA @INFO.CU
ATTN.: FRANCO S.H.	DATE: DECEMBER, 29, 2021

RE: AMENDMENT TO L/C

Dear Mr. Franco, S.H.

We confirm receipt of the Letter of Credit. It looks fine but we need you to make following amendments to it:

1.31D/DATE AND PLACE OF EXPIRY

   Please change this to Mar. 5, 2022

2.59/ BENEFICIARY-NAME & ADDRESS

Please change this to TIMES STATIONERY IMP. & EXP. CO., LTD.

3.45A/ DESCRIPTION OF GOODS &/OR SERVICE

Please mention our contract number.

4.46A/DOCUMENTS REQUIRED

Please delete the last one, which is against the usual practice of L/C:

BENEFICIARY'S DECLARATION STATING HAVING SENT 1/3 OF ORIGINAL OF BILL OF LADING AND COPIES OF THE REST SHIPPING DOCUMENTS TO APPLICANT WITHIN 48 HOURS AFTER SHIPMENT.

5.48/ PERIOD FOR PRESENTATION

Please change this to 15 days.

Your early reply will be highly appreciated.

Best regards,

Rechard Li

Sales Manager

6.履约准备

TIMES STATIONERY IMP. & EXP. CO., LTD.

493 DONGBEI ROAD，SHAHEKOU DISTRICT，DALIAN，CHINA
TEL：+86-411-84687543，　　FAX：+86-411-84687542
E-MAIL：SALES@DLTIMES.COM.CN

履约明细表

合同号码：CUBA08-1225　　　　合同日期：Dec. 25，2021　　　　　　填制人：李勤昌

履约环节

⊙托运	⊙报检　　类型：CIP 质量和包装检验
○投保	⊙认证　　类型：CCPIT 原产地认证
⊙报关	⊙装运

货物明细

货号	品名	单价	数量	包装方式	包装件数	单件包装信息				
						长 cm	宽 cm	高 cm	毛重 kg	净重 kg
1968#	Wooden Pencil With Eraser	USD 2.54	20 000gross	1 GRS/Box 20 Boxes/CTN	1 000 CTNS	3.7	5.5	2.8	22	21

贸易术语：FOB Dalian，China　　　　　运输标志：　　　　　　N/M

信用证明细

信用证号码：C0702345	证到日期：Dec. 27，2021	开证日期：Dec. 27，2021
是否经过修改：经过一次修改	信用证修改通知书日期：Jan. 4，2022	信用证到期日：Mar. 5，2022
开证行：BENST NACIONAL DE CUBA，LA HABANA	通知行：Bank of China	议付行：Any bank in China

装运明细

装运港：Dalian，China	目的港：Havana，Cuba	装运方式：By sea
装运期限：Feb. 17，2022	分批装运：不允许	转运：允许（不允许在美国领土）

单据明细

金融单据：	⊙汇票	○本票	○支票
发票：	⊙商业发票	○形式发票	○海关发票
包装单据：	⊙装箱单	○重量单	○尺码单
运输单据：	⊙海运提单	○空运单	○承运收据
保险单据：	○保险单	○保险凭证	
原产地证明：	⊙商会一般原产地证明		○普惠制原产地证明
检验证书：	⊙生产厂商检验证书		⊙CIQ检验证书
证明单据：	○受益人证明		○船公司证明
其他单据：	无		
交单期限：	不迟于运输单据签发后15天，且在信用证有效期内		

单据要求

金融单据		
出票人	TIMES STATIONERY IMP. & EXP. CO., LTD.	
提交份数	一式两份	
受票人	BENST NACIONAL DE CUBA, LA HABANA	汇票金额	USD50 800.00
		付款期限	AT SIGHT
信用证中的特别要求：		

发票	
单据名称	Commercial Invoice
出具人	TIMES STATIONERY IMP. & EXP. CO., LTD.
提交份数	一式三份
货物描述	Wooden Pencil With Eraser FOB Dalian, China Shipping Marks: N/M
信用证中的特别要求：发票须经手签	

包装单据	
单据名称	Packing List
出具人	tTIMES STATIONERY IMP. & EXP. CO., LTD.
提交份数	一式三份
信用证中的特别要求：	

运输单据	
单据名称	Bill of Lading
出具人	船公司
提交份数	两份正本
收货人	To order of BENST NACIONAL DE CUBA, LA HABANA
被通知方	开证申请人
信用证中的特别要求：注明运费到付	

保险单据	
单据名称	
出具人	
提交份数	
保险金额	
保险险别	
信用证中的特别要求：	

原产地证明	
单据名称	Certificate of origin
出具人	中国国际贸易促进委员会 CCPIT
提交份数	一式两份
信用证中的特别要求：	

检验证书	
单据名称	Inspection certificate for quality，weight，and container visual，stuffing
出具人	海关检疫
提交份数	一式两份

信用证中的特别要求：

生产厂商检验证书	
单据名称	Quality certificate
出具人	TIMES STATIONERY IMP. & EXP. CO.，LTD.
提交份数	一式两份

证明单据	
单据名称	
出具人	
提交份数	

其他单据	
单据名称	
出具人	
提交份数	

7.订舱

商业发票填制如下：

TIMES STATIONERY IMP. & EXP. CO., LTD.

ADD：493 DONGBEI ROAD, SHAHEKOU DISTRICT, DALIAN, CHINA

COMMERCIAL INVOICE

INVOICE NO.: CUBA08-1225   DATE: FEB 10, 2022

ACCOUNTEE：SEMPRRA ENTERPRISE LTD. 586#, NACION ROAD, HABANA DE CUBA	SHIPPING MARKS & NOS.
SHIPPED BY：SEA	
FROM：DALIAN PORT, CHINA TO：HAVANA PORT, CUBA	N/M
TERM: L/C NO.C0702345	

DESCRIPTION OF GOODS	QTY	UNIT PRICE	AMOUNT
WOODEN PENCIL WITH ERASER CONTRACT NO.: CUBA08-1225	20 000 GROSSES	FOB DALIAN PORT, CHINA US$2.54/GROSS	USD50 800.00
		TOTAL	USD50 800.00

装箱单填制如下：

TIMES STATIONERY IMP. & EXP. CO., LTD.

ADD: 493 DONGBEI ROAD, SHAHEKOU DISTRICT, DALIAN, CHINA

PACKING LIST

INVOICE NO.: CUBA08-1225　　　　　　　　　　DATE：FEB 10, 2022

ACCOUNTEE：SEMPRRA ENTERPRISE LTD. 586#, NACION ROAD, HABANA DE CUBA	SHIPPING MARKS & NOS.
SHIPPED BY：SEA	
FROM：DALIAN PORT, CHINA　　　HAVANA 　　　　　　　　　　　　TO： PORT, CUBA	N/M
TERM：L/C NO.C0702345	

DESCRIPTION OF GOODS	QTY	NET WEIGHT	GROSS WEIGHT	MAESUREMENT
WOODEN PENCIL WITH ERASER CONTRACT NO.: CUBA08-1225	20 000 GROSSES 1 000 CTNS	21 000 KGS	22 000 KGS	57 M^3 1×40' ONTAINERS
TOTAL:	1 000 CTNS	21 000 KGS	22 000 KGS	57 M^3

订舱委托书填制如下（仅供参考，本案无须制作）：

BOOKING　INSTRUCTION

SHIPPER TIMES STATIONERY IMP. & EXP CO., LTD. 493 DONGBEI ROAD SHAHEKOU DISTRICT DALIAN, CHINA	TO: DONGDA SHIPPING CO., LTD. FROM: TIMES STATIONERY IMP. & EXP. CO., LTD.
CONSIGNEE TO THE ORDER OF BENST NACIONAL DE CUBALA HABANA	ETD: FEB. 15, 2022

NOTIFY PARTY SEMPRRA ENTERPRISE LTD. 586#, NACION ROAD, HABANA DE CUBA	
PRE-CARRIGE BY　　　　　　　PLACE OF RECEIPT	
OCEAN VESSL　VOY.NO.　PORT OF LOADING 　　　　　　　　　　　DALIAN PORT, CHINA	

PORT OF DISCHARGE　　PLACE OF DELIVERY 　　　　　　　　　　HAVANA PORT, CUBA	FINAL DESTINATION FOR THE MARCHANT'S REFERENCE

CONTAINER NO.	SEAL NO. MARKS & NOS.	NO. OF CONTS OR P KGS.	KIND OF PACKAGES:DESCRIPTION OF GOODS	GROSS WEIGHT	MEASUREMENT
	N/M	1 000 CTNS	WOODEN PENCIL WITH ERASER CONTRACT NO. CUBA08-1225	22 TONS	57 M^3 1×40'CONTAINER

TOTAL NUMBER OF CONTAINERS OR PACKAGES（IN WORDS）	SAY ONE THOUSAND CARTONS ONLY

PACKAGE NO. WEIGHT	GROSS WEIGHT MEASUREMENT	MEASUREMENT	PACKAGE NO.	GROSS

TTL RECEIVED:

FREIGHT RATE （各项运费）：

PAYMENT TERMS（付款条款）：FREIGHT PREPAID　CY/CY

8. 出口报关

出口货物报关单填制如下：

中华人民共和国海关出口货物报关单

预录入编号：099635561　　　　　海关编号：099635561

出口口岸		备案号		出口日期 22.02.21		申报日期 22.02.20
大连海关						
经营单位		运输方式 江海运输	运输工具名称 DONG FAH		提运单号 DF081002	
大连时代文具进出口有限公司						
发货单位		贸易方式 一般贸易　0110	征免性质 一般征税（101）		结汇方式 信用证	
大连时代文具进出口有限公司						
许可证号		运抵国（地区） 古巴　（416）	指运港 哈瓦那		境内货源地 大连其他	
批准文号		成交方式 FOB	运费	保费	杂费	
合同协议号 CUBA08-1225		件数 1 000	包装种类 其他	毛重（千克） 22 000	净重（千克） 21 000	
集装箱号 DFHU4458879		随附单据		生产厂家 大连时代文具进出口有限公司		
标记唛码及备注 N/M						

项号	商品编号	商品名称、规格型号	数量及单位	最终目的国(地区)	单价	总价	币制	征免
1	9601090000	铅笔	288万支	古巴 （416）	2.54	50 800.00	USD美元	照章纳税

税费征收情况

录入员　　录入单位	兹声明以上申报无讹并承担法律责任	海关审单批注及放行日期（签章）	
报关员　张磊		审单　　　　审价	
		征税　　　　统计	
	申报单位（签章）	查验　　　　放行	
单位地址　大连市沙河口区东北路493号	大连时代文具进出口有限公司		
邮编 116024　电话 0411-84687543　填制日期 22.02.20		签发官员：李丰 签发日期：2022-02-20	

9. 发出装运通知

装运通知书填制如下：

TIMES STATIONERY IMP. & EXP. CO., LTD.

ADD: 493 DONGBEI ROAD, SHAHEKOU DISTRICT, DALIAN, CHINA

SHIPPING ADVICE

INVOICE NO.: CUBA08-1225　　　　　　　　　　　　　DATE：FEB. 17, 2022

TO：SEMPRRA ENTERPRISE LTD.

586#, NACION ROAD,

HABANA DE CUBA

NUMBER OF CONTRACT:	CUBA08-1225
NUMBER OF BILL OF LADING:	DF081002
NUMBER OF CONTAINER（S）:	DFHU4458879
NAME OF VESSEL:	DONG FAH
SHIPPED ON BOARD:	15-Feb-22
DESTINATION:	HAVANA PORT, CUBA
NUMBER OF L/C:	C0702345

NAME OF COMMODITY	QUANTITY	NET WEIGHT	GROSS WEIGHT	VALUE OF SHIPPED COMMODITIES
WOODEN PENCIL WITH ERASER CONTRACT NO.: CUBA08-1225	20 000 GROSSES	21 000 KGS	22 000 KGS	USD50 800.00

10. 出口单据制作及审核

全套出口单据制作如下：

（1）发票：见参考答案7。

（2）装箱单：见参考答案7。

（3）装运通知：见参考答案9。

（4）提单：提单填制如下。

BILL OF LADING

		CRN No.	File Reference
Shipper TIME STATIONERY IMP. & EXP. CO., LTD. ADD: 493 DONGBEI ROAD, SHAHEKOU DISTRICT, DALIAN, CHINA		Bill of Lading No. DF081002	Date of Issue Feb. 15, 2022

Consignee
TO THE ORDER OF BENST NACIONAL DE CUBA LA HABANA

DONGDA SHIPPING CO., LTD.

Notify address
SEMPRRA ENTERPRISE LTD. 586#, NACION ROAD, HABANA DE CUBA

Container No. DFHU4458879	Date of Shipment
Pre-carriage by	Place of receipt by pre-carrier

ORIGINAL

Vessel DONG FAH	Port of loading DALIAN PORT, CHINA
Port of discharge HAVANA PORT, CUBA	Place of delivery

Marks and Nos.	Number and kind of packages; description of goods	Gross weight	Measurement
N/M DF304DL458879/788655F	1 000 CTNS WOODEN PENCIL WITH ERASER CONTRACT NO. CUBA08−1225 L/C NUMBER: C0702345 CLEAN ON BOARD & FREIGHT COLLECT TRANSSHIPMENT PERMITTED ONLY ON TERRITORY OUTSIDE OF THE U.S.A. JURISDICTION. TOTAL: ONE THOUSAND CARTONS ONLY IN ONE 40' CONTAINER Particulars furnished by the Merchant	22 000KGS	57M³ 1×403' CONTAINER

Freight payable as per agreement but deemend Earned ship and/or cargo lost or not lost.

Excess Value Declaration: Refer to Clause 6（4）（B）+（C）on reverse side

FEB.15, 2022

RECEIVED by the Carrier the Goods as specified above in apparent good order and condition unless otherwise stated to be transported to such place as agreed. Authorised or permitted herein and subject to all the terms and conditions appearing on the front and reverse of this Bill of Lading to which the merchant agrees by accepting this Bill of Lading. Any local privileges and customs notwithstanding. The particulars given above as stated by the shipper and the weight, measure, quantity, condition, contents and value of the Goods are unknown to the Carrier. In WITNESS whereof one（1）original Bill of Lading has been signed if not Otherwise stated above, the same being accomplished the other（s）. If any, to be void. If required by the Carrier one（1）original Bill of Lading must be Surrendered duly endorsed in exchange for the Goods or delivery order. Place and date of issue

TRANSCARGO
CALLE SAN PEDRO NO 1 ALTOS DE LA ADUANA HABANA VIEJA, CIUDAD HABANA, CUBA
TELEF: 86271234（DIRECTTO）   PIZARRA: 86735A66
ATT: ARMANDU ARRELCO

Signature

DONGDA SHIPPING CO., LTD.
李勤昌

JURISDICTION AND LAW CLAUSE
The contract evidenced by or contained in this Bill of Lading is governed by the law of United Kingdom and any claim or dispute arising hereunder or in connection herewith shall be Determined by the Courts in the Hongkong and no other Court.

DONGDA SHIPPING CO., LTD.

Number of original Bs/L **THREE**	on behalf of the Carrier Dongda Shipping CO., Ltd. As Agents

（5）原产地证：原产地证填制如下。

ORIGINAL

1.Exporter TIME STATIONERY IMP. & EXP. CO., LTD. ADD: 493 DONGBEI ROAD, SHAHEKOU DISTRICT, DALIAN, CHINA	Certificate No.: 45896542221 **CCIPT** **CERTIFICATE OF ORIGIN** **OF** **THE PEOPLE′S REPUBLIC OF CHINA**
2.Consignee TO THE ORDER OF BENST NACIONAL DE CUBALA HABANA	
3.Means of transport and route FROM DALIAN PORT, CHINA TO HAVANA PORT, CUBA BY SEA	5.For certifying authority use only
4.Country / region of destination HAVANA PORT, CUBA	

6. Marks and numbers	7. Number and kind of packages; description of goods	8.H.S.Code	9.Quantity	10.Number and date of invoices
N/M	ONE THOUSAND（1000）CTNS OF WOODEN PENCIL WITH ERASER CONTRACT NO.: CUBA08-1225 ONE 40' CONTAINER	9601090000	20 000 GROSSES 22 000 KGS	CUBA08-1225 DATED FEB. 10, 2022

****

| 11.Declaration by the exporter
The undersigned hereby declares that the above details and statements are correct, that all the goods were produced in China and that they comply with the Rules of Origin of the People's Republic of China.

TIMES STATIONERY IMP. & EXP. CO., LTD.
张 妍

DALIAN FEB. 15, 2022 | 12.Certification
It is hereby certified that the declaration by the exporter is correct.

中国国际贸易促进委员会
单据证明专用章
CHINA COUNCIL FOR THE PROMOTION OF INTERNATIONAL TRADE
（DALIAN）
李明凡

DALIAN FEB. 15, 2022 |
| Place and date, signature and stamp of authorized signatory | Place and date, signature and stamp of certifying authority |

（6）检验证书：正本检验证书填制如下。

中国检验认证集团上海有限公司
CCIC Dalian CO., LTD.   **ORIGINAL**

Room 1702, No.361，Renmin Road,
Zhongshan District, Dalian, China
P.C：116001
Tel: 0411-82651324, 82651325
Fax: 0411-82651323

Inspection Certificate

Certificate No.: DL/HM0860
Date: FEB. 12, 2022

Applicant: TIME STATIONERY IMP. & EXP. CO., LTD.
　　　　ADD: 493 DONGBEI ROAD, SHAHEKOU DISTRICT, DALIAN, CHINA

Consignor: TIME STATIONERY IMP. & EXP. CO., LTD.
　　　　ADD: 493 DONGBEI ROAD, SHAHEKOU DISTRICT, DALIAN, CHINA

Consignee: TO THE ORDER OF BENST NACIONAL DE CUBALA HABANA

Commodity: WOODEN PENCIL WITH ERASER
　　　　CONTRACT NUMBER CUBA08-1225

Quantity/Weight declared: 20 000 GROSSES / 22 000 KGS

Invoice No.: CUBA08-1225

Letter of Credit No.: C0702345

Shipping Marks: N/M

THE SHIPMENT OF WOODEN PENCIL WITH ERASER CONTRACT NUMBER CUBA08-1225
HAS BEEN INSPECTED AT APPLICANT'S WAREHOUSE BEFORE LOADING ON QUANTITY,
WEIGHT, CONTAINER VISUAL AND STUFFING. RESULTS OF INSPECTION IS AS BELOW:

CONTAINER NO.: DFHU4458879
SEALING NO.: 788655F
TOTAL QUANTITY: 20 000 GROSSES / 1 000 CTNS
TOTAL GROSS WEIGHT OF COMMODITY: 22 000 KGS

THE VISUAL OF THE CONTAINER AND STUFFING OF GOODS WERE FOUND TO BE OK AND
SUITABLE TO SEA TRANSPORTATION.

For and on behalf of
CCIC Dalian Co., Limited
******　　　　黄 建 华
Authorized signature(s)

This report is issued without prejudice to the liabilities to the parties concerned.

（7）出口人声明：出口人声明填制如下。

TIMES STATIONERY IMP. & EXP. CO., LTD.

493 DONGBEI ROAD, SHAHEKOU DISTRICT, DALIAN, CHINA
TEL: +86-411-84687543, FAX: +86-411-84687542
E-MAIL: SALES@DLTIMES.COM.CN

TO:　SEMPRRA ENTERPRISE LTD.　TEL:　537-873-6554
ADD.:　586#, NACION ROAD,　FAX:　537-873-6556
　　　HABANA DE CUBA　E-MAIL: SEMPRRA @INFO.CU
ATTN.: FRANCO S.H.　DATE:　FEB 15, 2022
RE:　Quality certificate

QUALITY CERTIFICATE

CONTRACT NO.: CUBA08-1225

L/C NO.: C0702345

INVOICE NO.: CUBA08-1225

BILL OF LADING NO.: DF081002

DESCRIPTION OF COMMODITY: WOODEN PENCIL WITH ERASER

CONTRACT NO. CUBA08-1225

WE HEREBY CERTIFY THAT THE GOODS OF WOODEN PENCIL WITH ERASER CONTRACT NO. CUBA08-1225 HAVE BEEN SENT TO SEMPRRA ENTERPRISE LTD AND THE QUALITY IS SATISFIED TO THE REQUIREMENTS AGREED IN CONTRACT NO. CUBA08-1225.

FEB.15, 2022

（8）汇票:汇票填制如下。

BILL OF EXCHANGE

No　DLBOCCN085

For　USD50,800.00　　　DALIAN　　　FEB. 28, 2022

At _____　sight of this FIRST bill of exchange （SECOND of the same

tenor and date unpaid）Pay to _____ **BANK OF CHINA** _____ or order the sum of

SAY US DOLLAR FIFTY THOUSAND AND EIGHT HUNDRED ONLY

Drawn under　**BENST NACIONAL DE CUBA**

L/C No　C0702345　　　Dated　　　DEC. 27, 2022

To

BENST NACIONAL DE CUBA

LA HADBANA

TIMES STATIONERY IMP. & EXP. CO., LTD.

张　妍

11. 出口业务善后工作

善后函草拟如下：

TIMES STATIONERY IMP. & EXP. CO., LTD.

493 DONGBEI ROAD, SHAHEKOU DISTRICT, DALIAN, CHINA
TEL: +86-411-84687543, FAX: +86-411-84687542
E-MAIL: SALES@DLTIMES.COM.CN

TO:SEMPRRA ENTERPRISE LTD.	**TEL:537-873-6554**
ADD.:586#, NACION ROAD,	**FAX:537-873-6556**
HABANA DE CUBA	**E-MAIL:SEMPRRA @INFO.CU**
ATTN.:FRANCO S.H.	**DATE:MARCH 1, 2022**

RE: BUSINESS COMPLETION

Dear Mr. Franco, S.H.

We are pleased to have received USD 50 800.00 against L/C No. C0702345 under Contract No. CUBA08-1225. Your cooperation is highly appreciated.

Through joint effort, the first deal between us two parties has been done successfully. We ensure you that the quality of the shipment will meet your request entirely to make a good conclusion of this transaction. We believe this is a good start of a long termed business relation which will befinite both of us.

Please never hesitate to contact us fur future inquiries. Your repeated orders will receive our immediate and careful attention.

Looking forward to cooperating with you again soon.

Best regards,

Rechard Li

Sales Manager

综合案例三 黎明公司出口案

【基础信息】

1.我国出口公司和丹麦进口公司基本情况

黎明进出口有限公司（以下简称黎明公司）名址：

DAWNING TRADING CORPORATION

26TH FLOOR，SHIMAO BUILDING，22 PUDONG ROAD，SHANGHAI，CHINA

TEL：86-21-64331256，FAX： 86-21-64331257

丹麦进口公司（以下简称丹麦公司）名址：

EUROASIA CO.，A/S

NO.25，VIGERSLEY ALLE，DK-2500 VALBY，COPENHAGEN，DENMARK

TEL：（01）401555，FAX：（01）401666

E-MAIL ADDRESS： euroasia@yahoo.com

黎明公司在 2021 年 6 月 1 日的《亚洲资源》（The Asian Source）上得知，丹麦公司欲求购中国产的自行车。

2.黎明公司产品信息

商品：	永久牌山地自行车
货号：	YE803／TE600
颜色：	蓝、绿、红、紫、白
包装方式：	每纸箱一辆
尺码：	120×76×50cm/纸箱
毛/净重：	33/28kgs
供货单价（含税）：	YE803：310元/辆
	TE600：350元/辆
增值税税率：	13%
出口退税率：	9%

国内费用：

> 出口包装费每辆 10 元
>
> 整批货物（两个货号 1 200 辆）共需仓储费 500 元
>
> 国内运杂费 1 000 元
>
> 商检费 650 元
>
> 报关费 50 元
>
> 港口费 800 元
>
> 业务费 2 000 元
>
> 其他 1 000 元

上海至哥本哈根出口运费：

> 拼箱每运费吨 103 美元
>
> 20′整箱 2 065 美元
>
> 40′整箱 3 935 美元

保险： 发票金额加 10% 投保一切险和战争险，费率分别为 0.6% 和 0.3%

预期利润率： 成交价格的 10%

付款方式： 即期信用证

人民币兑美元汇率： 6.2∶1

【操作要求】

1.草拟建立业务关系函

请根据基础资料，并参照撰写建交信的基本要求，在 2021 年 6 月 5 日给丹麦公司发一封要求建立业务关系的信函，要求格式完整、正确，主要内容包括公司介绍、可提供的产品介绍（永久牌（Forever Brand）、凤凰牌（Phoenix Brand）等），说明另邮寄样本，并表达期待尽快与对方达成具体交易的热切愿望等。

2.出口报价核算及发盘函

收到黎明公司建立业务关系函后，丹麦公司回函如下：

EUROASIA CO.， A/S

NO.25，Vigerslev Alle，Dk-2500 Valby，Copenhagen，Denmark

Telephone：（01）401555　　　　Fax：（01）401666

TO: DAWNING TRADING CORP.   **FAX: 86-21-64331256**

2021/6/6

Dear Sirs,

We have received your letter and your catalog. We are glad to learn your desire of establishing business relations with us.

For your information, after studying your catalog carefully, we found that "Forever" brand YE803 26' and TE600 24' bicycles are quite suitable for the Denish market. We would like to place an order for 600 sets each with delivery during AUG, 2021.

Please kindly check and inform by return if you are able to supply and quote us your rock bottom prices for these two items on the basis of CIFC5 COPENHAGEN with details about packing, color assortment, insurance and means of payment.

Your immediate and careful attention to this matter would be highly appreciated. We look forward to your favorable reply.

With best Regards.

Manager

请根据上述回函首先进行出口报价核算，列出详尽的计算过程（结果保留4位小数，最后报价取2位小数），然后写一封发盘函，详细回答客户提出的问题，告知对方交易的基本条款，即期信用证支付，收到信用证后30日装运。并敦促对方尽快作出决定。

3. 出口还价及还盘函

黎明公司发盘后，收到丹麦公司还盘如下：

EUROASIA CO., A/S

NO.25, Vigerslev Alle, Dk-2500 Valby, Copenhagen, Denmark

Telephone: (01) 401555   Fax: (01) 401666

TO: DAWNING TRADING CORP.   **FAX: 86-21-64331256**

2021/6/8

Dear Sirs,

We are glad to receive your letter, together with your quotation.

After studying your quotation, we have to say that your prices are unacceptable. The market price for bicycles are falling here, meanwhile, we have received many quotations recently and some of which are about 10% lower than yours. May we suggest that you find a better supplier and lower your cost. To speed up our business, we can tell you that the highest prices we can accept are as follows:

YE803 26′ USD87.00 per set CIFC5 Copenhagen

TE600 24′ USD93.00 per set CIFC5 Copenhagen

By the way, we can accept your trade terms listed in your letter except the terms of payment.We can only accept payment by L/C at 30 days sight.

Please take these matters into serious consideration and give us your favorable reply with the least possible delay.

Yours faithfully

Manager

根据上述还盘进行核算，首先计算根据丹麦公司的还价，黎明公司总利润额还剩多少元人民币？利润率又为多少？再计算，若接受对方价格，而黎明公司利润率降为6%，在其他条件不变的情况下，国内收购价（含税）应当降为多少？最后写出还盘函，提出对方还价难以接受，重新报出采购价格不变和公司利润率为6%的CIFC5哥本哈根的价格，报价有效期为3天并告知公司可以接受30天远期信用证付款。

4.签约操作

收到黎明公司的还盘函后，丹麦公司复函如下：

EUROASIA CO., A/S

NO.25，Vigerslev Alle，Dk-2500 Valby，Copenhagen，Denmark

Telephone：（01）401555　　　　Fax：（01）401666

TO：DAWNING TRADING CORP.　　　　FAX：86-21-64331256

2021/6/10

Dear Sirs，

Your quotation has been accepted and we are glad to place our order No.9711 as follows：

FOREVER BRAND BICYCLE：

YE803 26′ USD 92.31 per set CIFC5 Copenhagen 600 sets

TE600 24′ USD 99.05 per set CIFC5 Copenhagen 600 sets

Total Amount：USD 114 816.00

Assortment of colors：Blue，green，red，purple and white equally assorted with single color in one container.

Shipment：To be effected during AUG.，2021.

Other terms and conditions remain the same as we agreed in our previous mails.

As this is the first transaction between us，we will be pleased if you make the inspection and ship the goods on time for the urgent need. When the goods are ready for shipment, please send us shipping advice by e-mail to facilitate making the necessary arrangement.

We are looking forward to your Sales Confirmation and thank you in advance.

Yours faithfully
Manager

请根据双方往来函电确认的交易条件，制作售货确认书（编号：JH-FLSSC01），要求条款内容全面、具体。然后，致函丹麦公司，告知随函附寄售货确认书，请其会签并寄回一份，并要求其按约开出信用证。之后，收到丹麦公司回函如下：

EUROASIA CO., A/S

NO.25, Vigerslev Alle, Dk-2500 Valby, Copenhagen, Denmark

Telephone：（01）401555　　　　Fax：（01）401666

TO：DAWNING TRADING CORP. 　　　　**FAX：86-21-64331256**

2021/7/5

Dear Sirs,

We acknowledge receipt of your Sales Confirmation No.JH-FLSSC01 with great pleasure. We have countersigned it and returned one for your file as requested.

Meanwhile we have instructed our bank, West LB（Europa）A.G. to open the relevant L/C in your favor, which will arrive at your end in couple of days.

Please pay your best attention to the quality of the goods, the delivery time as well as other terms specified in this S/C. If the result of your execution of this order turns out to be satisfactory, we will be sure to place you regular orders in the near future.

Yours faithfully
Manager

5.审证、改证

售货确认书签订之后，丹麦公司开来信用证。请参照实训指导的审证原则和方法对收到的信用证进行认真细致的审核，并给丹麦公司写一封信，列明不符点，要求其迅速改证。信用证如下：

West LB（Europa）A. G.

P. O. BOX 2230，3000 CE Copenhagen，Denmark	IRREVOCABLE DOCUMENTARY CREDIT

Cable Stanchart Telex 24108（SCBR NL） Telephone（010）4365322	OUR REFERENCE FLS-JHLC01	DATE OF ISSUE JULY 27TH, 2021

THIS IS AN OPERATIVE CREDIT INSTRUMENT	DATE OF EXPIRY: SEPTEMBER 15TH,2021 PLACE OF EXPIRY: AT OUR COUNTER

Documents to be presented within 15 days after the date of issuance of the transport document（s）but within the validity of the credit.

APPLICANT EUROASIA CO., A/S NO.25, Vigerslev Alle, DK-2600 Valby Copenhagen Denmark Fax:（01）401666	BENEFICIARY DAWNING TRADING CORP. 26th Floor, Shimao Building, 22 Pudong Road, Shanghai, China
ADVISING BANK Bank of China 23, Zhongshan Dong Yi Lu, Shanghai P.R. of China	AMOUNT USD 114 816.00 SAY US DOLLARS ONE HUNDRED AND FOURTEEN THOUSAND EIGHT HUNDRED AND SIXTEEN ONLY.

Partial shipments ALLOWED	Transshipment ALLOWED	Credit available with ADVISING BANK BY NEGOTIATION
Shipment/Despatch/Taken in charge from/at Shanghai Not later than: AUGUST 31TH, 2021 To: COPENHAGEN		against presentation of the documents detailed herein and of your draft（s）at 30 DAYS SIGHT drawn on OUR BANK

DOCUMENTS REQUIRED：

　　– Signed commercial invoice in 3 copies mentioning L/C no. and vessel's name., together with beneficiaries' declaration confirming that one set of non-negotiable docs. has to be sent to the applicant.

　　– 2/3 original clean shipped on board marine bill of lading issued to order and endorsed in blank, marked freight prepaid and notify the applicant.

　　– GSP Form A in duplicate, issued and signed by the Commodity Inspection Bureau in Shanghai.

　　– Marine insurance policy in duplicate endorsed in blank for 110 percent of the invoice value against all risks & war risk, subject to CIC dated 1.1.2009. claims to be payable in Denmark in currency of the draft.

　　– Packing list in 3-fold showing color assortment of each art no., gross weight, net weight and measurement of each package.

　　–1/3 original clean shipped on board marine bill of lading should be airmailed to the applicant within 48hours after shipment effected, A statement of the same is required in negotiation.

　　– Beneficiaries copy of fax to the applicant, advising shipping details including name of vessel, voyage no. L/C no. B/L no. quantity shipped, no. of packages, total amount, name of 2nd vessel（if possible）within 24 hours after shipment effected.

　　SPECIAL INSTRUCTIONS：　　　　　　　　+ Transshipment is allowed only in Hong Kong.

　　GOODS：

S/C.NO.FLS9711："FOREVER" BRAND BICYCLE 600 SETS YE803 24' @USD 82.23/SET & 600 SETS TE600 26' @USD87.75/SET

　　CIFC5 COPENHAGEN　　　　　　　　　　　　　SHIPPING MARK：FLS

　　INSTRUCTIONS FOR NEGOTIATING BANK：　　　　　　　　9711

　　– Documents to be sent to us by registered airmail in two sets　　COPENHAGEN

　　– We will cover you upon receipt of documents in order.　　　　1-1200

　　West LB（Europa）A.G.

　　　　　　　　　　　　　　ADEL　　　　　　　　　　JONG
　　　　　　　　　　　　G.Den Adel（A570）　　　W.E. de Jong（A573）

SUBJECT TO UNIFORM CUSTOMS AND PRACTICE FOR DOCUMENTARY CREDITS（2007 REV.）I.C.C. PUBLICATION NO. 600

之后不久，收到对方复函如下：

EUROASIA CO., A/S

NO.25，Vigerslev Alle，Dk-2500 Valby，Copenhagen，Denmark

Telephone：（01）401555   Fax：（01）401666

TO：DAWNING TRADING CORP.	FAX：86-21-64331256

2021-8-2

Dear Sirs,

We have received your letter of L/C amendment. We are sorry to hear that the relevant L/C contains several discrepancies. Anyhow, after careful study of your letter, we have instructed our banker to make the necessary amendment accordingly. We think you will receive the L/C Amendment in due time, and we are sure that you have fully prepared for the shipment.

We are looking forward to receiving your shipping advise.

Yours faithfully

Manager

6.履约准备

2021年8月3日，收到银行信用证修改通知书如下：

West LB（Europa）A.G.

P. O. BOX 2230

3000 CE Copenhagen

Denmark

DOCUMENTARY CREDIT

Cable Stanchart Telex 24108 （SCBR NL） Telephone （010）4365322	OUR REFERENCE FLS-JHLC01	DATE OF ISSUE JULY 27TH, 2021
THIS IS AN OPERATIVE AMENDMENT OF CREDIT INSTRUMENT	DATE OF EXPIRY：SEPTEMBER 15TH, 2021 PLACE OF EXPIRY：IN CHINA	
Documents to be presented within 15 days after the date of issuance of the transport document （s） but within the validity of the credit.		
APPLICANT EUROASIA CO., A/S NO.25，Vigerslev Alle，DK-2500 Valby Copenhagen Denmark Fax：（01）401666	BENEFICIARY DAWNING TRADING CORP. 26TH FLOOR, SHIMAO BUILDING, 22 PUDONG ROAD,SHANGHAI, CHINA	
ADVISING BANK Bank of China 23，Zhongshan Dong Yi Lu，Shanghai P.R. of China	THIS AMENDMENT IS TO BE CONSIDERED AS PART OF THE ABOVE CREDIT AND MUST BE ATTACHED THERETO.	

DEAR SIR（S）:

THE LETTER OF CREDIT REFERENCED ABOVE IS AMENDED AS FOLLOWS：

*The place of expiry：In China，in stead of "at our counter"；

*The address of applicant is NO.25，Vigerslev，Alle，DK-2500 Valby，Copenhagen，Denmark，in stead of 'DK-2600...'

*The name of the goods is YE803 26′ and TE600 24′，in stead of YE803 24′ and TE6C0 26′.

*Delete the clause "1/3 original B/L..."

*3/3，not 2/3 original clean shipped on board marine bill of lading are required.

*The S/C number should be JH-FLSSC01，instead of FLS9711.

*Transshipment is allowed anywhere，instead of "Transshipment is allowed only in Hong Kong".

ALL OTHER TERMS AND CONDITIONS REMAIN UNCHANGED

YOURS FAITHFULLY

West LB（Europa）A.G.

<u>ADEL</u>   <u>JONG</u>

G.Den Adel （A570）   W.E. de Jong （A573）

SUBJECT TO UNIFORM CUSTOMS AND PRACTICE FOR DOCUMENTARY CREDITS I.C.C. PUBLICATION NO.600

在收到信用证修改通知并审核无误后，准备履行合同，填写履约明细表。

7.订舱

首先制作商业发票（发票号码：JH-FLSINV01）及装箱单，然后填制出口货物订舱委托书向船公司订舱。

8.出口报关

收到配舱回单后，填制出口货物报关单，向海关办理货物的申报出口手续。

9.出口货物投保

出口报关完成后，请根据相关信息填写出口货物投保单，向保险公司办理投保手续。

10.发出装运通知

出口货物在海关验讫放行后，即可办理货物的装运手续。装船完毕后，应向丹麦公司发出货物装运通知。装运通知的内容主要包括合同号码、货物名称、货物金额、货物数量、包装件数、承运船名、运输航次、提单号码、发票号码、信用证号码。

11.出口单据制作及审核

根据操作指南中的单据制作要求及国外银行开来的信用证中的具体规定，缮制全套出口单据。

全套出口单据制作完毕后，请按照纵横交错法，对单据进行审核，如有不符点及时改正。在确保全套出口单据完全符合信用证的规定后，再次向议付行交单。

12.出口业务善后工作

在收到出口货款后，给丹麦客户发一封善后函。

【参考答案】

1.建立业务关系函

黎 明 贸 易 公 司
DAWNING TRADING CORPORATION

ADD.: 26TH FLOOR, SHIMAO BUILDING, 22 PUDONG ROAD, SHANGHAI, CHINA	TEL: 86-21-64331256, FAX:: 86-21-64331257
TO: EUROASIA CO., A/S	FAX: (01) 401666

2021/6/5

Dear Sir/Madame,

We have your name and address from the Asian Source and are glad to learn your interest in Chinese bicycles.

We have been in the light industrial field since 1975 and have grown to become one of the leading Imp. & Exp. companies in China, dealing with a wide range of commodities like bicycles, traditional Chinese handicrafts, and so on. We are exporting bicycles of various brands among which "Forever" and "Phoenix" Brand are the most famous ones. By keeping the principle of "EXCELLENT QUALITY, COMPETITIVE PRICE, SUPERIOR SERVICE", we have won a very good reputation from all of our customers.

Through our study of European market, bicycle, because of its cheap-price, convenience, non-air-pollution, and a good means of keeping fit, has received a warmer welcome in recent years. So we are quite sure that our products will meet the requirements of your customers.

By taking this opportunity, we hope to extend our business relationship with you and our illustrated catalogs will be sent to you by separate post. Please do not hesitate to specify the items which interest you and send us your inquiry by return. You will certainly enjoy the best cooperation provided by us.

Yours faithfully,
Manager

2.出口报价核算及发盘函

货号：YE803 26′

（1）实际成本=310−（310÷1.13）×9%=310−24.69=285.31（元）

（2）国内费用=10+（500+1 000+650+50+800+2 000+1 000）÷1 200=15.00（元/辆）

（3）出口运费：用40′集装箱装最合适

55÷（1.2×0.76×0.5）=120（箱/集装箱）（取整）

3 935÷120×6.2=203.31（元/箱）

（4）出口报价。

$$CIFC5 = \frac{285.31 + 15 + 203.31}{1 - 110\% \times 0.9\% - 5\% - 10\%}$$

=599.48（元/辆）=96.69（美元/辆）

货号：TE600 24′

（1）实际成本=350−（350÷1.13）×9%=350−27.88=322.12（元）

（2）国内费用=10+（500+1 000+650+50+800+2 000+1 000）÷1 200=15.00（元/辆）

（3）出口运费：用40′集装箱装最合适

55÷（1.2×0.76×0.5）=120（箱/集装箱）（取整）

3 935÷120×6.2=203.31（元/箱）

（4）$$CIFC5 = \frac{322.12 + 15 + 203.31}{1 - 110\% \times 0.9\% - 5\% - 10\%}$$

=643.29（元/辆）=103.76（美元/辆）

发盘函如下：

黎 明 贸 易 公 司
DAWNING TRADING CORPORATION

ADD.： 26TH FLOOR，SHIMAO BUILDING，	TEL：86−21−64331256，
22 PUDONG ROAD，	
SHANGHAI，CHINA	FAX：：86−21−64331257
TO：EUROASIA CO.，A/S	FAX：（01）401666

2021/6/7

Dear Sirs,

Thank you for your letter inquiring for our Forever Brand Bicycles. Based on your requirement，we are glad to inform you that we can supply YE803 26′ and TE600 24′ bicycles with the favorable quotation as follow：

FOREVER BRAND BICYCLE：

YE803　26′ USD 96.69　per set　CIFC5 Copenhagen　600 SETS

TE600　24′ USD 103.76　per set　CIFC5 Copenhagen　600 SETS

Available colors：blue; green; red; purple; white.

Packing：To be packed in cartons of one set each，120 cartons to a 40′ container.

Shipment：Shipment is effected during August on the condition that the relevant L/C arrives by the end of July.

Payment：Payment shall be made by an Irrevocable Sight Letter of Credit for full contract value through a bank acceptable to the Seller.

The above quotation is valid within 7 days.

You will find that the prices quoted are very reasonable and in case you need more information，we shall be only too glad to answer you at any time. We are looking forward to receiving an order from you.

Yours faithfully，

Manager

3.还盘核算及还盘函

还盘核算：

（1）客户还价后的利润额和利润率：

货款总收入=（87×600+93×600）×6.2=（52 200+55 800）×6.2

$\qquad$=108 000×6.2=669 600（元）

实际总成本=购货总成本−总退税收入

$\qquad$=（310×600+350×600）−（310×600+350×600）÷（1+13%）×9%

$\qquad$=364 460.18（元）

国内费用=10×1 200+500+1 000+650+50+800+2 000+1 000=18 000（元）

出口运费=3 935×10×6.2=243 970.00（元）

出口保费=669 600×110%×0.9%=6 629.04（元）

客户佣金=669 600×5%=33 480（元）

利润总额=货款总收入−实际总成本−国内费用−出口运费−出口保费−客户佣金

$\qquad$=669 600 −364 460.18−18 000−243 970.00−6 629.04−33 480

$\qquad$=3 060.78（元）

利润率=3 060.78÷669 600×100% =0.46%

（2）假设客户还价不变，出口利润率下调为6%，国内采购价格（含税）应为：

采购价格=销售收入−利润−佣金−出口保费−出口运费−国内费用+退税额

设采购价格为X

YE803：

X=87.00×（1−6%−5%−110%×0.9%）×6.20−3 935÷120×6.20−1 800÷120+X÷（1+13%）×9%

X−X÷（1+13%）×9%=87.00×（1−6%−5%−110%×0.9%）×6.20−3 935÷120×6.20−1 800÷120

0.92X=87×0.88×6.20−203.31−15

X=256.36÷0.92=278.65（元）

TE600：

X=93.00×（1−5%−6%−110%×0.9%）×6.20−3 935÷120×6.20−1 800÷120+X÷(1+13%)×9%

X−X÷（1+13%）×9%=93.00×（1−5%−6%−110%×0.9%）×6.20−3 935÷120×6.20−1 800÷120

0.92X=93.00×0.88×6.20−203.31−15

X=314.24（元）

（3）采购价格无法降低，公司利润率下调至6%条件下的CIFC5：

YE803：

　购货成本−退税收入+国内费用+运费+保费+佣金+预期利润

=[（310−24.69+15）÷6.20+32.79]÷（1−110%×0.9%−5%−6%）

=[48.44+32.79]÷0.88 =92.31（美元/辆）

TE600：

　购货成本−退税收入+国内费用+运费+保费+佣金+预期利润

=[（350−27.88+15）÷6.2+32.79]÷（1−110%×0.9%−5%−6%）

=[54.37+32.79]÷0.88=99.05（美元/辆）

还盘函如下：

黎 明 贸 易 公 司
DAWNING TRADING CORPORATION

ADD.: 26TH FLOOR, SHIMAO BUILDING,	TEL: 86−21−64331256,
22 PUDONG ROAD,	
SHANGHAI, CHINA	FAX:: 86−21−64331257

TO: EUROASIA CO., A/S　　　　　FAX：（01）401666

2021/6/9

Dear Sirs,

　　We have carefully considered the opinion you expressed in your mail of counter offer. We are doing the best to set our price as low as possible without a sacrifice of quality in searching the suitable suppliers. Though we may possibly accept your payment term, i.e. by L/C at 30 days sight, we have to regretfully point out that the price mentioned in your mail are unacceptable.

　　Considering the excellent quality submitted and the continual rise in export cost, it is almost impossible for us to make any further reduction. However, in view of the initial transaction between us and the special character of your market, we have decided to give you the following favorable quotation, which is the utmost we can do:

FOREVER BRAND BICYCLE:

YE803 26′: USD 92.31 per set CIFC5 Copenhagen

TE600 24′: USD 99.05 per set CIFC5 Copenhagen

　　Since this offer is valid only for 3 days, please take this advantage and give us your acceptance by E-mail as soon as possible.

Yours faithfully,

Manager

4.签约操作

签约操作函如下：

黎 明 贸 易 公 司
DAWNING TRADING CORPORATION

ADD.: 26TH FLOOR, SHIMAO BUILDING,	TEL: 86-21-64331256,
22 PUDONG ROAD,	
SHANGHAI, CHINA	FAX: 86-21-64331257
TO: EUROASIA CO., A/S	FAX: (01) 401666

2021/7/1

Dear Sirs,

Many thanks for your order No.9711 and we are sending you our signed Sales Confirmation No. JH-FLSSC01 in duplicate. Please counter sign and return for our file.

As the shipment date is approaching, please immediately instruct your bank to issue the relevant L/C in our favor otherwise the shipment date may be delayed.

Yours faithfully,

Manager

售货确认书如下：

SALES CONFIRMATION

S/C No.: JH-FLSSC01

Date: 2021.7.1

The Seller: DAWNING TRADING CORP.
Address: 26TH FLOOR, SHIMAO
BUILDING,
22 PUDONG ROAD,
SHANGHAI, CHINA

The Buyer: EUROASIA CO., A/S
Address: NO.25, VIGERSLEV ALLE,
DK-2500 VALBY,
COPENHAGEN, DENMARK

Item No.	Commodity & Specifications	Unit	Quantity	Unit Price (USD)	Amount (USD)
	FOREVER BRAND BICYCLE			**CIFC5% COPENHAGEN**	
1	YE803 26'	SET	600	92.31	55 386
2	TE600 24'	SET	600	99.05	59 430
Total					114 816.00

TOTAL CONTRACT VALUE:

SAY US DOLLARS ONE HUNDRED FOURTEEN THOUSAND EIGHT HUNDRED AND SIXTEEN ONLY

PACKING: TO BE PACKED IN CARTONS OF ONE SET EACH,
TOTAL 1 200 CARTONS.

PORT OF LOADING FROM SHANGHAI CHINA TO COPENHAGEN, DENMARK.
& DESTINATION:

TIME OF SHIPMENT: TO BE EFFECTED BEFORE THE END OF AUG., 2021WITH PARTIAL SHIPMENT AND TRANSSHIPMENT ALLOWED

TERMS OF PAYMENT: THE BUYER SHALL OPEN THROUGH A BANK ACCEPTABLE TO THE SELLER AN IRREVOCABLE LETTER OF CREDIT PAYABLE AT 30 DAYS' SIGHT WHICH SHOULD REACH THE SELLER BY THE END OF JULY AND REMAIM VALID FOR NEGOTIATION IN CHINA UNTIL 15TH DAY AFTER THE DATE OF SHIPMENT.

INSURANCE: THE SELLER SHALL COVER INSURANCE AGAINST ALL RISKS AND WAR RISK FOR 110% OF THE TOTAL INVOICE VALUE AS PER THE RELEVANT OCEAN MARINE CARGO CLAUSES OF THE PEOPLE'S INSURANCE COMPANY OF CHINA DATED 1/1/2009.

Confirmed by:

THE SELLER   **THE BUYER**

DAWNING TRADING CORP.   **EUROASIA CO., A/S**

（signature）   （signature）

OTHER CONDITIONS:

1. The Buyer shall have the covering letter of credit reach the Seller 30 days before shipment, failing which the Seller reserves the right to rescind without further notice, or to regard as still valid whole or any part of this contract not fulfilled by the Buyer, or to lodge a claim for losses thus sustained, if any.

2. In case of any discrepancy in Quality/Quantity, claim should be filed by the Buyer within 130 days after the arrival of the goods at port of destination; while for quantity discrepancy, claim should be filed by the Buyer within 150 days after the arrival of the goods at port of destination.

3. For transactions concluded on C.I.F. basis, it is understood that the insurance amount will be for 140% of the invoice value against the risks specified in the Sales Confirmation. If additional insurance amount or coverage required, the Buyer must have the consent of the Seller before Shipment, and the additional premium is to be borne by the Buyer.

4. The Seller shall not hold liable for non-delivery or delay in delivery of the entire lot or a portion of the goods hereunder by reason of natural disasters, war or other causes of Force Majeure, However, the Seller shall notify the Buyer as soon as possible and furnish the Buyer within 15 days by registered airmail with a certificate issued by the China Council for the Promotion of International Trade attesting such event（s）.

5. All deputies arising out of the performance of, or relating to this contract, shall be settled through negotiation.In case no settlement can be reached through negotiation, the case shall then be submitted to the China International Economic and Trade Arbitration Commission for arbitration in accordance with its arbitral rules.The arbitration shall take place in Shanghai. The arbitral award is final and binding upon both parties.

6. The Buyer is requested to sign and return one copy of this contract immediately after receipt of the same. Objection, if any, should be raised by the Buyer within 15 days otherwise it is understood that the Buyer has accepted the terms and conditions of this contract.

7. Special conditions：（These shall prevail over all printed terms in case of any conflict.）

5.审证、改证

改证函如下：

黎 明 贸 易 公 司
DAWNING TRADING CORPORATION

ADD.: 26TH FLOOR，SHIMAO BUILDING，	TEL：86-21-64331256，
22 PUDONG ROAD，	
SHANGHAI，CHINA	FAX：86-21-64331257
TO：EUROASIA CO.，A/S	FAX：（01）401666

2021/8/1

Dear Sirs，

We are very glad to receive your L/C No. FLS-JHLC01，but we are quite sorry to find that it contains some discrepancies with the S/C. Please instruct your bank to amend the L/C as quickly as possible.

The L/C is to be amended as follows：

* The place of expiry shall be "In China"，in stead of "at our counter".

* The address of applicant is NO.25，Vigerslev，Alle，DK-2500 Valby，Copenhagen，Denmark，in stead of "DK-2600...".

* The Article No. of the goods is YE803 26' and TE600 24'，instead of YE80324' and YE600 26'.

* Delete the clause "1/3 original B/L...". And it shall be "3/3 original clean shipped on board marine bill of lading..." instead of "2/3 original clean shipped on board marine bill of lading..."

* The S/C No. should be JH-FLSSC01，instead of FLS9711.

* The transshipment is allowed anywhere，not "transshipment is allowed only in Hong Kong".

Yours faithfully，
Manager

6.履约准备

黎 明 贸 易 公 司
DAWNING TRADING CORPORATION

ADD.: 26TH FLOOR，SHIMAO BUILDING，	TEL：86-21-64331256，
22 PUDONG ROAD，	
SHANGHAI，CHINA	FAX：86-21-64331257

履约明细表

合同号码：JH-FLSSC01　　　　合同日期：July 1，2021　　　　　　填制人：李勤昌

履约环节

⊙托运	⊙报检　类型：CIP 重量检验
⊙投保	⊙认证　类型：GSP FORM A 原产地认证
⊙报关	⊙装运

货物明细

货号	品名	单价	数量	包装方式	包装件数	单件包装信息				
						长 cm	宽 cm	高 cm	毛重 kg	净重 kg
YE803 26′	BICYCLE	USD 92.31	600 SETS	1 SET/CTN	600 CTNS	120	76	50	33	28
TE600 24′	BICYCLE	USD 99.05	600 SETS	1 SET/CTN	600 CTNS	120	76	50	33	28

贸易术语：CIFC5% COPENHAGEN　　　　运输标志：FLS

9711

COPENHAGEN

NO. 1－1200

信用证明细

信用证号码：FLS-JHLC01	到证日期：July 27，2021	开证日期：July 27，2021
是否经过修改：经过一次修改	信用证修改通知书日期：August 3，2021	信用证到期日：Sep.15，2021
开证行：West LB（Europa）A.G.	通知行：Bank of China	议付行：Any bank in China

装运明细

装运港：Shanghai，China	目的港：Copenhagen，Denmark	装运方式：By sea
装运期限：Aug.31，2021	分批装运：允许	转运：允许

单据明细

金融单据	⊙汇票	○本票	○支票
发票	⊙商业发票	○形式发票	○海关发票
包装单据	⊙装箱单	○重量单	○尺码单
运输单据	⊙海运提单	○空运单	○承运收据
保险单据	⊙保险单	○保险凭证	
原产地证明	○商会一般原产地证明		⊙普惠制原产地证明
检验证书	○生产厂商检验证书		⊙CIQ检验证书
证明单据	○受益人证明		○船公司证明
其他单据	装运通知		
交单期限	不迟于运输单据签发后15天，且在信用证有效期内		

单据要求

金融单据		
出票人	DAWNING TRADING CORPORATION	
提交份数	一式两份	
受票人	West LB（Europa）A. G.	汇票金额　USD114 816.00
		付款期限　At 30 days sight

信用证中的特别要求：

发票	
单据名称	Commercial Invoice
出具人	DAWNING TRADING CORPORATION
提交份数	一式三份
货物描述	FOREVER BRAND BICYCLE CIFC5% COPENHAGEN Shipping Marks: FLS, 9711, COPENHAGEN, NO. 1-1200

信用证中的特别要求：1.发票须经手签
　　　　　　　　　2.注明信用证号码
　　　　　　　　　3.注明船舶名称

包装单据	
单据名称	Packing List
出具人	DAWNING TRADING CORPORATION
提交份数	一式三份

信用证中的特别要求：注明每个货号的花色和包装的毛净重及尺码

运输单据	
单据名称	Bill of Lading
出具人	船公司
提交份数	全套提单（三份正本）
收货人	To order
背书	空白
被通知方	开证申请人

信用证中的特别要求：注明运费已付

保险单据	
单据名称	Insurance Policy
出具人	保险公司
提交份数	一式两份
保险金额	发票金额的110%
保险险别	ALL RISKS AND WAR RISK AS PER C.I.C. DATED 1/1/2009.
信用证中的特别要求：1.注明赔付地点为丹麦 2.注明赔付货币为汇票货币	

原产地证明	
单据名称	GSP FORM A
出具人	海关检疫
提交份数	一式两份
信用证中的特别要求：	

检验证书	
单据名称	Inspection Certificate for Quantity
出具人	海关检疫
提交份数	一式两份
信用证中的特别要求：	

证明单据	
单据名称	Beneficiary's Declaration
出具人	DAWNING TRADING CORPORATION
提交份数	一式两份
信用证中的特别要求：声明一套不可议付的单据已经寄给开证申请人	

其他单据	
单据名称	装运通知副本
提交份数	一式两份
信用证中的特别要求：内容与发给开证申请人的装运通知完全一样	

7.订舱

商业发票填制如下：

COMMERCIAL　INVOICE

1）SELLER	3）INVOICE NO.	4）INVOICE DATE
DAWNING TRADING CORP.	JH-FLSINV01	8-Aug-21
26TH FLOOR，SHIMAO BUILDING，	5）L/C NO.	6）DATE
22PUDONG ROAD，	FLS-JHLC01	27-Jul-21
SHANGHAI，CHINA	7）ISSUED BY	
	WEST LB（EUROPA）A.G.	
2）BUYER	8）CONTRACT NO.	9）DATE
EUROASIA CO.，A/S	JH-FLSSC01	1-Jul-21
NO.25，VIGERSLEV ALLE，	10）FROM	11）TO
DK-2500 VALBY，	SHANGHAI	COPENHAGEN
COPENHAGEN，DENMARK	12）SHIPPED BY	13）PRICE TERM
	YI XIANG V307	CIFC5 COPENHAGEN

14）MARKS	15）DESCRIPTION OF GOODS	16）QTY.	17）UNIT PRICE	18）AMOUNT
FLS	FOREVER BRAND BICYCLE		CIFC5 COPENHAGEN	
9711				
COPENHAGEN	ART.NO.			
NO. 1-1200	YE803 26'	600 SETS	USD92.31	USD55 386.00
	TE600 24'	600 SETS	USD99.05	USD59 430.00
			TOTAL	USD114 816.00

we hereby confirm that one set of non-negotiable docs.

has been sent to the applicant.

packed in 1200 cartons of one set each

total 10 40' containers

TOTAL GROSS WEIGHT: 39 600 KGS

TOTAL NET WEIGHT: 33 600 KGS

19）ISSUED BY

DAWNING TRADING CORP.

20）SIGNATURE

3copies

装箱单填制如下：

PACKING LIST

1）SELLER	3）INVOICE NO.	4）INVOICE DATE
DAWNING TRADING CORP.	JH-FLSINV01	8-Jul-21
26TH FLOOR, SHIMAO BUILDING,	5）FROM	6）TO
22 PUDONG ROAD,	SHANGHAI	COPENHAGEN
SHANGHAI, CHINA	7）TOTAL PACKAGES （IN WORDS）	
	SAY ONE THOUSAND AND TWO HUNDRED CARTONS ONLY	
2）BUYER	8）MARKS & NOS.	
EUROASIA CO., A/S	FLS	
NO.25, VIGERSLEV ALLE,	9711	
DK-2500 VALBY	COPENHAGEN	
COPENHAGEN, DENMARK	NO. 1-1200	

9）C/NOS.	10）NOS. & PKGS.	11）ITEM	12）QTY. （PCS.）	13）G.W.	14）N.W.	15）MEAS. （M³）

FOREVER BRAND BICYCLE

9）C/NOS.	10）NOS. & PKGS.	11）ITEM	12）QTY. （PCS.）	13）G.W.	14）N.W.	15）MEAS. （M³）
1-600	600 CARTONS	YE803 26'	600	19 800 （kg）	16 800 （kg）	273.600
601-1200	600 CARTONS	TE600 24'	600	19 800 （kg）	16 800 （kg）	273.600
TOTAL	1 200 CARTONS		1 200	39 600 （kg）	33 600 （kg）	547.200

COLOR ASSORTMENT OF EACH ART.NO.: BLUE, GREEN, RED, PURPLE AND WHITE.
100 SETS EACH PER ART. NO.

SHIPPING MARKS

FLS

9711

COPENHAGEN

NO. 1-1200

WEIGHT AND MEAS. PER EXPORT CARTON:

ART.NO.	G.W.	N.W.	MEAS. （M³）
YE803 26'	33 （KG.）	28 （KG.）	0.456
TE600 24'	33 （KG.）	28 （KG.）	0.456

16）ISSUED BY

DAWNING TRADING CORP.

17）SIGNATURE

3copies

订舱委托书填制如下：

出 口 货 物 订 舱 委 托 书

公司编号：BOX01　　　　　　　　　　　　　　　　　　　　日期：03-08-21

发货人： DAWNING TRADING CORP. 26TH FLOOR，SHIMAO BUILDING， 22 PUDONG ROAD， SHANGHAI,CHINA	信用证号码：　FLS-JHLC01	
	开证银行：　　WEST LB（EUROPA）A.G.	
	合同号码：　JH-FLSSC01	成交金额： USD　　114 816.00
	装运口岸：　SHANGHAI	目的港：　　COPENHAGEN
收货人 TO ORDER	转船运输：　YES	分批装运：　YES
	信用证效期：　2021-9-15	装船期限：　2021-8-8
	运费：　　　PREPAID	成交条件： CIFC5 COPENHAGEN
	公司联系人：	电话：　　64331256
通知人： EUROASIA CO.，A/S NO.25，VIGERSLEV ALLE， DK-2500 VALBY， COPENHAGEN，DENMARK	公司开户行：　中国银行	银行账号：　7938724374
	特别要求：	

标记唛码	货号规格	包装件数	毛重（kgs）	净重（kgs）	数量	单价（USD）	总价（USD）
FOREVER BRAND BICYCLE					CIFC5 DENMARK		
FLS	YE803 26′	600 CTNS	19 800	16 800	600 SETS	92.31	55 386.00
9711	YE600 24′	600 CTNS	19 800	16 800	600 SETS	99.05	59 430.00
COPENHAGEN							
NO.1-1200							
	总件数	总毛重	总净重	总尺码			总金额
	1 200 CARTONS	39 600 KGS	33 600 KGS	547.200 M³ TOTAL			USD 114 816.00

备注

8.出口报关

出口货物报关单填制如下：

中华人民共和国海关出口货物报关单

预录入编号：089635563   海关编号：089635563

出口口岸 吴淞海关	备案号		出口日期 21.08.08	申报日期 21.08.01
经营单位 黎明贸易公司 3101935064	运输方式 江海运输	运输工具名称 YI XIANG/V307		提运单号 JH-FLSBL01
发货单位 上海自行车集团公司	贸易方式 一般贸易 0110	征免性质 一般征税（101）		结汇方式 信用证
许可证号	运抵国(地区) 丹麦	指运港 哥本哈根		境内货源地 上海
批准文号	成交方式 CIF	运费 USD 39 350.00	保费 USD 1 023.30	杂费
合同协议号 JH-FLSSC01	件数 1 200	包装种类 纸箱	毛重(千克) 39 600	净重(千克) 33 600
集装箱号 YXLU56087124	随附单据		生产厂家 上海自行车集团公司	

标记唛码及备注

FLS 9711 COPENHAGEN 1-1200

项号	商品编号	商品名称、规格型号	数量及单位	最终目的国	单价	总价	币制	征免
1.	8 712.0011	自行车		丹麦				照章征税
		YE803 26'	600辆		92.31	55 386.00	USD	
		TE600 24'	600辆		99.05	59 430.00	USD	
						114 816.00	USD	

税费征收情况

录入员　　录入单位	兹声明以上申报无讹并承担法律责任	海关审单批注及放行日期(签章) 审单　　审价
报关员　李朝阳		征税　　统计
单位地址　上海浦东22号世贸大厦26楼 邮编　电话64331256	申报单位(签章) 黎明贸易公司 填制日期21.08.01	查验　　放行 签发官员：李丰 签发日期：2021-08-05

9.出口货物投保

出口货物投保单填制如下：

海运出口货物投保单

1) 保险人：中国人民保险公司　　　　　　2) 被保险人：DAWNING TRADING CORP.

3) 标记	4) 包装及数量	5) 保险货物项目	6) 保险金额
FLS 9711 Copenhagen No.1–1200	1 200 cartons	Forever Brand Bicycle	USD 126 297.60

7) 总保险金额：

UNITED STATES DOLLARS ONE HUNDRED AND TWENTY SIX THOUSAND TWO HUNDRED AND NIGHTY SEVEN POINT SIX ONLY

8) 运输工具： 　（船名） 　　（航次） 　9) 装运港： 　　　10) 目的港：

　　　　　YI XIANG 　　V307 　　SHANGHAI 　　　COPENHAGEN

11) 承保险别：

　　　　　OCEAN MARINE CARGO CLAUSES

　　　　　ALL RISKS AND WAR RISK

　　　　　AS PER CIC OF PICC DATED 1/1/2009

12) 投保日期　2021–8–4 　　13) 投保人签字 DAWNING TRADING CORP.

　　　　　　　　　　　　　　　Manager

10.发出装运通知

装运通知书填制如下：

DAWNING TRADING CORPORATION

ADD.:	26TH FLOOR, SHIMAO BUILDING, 22PUDONG ROAD, SHANGHAI, CHINA	TEL: FAX:	86–21–64331256 86–21–64331257
TO:	EUROASIA CO.,A/S NO.25, VIGERSLEV ALLE, DK–2500 VALBY **COPENHAGEN, DENMARK**	FROM:	DAWNING TRADING CORP.

SUBJECT:	SHIPPING ADVISE	DATE: 9–Aug–21
	S/C NO.	JH-FLSSC01
	L/C NO.	FLS-JHLC01
	B/L NO.	JH-FLSBL01
	GOODS	FOREVER BRAND BICYCLE
	VALUE	USD114 816.00
	QUANTITY	1 200 SETS

PACKAGES	1 200 CARTONS
G.W.（KGS.）	39 600
N.W.（KGS.）	33 600
MEAS.（M³）	547.200
VESSEL	YI XIANG V307
FROM	SHANGHAI
TO	COPENHAGEN
ETD	8–Aug–21
ETA	20–Sep–21

DAWNING TRADING CORP.

Manager

11.出口单据制作及审核

全套出口单据制作如下：

（1）发票：见参考答案7。

（2）装箱单：见参考答案7。

（3）装运通知：见参考答案10。

（4）汇票：汇票填制如下。

BILL OF EXCHANGE

No *JH-FLSINV01*

For *USD114 816.00*   *SHANGHAI 9–Aug–21*

（amount in figure）   **（place and date of issue）**

At *30 DAYS*   sight of this   *FIRST* Bill of Exchange（*SECOND being unpaid*）

pay to **BANK OF CHINA,** SHANGHAI BRANCH   or order the sum of

SAY US DOLLARS ONE HUNDRED AND FOURTEEN THOUSAND EIGHT HUNDRED

AND SIXTEEN ONLY

（amount in words）

Value received for 1 200 CARTONS   of   *FOREVER BRAND BICYCLE*

Drawn under *WEST LB （EUROPA） A.G.*

L/C No. *FLS-JHLC01*   dated   *27–Jul–21*

To：

WEST LB （EUROPA） A.G.

P.O.BOX 2230 3000 CE COPENHAGEN,

THE DANMARK   *For and on behalf of*

DAWNING TRADING CORP.

× × ×

（Signature）2copies

（5）保险单：保险单填制如下。

中 国 太 平 洋 保 险 公 司
CHINA PACIFIC INSURANCE COMPANY LTD.

INSURANCE POLICY POLICY NO.: **JH-FLSBD01**

THIS POLICY OF INSURANCE WITNESSES THAT CHINA PACIFIC INSURANCE COMPANY OF CHINA （HEREINAFTER CALLED "THE COMPANY"）

AT THE REQUEST OF **DAWNING TRADING CORP**.

（HEREINAFTER CALLED "THE INSURED"） AND IN CONSIDERATION OF THE AGREED PREMIUM PAID TO THE COMPANY BY THE INSURED UNDERTAKES TO INSURE THE UNDERMENTIONED GOODS IN TRANSPORTATION SUBJECT TO THE CONDITIONS OF THIS POLICY AS PER THE CLAUSES PRINTED OVERLEAF AND OTHER SPECIAL CLAUSES ATTACHED HEREON

MARKS &NOS	QUANTITY	DESCRIPTION OF GOODS	AMOUNT INSURED
AS PER INVOICE NO. JH-FLSINV01	**1 200 CARTONS**	**FOREVER BRAND BICYCLE**	USD 126 297.60

AMOUNT INSURED: UNITED STATES DOLLARS ONE HUNDRED AND TWENTY SIX THOUSAND TWO HUNDRED AND NIGHTY SEVEN POINT SIX ONLY

PREMIUM as arranged RATE as arranged PER CONVEYANCE SS. **YI XIANG V307**

SLG. ON OR ABT. as per bill of lading FROM SHANGHAI TO COPENHAGEN

CONDITIONS

ALL RISKS AND WAR RISK AS PER CIC OF P. I. C. C.DATED 1/1/2009

CLAIMS, IF ANY, PAYABLE ON SURRENDER OF THIS POLICY TOGETHER WITH OTHER RELEVANT DOCUMENTS. IN THE EVENT OF ACCIDENT WHEREBY LOSS OR DAMAGE MAY RESULT IN A CLAIM UNDER THIS POLICY, IMMEDIATE NOTICE APPLYING FOR SURVEY. MUST BE GIVEN TO THE COMPANY'S AGENT AS MENTIONED HEREUNDER：

J. G. SAFE & CO., A/S
631 MAPLE ALLE，DK-3240 VALBY
COPENHAGEN
TEL：（01）413277 FAX：（01）413376

CHINA PACIFIC INSURANCE CO., LTD.
SHANGHAI BRANCH

CLAIM PAYABLE AT/IN DENMARK IN US DOLLARS

DATE 3-Aug-21 SHANGHAI

诸 平

TEL：63234305/63217466-44 Telex：33128 PICCS CN.

ADDRESS：56 ZHONG SHAN NAN ROAD，SHANGHAI，CHINA. **General Manager**

ENDORSEMENT： **DAWNING TRADING CORP.**

（**signature**） 3copies

（6）提单：提单填制如下。

1）SHIPPER DAWNING TRADING CORP. 26TH FLOOR,SHIMAO BUILDING, 22 PUDONG ROAD, SHANGHAI,CHINA	10）B/L NO.:JH-FLSBL01

2）CONSIGNEE TO ORDER	

3）NOTIFY PARTY F.L.SMIDTH & CO.,A/S COPENHAGEN,DENMARK	中國遠洋運輸(集團)總公司 CHINA OCEAN SHIPPING (GROUP) CO. CABLE: COSCO BEIJING TLX: 210740 CPC CN

4）PLACE OF RECEIPT SHANGHAI CY	5）OCEAN VESSEL YI XIANG	*ORIGINAL*
6）VOYAGE NO. V307	7）PORT OF LOADING SHANGHAI	**BILL OF LADING**
8）PORT OF DISCHARGE COPENHAGEN	9）PLACE OF DELIVERY	

11）MARKS	12）NOS. & KINDS OF PKGS.	13）DESCRIPTION OF GOODS	14）G.W.(kg)	15）MEAS(m³)
FLS 9711 COPENHAGEN NO. 1-1200	1 200 CARTONS	FOREVER BRAND BICYCLE	39 600	547.200

FREIGHT PREPAID

16）TOTAL NUMBER OF CONTAINERS OR PACKAGES(IN WORDS)	SAY ONE THOUSAND AND TWO HUNDRED CARTONS ONLY			
FREIGHT & CHARGES	**REVENUE TONS**	**RATE**	**PREPAID**	**COLLECT**
PREPAID AT	**PAYABLE AT**		17）PLACE AND DATE OF ISSUE SHANGHAI 8-Aug-21	
TOTAL PREPAID	18）NUMBER OF ORIGINAL B(S)L THREE			
LOADING ON BOARD THE VESSEL			21）COSCO SHANGHAI SHIPPING CO.,LTD. 倪 永 海	
19）DATE 2021-8-8 ENDORSEMENT:	20）BY COSCO SHANGHAI SHIPPING CO., LTD. 倪 永 海		3 copies	

（7）检验证书：检验证书填制如下。

中华人民共和国上海进出口商品检验局
SHANGHAI IMPORT & EXPORT COMMODITY
INSPECTION BUREAU
OF THE PEOPLE'S REPUBLIC OF CHINA

正　本

ORIGINAL

No. V0524797-3104535

地址：上海市中山东一路13号

检 验 证 书
INSPECTION　CERTIFICATE

Address：　13. Zhongshan Road

　　　　　（E.1.），Shanghai

日期 Date：Aug. 02，2021

电　报：上海 2914

Cable：2914，SHANGHAI

电话 Tel：　63211285

QUALITY

发货人：DAWNING TRDING CORP.

Consignor 26TH FLOOR，SHIMAO BUILDING，22 PUDONG ROAD，SHANGHAI，CHINA

受 货 人：EUROASIA CO.，A/S

Consignee NO.25，VIGERSLEV ALLE，DK-2500 VALBY COPENHAGEN，DENMARK

品　名：

Commodity FOREVER BRAND BICYCLE

标记及号码：

Marks & No. FLS

9711

COPENHAGEN

报验数量/重量：

Quantity/Weight

Declare

NO. 1-1200

检 验 结 果：

RESULTS OF INSPECTION：

FOREVER BRAND BICYCLE

YE803 26′

to be packed in cartons of 1 set each，120 cartons to one 40′ container，total five containers.

TE600 24′

to be packed in cartons of 1 set each，120 cartons to one 40′ container，total five containers.

主任检验员

Chief Inspector：

锗莠华

（8）普惠制产地证书 Form A：普惠制产地证书 Form A 填制如下。

ORIGINAL	
1.Goods consigned from （Exporter's business name, address, country） **DAWNING TRADING CORP.** **26TH FLOOR,SHIMAO BUILDING,** **22 PUDONG ROAD,** **SHANGHAI, CHINA**	Reference No. **JH-FLSFMA01** **GENERALIZED SYSTEM OF PREFERENCES** **CERTIFICATE OF ORIGIN** **（Combined declaration and certificate）**
2.Goods consigned to （Consignee's name, address, country） **EUROASIA CO., A/S** **NO.25, VIGERSLEV ALLE,** **DK−2500 VALBY** **COPENHAGEN, DENMARK**	**FORM A** **Issued in** THE PEOPLE'S REPUBLIC OF CHINA （country） See Notes overleaf
3.Means of transport and route （as far as known） **FROM SHANGHAI TO COPENHAGEN BY SEA**	4.For official use

5. Item number	6. Marks and numbers of packages	7. Number and Kind of packages; description of goods	8. Origin criterion （see notes overleaf）	9. Gross weight or other quantity	10. Number and date of invoices
1	**FLS** **9711** **COPENHAGEN** **NO. 1−1200**	**ONE THOUSAND AND TWO HUNDRED （1 200） CARTONS OF BICYCLES**	**"P"**	**39 600 KGS**	**JH-FLSINV01** **AUG. 1ST, 21**

11. Certification It is hereby certified, on the basis of control carried out, that the declaration by the exporter is correct. **SHANGHAI IMPORT AND EXPORT COMMODITY** **INSPECTION BUREAU**	12. Declaration by the exporter The undersigned hereby declares that the above details and statements are correct; that all the goods were produced in **CHINA** （country） and that they comply with the origin requirements specified for those goods in the Generalized System of Preferences for goods exported to **COPENHAGEN, DENMARK** （importing country）
	DAWNING TRADING CORP. **SHANGHAI 7−Aug−21** × × × （signature）
SHANGHAI × × × 8/7/2021	
Place and date. signature and stamp of certifying authority	Place and date. signature and stamp of certifying authority

2 COPIES

（9）受益人证明：受益人证明填制如下。

黎 明 贸 易 公 司
DAWNING TRADING CORPORATION

ADD.: 26TH FLOOR, SHIMAO BUILDING,	TEL: 86-21-64331256
22 PUDONG ROAD, SHANGHAI, CHINA	FAX: 86-21-64331257

Date: Sep. 6, 2021

Beneficiaries' Declaration

S/C NO.:　　　　　　JH-FLSSC01

ISSUING BANK OF L/C:　　West LB（Europa）A. G.

　　　　　　　　　ADDRESS: P. O. BOX 2230

　　　　　　　　　　　　3 000 CE Copenhagen

　　　　　　　　　　　　Denmark

APPLICANT OF L/C:　　EUROASIA CO., A/S

　　　　　　　　　ADDRESS: NO.25, Vigerslev Alle

　　　　　　　　　　　　DK-2500 Valby

　　　　　　　　　　　　Copenhagen

　　　　　　　　　　　　Denmark

L/C NO.:　　　　　　FLS-JHLC01

INVOICE NO.:　　　　JH-FLSINV01

B/L NO.:　　　　　　JH-FLSBL01

GOODS:　　　　　　FOREVER BRAND BICYCLE

VALUE:　　　　　　USD 114 816.00

QUANTITY:　　　　　1 200 SETS

We hereby certify that one set of non-negotiable documents for the above goods has been sent to the applicant of the L/C.

　　For and Behalf of
DAWNING TRADING CORPORATION
　　　　　李勤昌

12. 出口业务善后工作

善后函草拟如下：

黎 明 贸 易 公 司
DAWNING TRADING CORPORATION

ADD.: 26TH FLOOR, SHIMAO BUILDING,	TEL: 86-21-64331256,
22 PUDONG ROAD,	
SHANGHAI, CHINA	FAX: 86-21-64331257
TO: EUROASIA CO., A/S	FAX: （01）401666

2021/10/18

Dear Sirs,

We have heard from our accounting bank that West LB （Europa）A. G. Bank has honored our draft drawn under the L/C No. FLS‐JHLC01. We are glad that the first transaction concluded between us is so smooth and successful.

Thank you for your cooperation in our first deal.

We are looking forward to receiving your further orders. For your information, we are attaching the brochure of our other products which may be interested in by your customer. We have no doubt that there will be a prospective and profitable market in Denmark and Europe for us through our mutual efforts.

Yours sincerely,

Manager

综合案例四　日昇公司出口案

【基础信息】

1.我出口公司和进口公司基本情况

日昇贸易有限公司（以下简称日昇公司）名址：

SUNRISE TRADING CO., LTD.

ADD.: 42, FU HAI ROAD, JIA DING DISTRICT, SHANGHAI, CHINA

TEL: 86-21-64331255, FAX: 86-21-64331256

澳大利亚进口公司（以下称澳大利亚公司）名址：

NEPTUNE CO., LTD.

P.O.BOX 28, HOMEBUSH

N.S.W.AUSTRALIA 2140

FAX：61-08-33456

E-MAIL ADDRESS：neptune@yahoo.com

日昇公司通过市场调查得知，澳大利亚公司欲求购中国产气枪（air rifles）。

2.日昇公司产品信息

商品：	工字牌气枪（INDUSTRY BRAND AIR RIFLES）	
货号：	G6232	G6240
包装方式：	5支/纸箱	5支/纸箱
尺码：	105×18×36cm	118×18×36cm
毛/净重（箱）：	22/16kgs	24/17kgs
供货单价（含税）：	75元/支	95元/支
起订量：	一个20′集装箱，容积按25立方米计。	

增值税/退税率/客户佣金率：13%/8%/3%

每20′集装箱货物国内费用：国内运杂费1 000元；商检费650元；报关费50元；港口费800元；业务费1 500元。

上海至 BRISBANE 的集装箱运费：1 800美元/20′整箱

保险：发票金额加10%投保一切险，费率为0.7%

预期利润率为成交价格的10%，以即期信用证付款。有现货，可在收到信用证后3个星期装运。

人民币对美元汇率为6.2∶1。

【操作要求】

1.草拟建立业务关系函

请根据基础资料，并参照撰写建交信的基本要求，以公司的体育用品部（Sports-goods Division）名义在2021年7月22日给澳大利亚公司发一封建立业务关系的信函，希望能和对方建立业务关系，要求对方明确具体订货条件，以便报价，同时说明公司已航寄样本。

2.出口报价

收到日昇公司建立业务关系函后，澳大利亚公司回函如下：

NEPTUNE CO.，LTD.

P.O. BOX 28，HOMEBUSH

N.S.W. AUSTRALIA 2140

FAX：61-08-33456

E-MAIL ADDRESS：neptune@yahoo.com

2021/7/23

TO：SUNRISE TRADING CO.，LTD.

Dear Sirs，

We are very pleased to receive your letter and catalog.We are glad to learn your desire of establishing business relations with us.

After studying air rifles on your catalog，we are particularly interested in the following items：

Industry Brand Air Rifles：

Art. No.：G6232

Art. No.：G6240

We would be appreciated if you could quote us your best prices on the basis of CIF3

Brisbane, with details about minimum quantity, packing, insurance, time of shipment and means of payment.

Look forward to hearing from you.

Yours truly

Manager

请根据上述回函首先进行出口报价核算，列出详尽的计算过程（结果保留4位小数，最后报价取2位小数），然后写一封发盘函，详细回答客户提出的问题，告知对方交易的基本条款，并敦促对方尽快作出决定。

3.出口还价

日昇公司发盘后，收到澳大利亚公司还盘如下：

NEPTUNE CO., LTD.

P.O. BOX 28, HOMEBUSH

N.S.W. AUSTRALIA 2140

FAX：61-08-33456

E-MAIL ADDRESS：neptune@yahoo.com

2021/7/25

TO： SUNRISE TRADING CO., LTD.

Dear Sirs,

Thank you for your letter of 2021/7/24. After careful examining and comparison with similar products of other makes , we found your price is quite much higher. Unless the price could match with the market level, it is difficult to persuade customers to purchase from you .

So, we would counter offer as follows：

Art.No.：G6232　USD 13.00

Art.No.：G6240　USD 16.00

By the way, we can accept your trade terms listed in your letter except the terms of payment. We can only accept payment by L/C at 30 days sight.

Please take these matters into serious consideration and give us your favorable reply with the least possible delay.

Actually, competitive prices for a trial order often lead to a high market share with enormous profits in future. We hope you will take this factor into account and wait for your early reply.

Yours truly,

Manager

任务：

（1）计算根据澳大利亚公司的还价，日昇公司是否还有利润，总利润额为多少元人民币？利润率又为多少？

（2）经协商，供货单价（含税）降为：Art. No. G6232：72 元/支；Art. No. G6240：93 元/支。如果日昇公司的利润率降为 5%，CIFC3 BRISBANE 的价格应为多少？

（3）请根据还盘函的写作要求给澳大利亚公司写一封还盘函，重新报出公司利润率为 5% 的 CIFC3 BRISBANE 的价格，并告知公司不能接受 30 天远期信用证付款。

4.签约操作

收到日昇公司的还盘函后，澳大利亚公司复函如下：

NEPTUNE CO., LTD.

P.O. BOX 28，HOMEBUSH

N.S.W. AUSTRALIA 2140

FAX：61-08-33456

E-MAIL ADDRESS：neptune@yahoo.com

2021/7/27

TO： SUNRISE TRADING CO., LTD.

Dear Sirs,

Thank you for your letter 2021/7/26，We really appreciate your effort to pave the way for our business. Your quotation has been accepted and we are glad to place our order as follows:

INDUSTRY BRAND AIR RIFLES:

Art.No.G6232   @USD13.29

Art.No.G6240   @USD16.92

Price Terms：CIFC3 BRISBANE

Minimum Quantity：2×20′FCL Container for item G6232，i.e. G6232：3 670pcs and 1×20′ FCL Container for item G6240，i.e.G6240：1 630pcs.

Packing：5 pieces per carton

Insurance：All Risks as per C.I.C. dated 1/1/2009

Shipment：to be effected during August. Transshipment is allowed

Payment：By Irrevocable Letter of Credit，payable by draft at sight.

Other terms and conditions remain the same as we agreed in our previous mails.

We expect to find a good market for the above and hope to place further and larger orders with you in the near future.

We are looking forward to your Sales Confirmation and thank you in advance.

Yours truly，

Manager

参照实训指导的相关要求和示例，根据双方在信中确定的条件制作售货确认书（号码：DS-EPSSC01），要求条款内容全面、具体。

给澳大利亚公司寄出成交签约函，感谢对方的订单，说明随寄售货确认书，催促迅速会签合同并及时开出信用证。之后，收到澳大利亚公司回函如下：

NEPTUNE CO.，LTD.

P.O. BOX 28，HOMEBUSH

N.S.W. AUSTRALIA 2140

FAX：61-08-33456

E-MAIL ADDRESS：neptune@yahoo.com

2021/7/28

TO：SUNRISE TRADING CO.，LTD.

Dear Sirs，

We acknowledge receipt of your Sales Confirmation No.DS-EPSSC01 with great pleasure. We have countersigned it and returned one for your file as requested.

Meanwhile we have instructed our bank，BANK OF MELBOURNE LTD. to open the relevant L/C in your favor，which will arrive at your end in couple of days.

Please pay your best attention to the quality of the goods，the delivery time as well as other terms specified in this S/C. If the result that you execute this order turns out to be satisfactory，we will be sure to place you regular orders in the near future.

Yours truly，

Manager

5.审证、改证

售货确认书签订之后，澳大利亚公司开来信用证。请参照实训指导的审证原则和方法对收到的信用证进行认真细致的审核，并给澳大利亚公司写一封信，列明不符点，要求迅速改证。信用证如下：

PAGE NUMBER

1	FORM OF CREDIT	IRREVOCABLE
		WITHOUT OUR CONFIRMATION
2	SENDERS REF	5201EX421507/07
3	CREDIT NUMBER	EPS-DSLC43
4	ISSUE DATE	210727 27JULY21
5	EXPIRY DATE/LOCATION	210831 31AUGEST21
		MELBOURNE, AUSTRALIA
6	ISSUING BK	BANK OF MELBOURNE LTD.
		ATTN. KEN CATTANACH
		LVL1, 52 COLLINS STREET
		MELBOURNE VIC
7	APPLICANT	NEPTUNE CO., LTD.
		P.O. BOX28, HOMEBUSH
		N.S.W. AUSTRALIA 2140
8	BENEFICIARY	SUNRISE TRADING CO., LTD.
		424 FU HAI RD, JIA DING DISTRICT
		SHANGHAI, CHINA
9	AMOUNT	USD76 353.9（SAY UNITED STATES DOLLARS SEVENTY SIX THOUSAND THREE HUNDRED FIFTY THREE AND NINTY CENTS ONLY）
10	AVAILABLE WITH/BY	NEGOTIATING BANK
11	DRAFTS AT…	AT SIGHT
		ISSUED IN DUPLICATE
12	DRAWEE	BANK OF MELBOURNE LTD.
		MELBOURNE
13	PARTIAL SHIPMENTS	NOT ALLOWED
14	TRANSSHIPMENT	ALLOWED
15	LOADING ON BOARD/DISPATCH /TAKING IN CHARGE AT/FROM…	CHINA/SHANGHAI
16	FOR TRANSPORTATION TO	BRISBANE, AUSTRALIA
17	LAST DAY OF SHIPMENT	210825 25 AUGUST, 21

18 DESCRIPTION OF GOODS/SERVICES：

INDUSTRY BRAND AIR RIFLES

ART. NO.	G6233	USD13.29	3 670PCS
	G6240	USD16.92	1 630PCS

SHIPPING TERMS：CIFC3 BRISBANE

19 DOCUMENTS REQUIRED

* FULL SET CLEAN ON BOARD NEGOTIABLE BILLS OF LADING

ISSUED TO ORDER OF SHIPPER，BLANK ENDORSED

NOTIFY PARTY：   NEPTUNE CO., LTD.

P.O. BOX 28, HOMEBUSH

N.S.W. AUSTRALIA 2140

MARKED FREIGHT PREPAID

* COMMERCIAL INVOICES STATING GROSS WEIGHT AND MEASUREMENT OF EACH

PACKAGE

* DETAILED PACKING LISTS SHOWING NUMBER OF MEASUREMENT AND NET

WEIGHT PER CARTON

* COPY OF TELEX OR FACSIMILE TO APPLICANT ADVISING NAME OF VESSEL,

DEPARTURE DATE, QUANTITY, INVOICE VALUE AND NUMBER OF CARTONS

20 /ADDITIONAL CONDITIONS

* INSURANCE TO BE EFFECTED BY SELLER COVERING USD76 353.90 AGAINST

ALL RISKS AS PER C.I.C. DATED 1/1/2009

* THIS CREDIT IS COVERED BY 《UCP600》 （2007 REVISION）.

21 CHARGES   ALL BANK CHARGES OUTSIDE COUNTRY

                                      OF ESTABLISHMENT ARE FOR

                                      ACCOUNT OF BENEFICIARY.

22 /PERIOD FOR PRESENTATION OF DOCUMENTS：

                                      DOCUMENTS MUST BE PRESENTED TO

                                      NEGOTIATING/PAYING BANK WITHIN 14

                                      DAYS AFTER SHIPMENT DATE BUT NOT

                                      LATER THAN EXPIRY DATE OF CREDIT.

23 /CONFIRMATION INSTRUCTIONS WITHOUT

24 /INSTRUCTIONS TO PAY/ACCEPT/NEGOTIATING BANK：

* THE AMOUNT OF THE NEGOTIATION MUST BE ENDORSED ON THE REVERSE

  OF THIS ADVICE BY THE NEGOTIATING BANK.

* NEGOTIATING BANK IS TO FORWARD DRAFTS AND DOCUMENTS IN TWO LOTS.

  FIRST BY EXPRESS COURIER AND SECOND BY REGISTERED AIRMAIL TO BANK OF MELBOURNE LTD.

  ATTN. KEN CATTANACH

  LVL1, 52 COLLINS STREET

  MELBOURNE VIC   3 000

PAGE NUMBER

* WE WILL REIMBURSE AS PER THEIR INSTRUCTIONS UPON PRESENTATION OF

  CONFORMING DOCUMENTS.

25 ADVISE THRU   BANK OF CHINA SHANGHAI BRANCH

* LAST UPDATED BY： SYSTEM ON 27JULY21 AT 14：28：35

* AUTHORIZED BY：

* DESTINATION NAME

* DESTINATION ADDR.：

之后不久，收到对方复函如下：

NEPTUNE CO., LTD.

P.O. BOX 28, HOMEBUSH

N.S.W. AUSTRALIA 2140

FAX: 61-08-33456

E-MAIL ADDRESS: neptune@yahoo.com

2021/7/29

TO: SUNRISE TRADING CO., LTD.

Dear Sirs,

We have received your letter of L/C amendment. We are sorry to hear that the relevant L/C contains several discrepancies. Anyhow, after careful study of your letter, we have instructed our banker to make the necessary amendment accordingly. We think you will receive the L/C Amendment in due time, and we are sure that you have fully prepared for the shipment.

We are looking forward to receiving your shipping advice.

Yours truly,

Manager

6.履约准备

2021年7月30日，收到开证银行信用证修改通知书如下：

BANK OF MELBOURNE LTD.

LVL1，52 COLLINS STREET

MELBOURNE VIC

AUSTRALIA　　　　　IRREVOCABLE DOCUMENTARY CREDIT

Cable Stanchart Telex 24108（SCBR NL） Telephone （010）4365322	OUR REFERENCE EPS-DSLC43	DATE OF ISSUE 27 JULY, 21
THIS IS AN OPERATIVE AMENDMENT OF CREDIT INSTRUMENT	DATE OF EXPIRY: 31 AUGEST, 21 PLACE OF EXPIRY: IN CHINA	
Documents to be presented within 15 days after the date of issuance of the transport document(s) but within the validity of the credit.		
APPLICANT 　NEPTUNE CO., LTD. 　P.O. BOX28, HOMEBUSH 　N.S.W. AUSTRALIA	BENEFICIARY 　SUNRISE TRADING CO., LTD. 　42 FU HAI RD, JIA DING DISTRICT 　SHANGHAI, CHINA	
ADVISING BANK Bank of China 23, Zhongshan Dong Yi ROAD, Shanghai, P.R. of China	THIS AMENDMENT IS TO BE CONSIDERED AS PART OF THE ABOVE CREDIT AND MUST BE ATTACHED THERETO.	

DEAR SIR（S）：

The L/C is to be amended as follows：

1. EXPIRY DATE should be： within 15 DAYS AFTER THE DATE OF SHIPMENT，instead of 31AUGUST21.

2. EXPIRY LOCATION shall be "In China"，in stead of MELBORENE，AUSTRALIA.

3. The address of BENEFICIARY is 42 FU HAI RD，JIA DING DISTRICT，not 424.

4. LAST DAY OF SHIPMENT：THE END OF AUGUST，2021，not 25AUGEST21.

5. ART. NO. G6232，but not G6233.

6. INSURANCE TO BE EFFECTED BY SELLER COVERING FOR 110% OF INVOICE VALUE，Instead of USD76 353.90 .

7. NEGOTIATING/PAYING BANK WITHIN 15 DAYS AFTER SHIPMENT DATE，not 14days.

8. Insurance policy is not included in DOCUMENTS REQUIRED.

9. ALL BANK CHARGES OUTSIDE COUNTRY OF ESTABLISHMENT ARE FOR ACCOUNT OF APPLICANT， but not FOR ACCOUNT OF BENEFICIARY.

ALL OTHER TERMS AND CONDITIONS REMAIN UNCHANGED.

YOURS FAITHFULLY

SUBJECT TO UNIOFORM CUSTOMS AND PRACTICE FOR DOCUMENTARY CREDITS （2007 REV.）I.C.C. PUBLICATION NO. 600

在收到信用证修改通知并审核无误后，准备履行合同，填写履约明细表。

7. 订舱

首先制作商业发票（发票号码：DS-EPSINV01）及装箱单，然后填制出口货物订舱委托书向船公司订舱。

8. 出口报关

收到配舱回单后，填制出口货物报关单，向海关办理货物的申报出口手续。

9. 出口货物投保

出口报关完成后，请根据相关信息填写出口货物投保单，向保险公司办理投保手续。

10. 发出装运通知

出口货物在海关验讫放行后，即可办理货物的装运手续。装船完毕后，应向公司发出货物装运通知。装运通知的内容主要包括：合同号码、货物名称、货物金额、货物数量、包装件数、承运船名、运输航次、提单号码、发票号码、信用证号码。

11. 出口单据制作及审核

根据实训指导的单据制作要求及国外银行开来的信用证中的具体规定，缮制全套出口单据。

全套出口单据制作完毕后，请按照纵横交错法，对单据进行审核，如有不符点，及时改正。在确保全套出口单据完全符合信用证的规定后，再次向议付行交单。

12. 出口业务善后工作

在收到出口货款后，给国外客户发一封善后函。

【参考答案】

----

1. 建立业务关系函

日 昇 贸 易 有 限 公 司
SUNRISE TRADING CO., LTD.

ADD.: 42, FU HAI ROAD	TEL：86-21-64331255
JIA DING DISTRICT	FAX：86-21-64331256
SHANGHAI, CHINA	

TO：NEPTUNE CO., LTD.

July 22nd, 2021

Dear Sir/Madame,

We learn from the result of market research that you are interested in the import of air rifles. We shall be pleased to receive your inquires for air rifles made in China.

Our sports-goods division mainly acts as an export agent on a commission basis.

In order to prepare quotations, however, we would need some additional information with respect to article numbers which you can find in the catalogue attached with the letter, and the price you intend to order, etc.

In case you have other request, please inform us and we assure you that your requirements will have our prompt attention.

Looking forward to receiving your early reply.

Yours faithfully,

Manager

2. 出口报价核算及发盘函

工字牌气枪

货号：G6232

（1）实际成本=75-（75÷1.13）×8%=69.69（元）

（2）国内费用=（1 000+650+50+800+1 500）÷[25÷（1.05×0.18×0.36）×5]=2.18（元/支）

（3）出口运费=1 800÷1 835×6.2=6.08（元/支）

（4）$CIFC3 = \dfrac{(69.69 + 2.18 + 6.08) \div 6.2}{1 - (110\% \times 0.7\%) - 3\% - 10\%} = USD\ 14.58/pcs$

货号：G6240

（1）实际成本=95-（95÷1.13）×8%=88.3（元）

（2）国内费用=（1 000+650+50+800+1 500）÷[25÷（1.18×0.18×0.36）×5]=2.45（元/支）

（3）出口运费=1 800÷1 630×6.2=6.85（元）

（4）$CIFC3 = \dfrac{(88.3 + 2.45 + 6.85) \div 6.2}{1 - (110\% \times 0.7\%) - 3\% - 10\%} = USD\ 18.25/pcs$

发盘函：

日 昇 贸 易 有 限 公 司
SUNRISE TRADING CO., LTD.

ADD.: 42, FU HAI ROAD	TEL: 86-21-64331255
JIA DING DISTRICT	FAX: 86-21-64331256
SHANGHAI, CHINA	

TO：NEPTUNE CO., LTD.

July 24, 2021

Dear Sirs,

We acknowledge receipt of your fax dated July 24, 2021 and are glad to know that you're interested in the goods we promote. At your request, we herewith quote you our favorable price and state our conditions as follows:

INDUSTRY BRAND AIR RIFLES：

Art. No. G6232   @USD 14.58

Art. No. G6240   @USD 18.25

Price Terms：CIFC3 BRISBANE

Minimum Quantity：1×20′ FCL Container for each item，i.e. G6232：1 835pcs. and G6240：1 630pcs.

Packing：5 pieces per carton

Insurance：All Risks as per C.I.C. dated 1/1/2009

Shipment：to be effected during August at the condition that the relevant L/C arrive at us 20 days before shipment date. Transshipment is allowed.

Payment：By Irrevocable Letter of Credit，payable by draft at sight.

We are sorry to find it difficult to accept the terms of payment you asked for，i.e. by L/C at 30 days sight. It's our usual practice to do business on the terms of payment by L/C at sight. We hope you can well understand our standing.

We are desirous of hearing from you.

Yours truly,

Manager

　3.还盘核算及还盘函

　还盘核算如下：

　（1）客户还价后的利润额和利润率

货款总收入＝（13×734+16×326）×5×6.20＝457 498（元）

实际总成本＝购货总成本－总退税收入

　　　　　　＝（75×734+95×326）×5－（75×734+95×326）×5÷（1+13%）×8%

　　　　　　＝430 100－430 100÷1.13×8%

　　　　　　＝399 650.44（元）

集装箱数量＝734÷[25÷（1.05×0.18×0.36）]+326÷[25÷（1.18×0.18×0.36）]

　　　　　　＝3（个）

国内费用＝（1 000+650+50+800+1 500）×3＝12 000（元）

出口运费＝1 800×3×6.2＝33 480（元）

出口保费＝457 498×110%×0.7%＝3 522.73（元）

客户佣金＝457 498×3%＝13 724.94（元）

利润总额＝货款总收入－实际总成本－国内费用－出口运费－出口保费－客户佣金

　　　　　＝457 498－399 650.44－12 000－33 480－3 522.73－13 724.94

　　　　　＝-4 880.11（元）

利润率＝-4 880.11÷457 498.00×100%＝-1.1%

　客户还价后的利润额是-4 880.11元人民币，利润率是-1.1%。

　（2）再次报价

　G6232

实际成本＝72－（72÷1.13）×8%＝66.90（元/支）

$$CIFC3 = \frac{(66.90 + 2.18 + 6.08) \div 6.2}{1 - (110\% \times 0.7\%) - 3\% - 5\%} = USD13.29/pcs$$

　G6240

实际成本＝93－（93÷1.13）×8%＝86.42（元/支）

$$CIFC3 = \frac{(86.42 + 2.45 + 6.85) \div 6.2}{1 - (110\% \times 0.7\%) - 3\% - 5\%} = USD16.92/pcs$$

　还盘函如下：

日 昇 贸 易 有 限 公 司
SUNRISE TRADING CO., LTD.

ADD.: 42, FU HAI ROAD　　　　　　　　TEL: 86-21-64331255

JIA DING DISTRICT　　　　　　　　　　FAX: 86-21-64331256

SHANGHAI, CHINA

TO：NEPTUNE CO., LTD.

July 26，2021

Dear Sirs，

After receiving your order dated July 24th，2021，we are surprised to find that the prices we quoted are not acceptable to you. But as this is the first transaction between us，we contacted our manufacturers and tried our best to persuade them to meet your request.

As requested，we here agree to reduce our prior prices，say G6232 USD 13.29 and G6240 USD 16.92. We hope you can understand and we are looking forward to your early answer.

Yours truly,
Manager

4.签约操作

签约操作函如下：

日 昇 贸 易 有 限 公 司
SUNRISE TRADING CO., LTD.

ADD.： 42，FU HAI ROAD	TEL：86-21-64331255
JIA DING DISTRICT,	FAX：86-21-64331256
SHANGHAI，CHINA	

TO：NEPTUNE CO., LTD.

July 27，2021

Dear Sirs，

Many thanks for your order and we are sending you our signed Sales Confirmation No. DS-EPSSC01 in duplicate. Please counter sign and return one copy for our file.

As the shipment date is approaching，please immediately instruct your bank to issue the relevant L/C in our favor otherwise the shipment date may be delayed.

Yours faithfully,
SUNRISE TRADING CO., LTD.
Manager

售货确认书编制如下：

SALES CONFIRMATION

S/C No.：DS-EPSSC01

Date：JULY 26, 2021

The Seller：SUNRISE TRADING CO., LTD.

Address：42, FU HAI ROAD, JIA DING DISTRICT, SHANGHAI, CHINA

The Buyer：NEPTUNE & CO., LTD.

Address：P.O. BOX 28, HOMEBUSH N.S.W. AUSTRALIA 2140

Item No.	Commodity & Specifications	Unit	Quantity	Unit Price	Amount
	INDUSTRY BRAND AIR RIFLES		CIFC3 BRISBANE		
1	G6232	PC	3 670	USD13.29	USD48 774.3
2	G6240	PC	1 630	USD16.92	USD27 579.6
TOTAL：					USD76 353.9

TOTAL CONTRACT VALUE：SAY US DOLLARS SEVENTY SIX THOUSAND THREE HUNDRED FIFTY THREE AND NINETY CENTS ONLY.

PACKING：TO BE PACKED IN CARTONS OF 5 PIECES EACH

PORT OF LOADING：SHANGHAI, CHINA

PORT OF DESTINATION：BRISBANE, AUSTRALIA

TIME OF SHIPMENT：TO BE EFFECTED BEFORE THE END OF AUGUST, 2021 WITH TRANSSHIPMENT ALLOWED.

TERMS OF PAYMENT：BY IRREVOCABLE L/C AT SIGHT VALID FOR NEGOTIATION UNTIL THE 15TH DAY AFTER THE DATE OF SHIPMENT.

INSURANCE：TO BE COVERED BY THE SELLER FOR 110% OF INVOICE VALUE AGAINST ALL RISKS AS PER C.I.C. DATED 1/1/2009.

OTHER CONDITIONS：

1. The buyer shall have the covering letter of credit reach the Seller 30 days before shipment, failing which the Seller reserves the right to rescind without further notice, or to regard the whole or any part of this contract as still valid and not fulfilled by the Buyer, or to lodge a claim for losses thus sustained, if any.

2. In case of any discrepancy in Quality/Quantity, claim should be filed by the Buyer within 130 days after the arrival of the goods at port of destination.

3. For transactions concluded on C.I.F. basis, it is understood that the insurance amount will be for 110% of the invoice value against the risks specified in the Sales Confirmation. If additional insurance amount or coverage required, the Buyer must have the consent of the Seller before Shipment, and the additional premium is to be borne by the Buyer.

4. The Seller shall not hold liable for non-delivery or delay in delivery of the entire lot or a portion of

the goods hereunder by reason of natural disasters, war or other causes of Force Majeure, However, the Seller shall notify the Buyer as soon as possible and furnish the Buyer within 15 days by registered airmail with a certificate issued by the China Council for the Promotion of International Trade attesting such event(s).

5. All deputies arising out of the performance of, or relating to this contract, shall be settled through negotiation.In case no settlement can be reached through negotiation, the case shall then be submitted to the Chin.aInternational Economic and Trade Arbitration Commission for arbitration in accordance with its arbitral rules.The arbitration shall take place in Shanghai. The arbitral award is final and binding upon both parties.

6. The Buyer is requested to sign and return one copy of this contract immediately after receipt of the same. Objection, if any, should be raised by the Buyer within 3 working days, otherwise it is understood that the Buyer has accepted the terms and conditions of this contract.

7. Special conditions: (These shall prevail over all printed terms in case of any conflict.)

THE SELLER   **THE BUYER**

SUNRISE TRADING CO., LTD.   NEPTUNE & CO., LTD.

(signature)   (signature)

5.审证、改证

改证函如下：

日 昇 贸 易 有 限 公 司
SUNRISE TRADING CO., LTD.

ADD.: 42, FU HAI ROAD	TEL: 86-21-64331255
JIA DING DISTRICT	FAX: 86-21-64331256
SHANGHAI, CHINA	

To: NEPTUNE CO., LTD.

2021/7/30

Dear Sirs,

We are very glad to receive your L/C No. EPS-DSLC43, but we are quite sorry to find that it contains some discrepancies with the S/C. Please instruct your bank to amend the L/C as quickly as possible.

The L/C is to be amended as follows:

1. EXPIRY DATE should be: within 15 DAYS AFTER THE DATE OF SHIPMENT, Instead of 31AUGEST 21.

2. EXPIRY LOCATION shall be "In China", in stead of MELBORENE, AUSTRALIA.

3. The address of BENEFICIARY is 42 FU HAI RD, JIA DING DISTRICT, not 424.

4. LAST DAY OF SHIPMENT: THE END OF AUGUST, 2021, not 25AUGEST21.

5. ART. NO. G6232, but not G6233.

6. INSURANCE TO BE EFFECTED BY SELLER COVERING FOR 110% OF INVOICE VALUE, Instead of USD 76 353.90.

7. NEGOTIATING/PAYING BANK WITHIN 15 DAYS AFTER SHIPMENT DATE，not 14 days.

8. Insurance policy is not included in DOCUMENTS REQUIRED.

9. ALL BANK CHARGES OUTSIDE COUNTRY OF ESTABLISHMENT ARE FOR ACCOUNT OF APPLICANT but not FOR ACCOUNT OF BENEFICIARY.

10. LOADING ON BOARD/DISPATCH AT：SHANGHAI/CHINA，NOT CHIINA/SHANHAI.

Thank you for your kind cooperation. Please see to it that L/C amendment reach us within next week，otherwise we cannot effect punctual shipment.

Yours faithfully，
Manager

6. 履约准备

日昇贸易有限公司
SUNRISE TRADING CO.，LTD.

ADD.：42，FU HAI ROAD	TEL：86−21−64331255
JIA DING DISTRICT	FAX：86−21−64331256
SHANGHAI，CHINA	

履约明细表

合同号码：DS-EPSSC01　　　合同日期：July 26，2021　　　填制人：李勤昌

履约环节

⊙托运	○报检　类型：
⊙投保	⊙认证　类型：CCPIT 原产地认证
⊙报关	⊙装运

货物明细

货号	品名	单价	数量	包装方式	包装件数	单件包装信息				
						长 cm	宽 cm	高 cm	毛重 kg	净重 kg
G6232	AIR RIFLES	USD 13.29	3 670PCS	5PCS/CTN	734 CTNS	105	18	36	22	16
G6240	AIR RIFLES	USD 16.92	1 630 PCS	5PCS/CTN	326CTNS	118	18	36	24	17

贸易术语：CIFC3 BRISBANE　　　运输标志：N/M

信用证明细

信用证号码：EPS-DSLC43	证到日期：July 27，2021	开证日期：July 27，2021
是否经过修改：经过一次修改	信用证修改通知书日期：July 30，2021	信用证到期日：15 days after shipment
开证行：BANK OF MELBOURNE LTD.	通知行：Bank of China	议付行：Any bank in China

装运明细

装运港：Shanghai，China	目的港：BRISBANE，AUSTRALIA	装运方式：By sea
装运期限：Aug.31，2021	分批装运：不允许	转运：允许

单据明细

金融单据：	⊙汇票	○本票	○支票
发票：	⊙商业发票	○形式发票	○海关发票
包装单据：	⊙装箱单	○重量单	○尺码单
运输单据：	⊙海运提单	○空运单	○承运收据
保险单据：	⊙保险单	○保险凭证	
原产地证明：	⊙商会一般原产地证明		○普惠制原产地证明
检验证书：	○生产厂商检验证书		○CIQ检验证书
证明单据：	○受益人证明		○船公司证明
其他单据：	装运通知		
交单期限：	不迟于运输单据签发后15天，且在信用证有效期内		

单据要求：

金融单据		
出票人	SUNRISE TRADING CO., LTD.	
提交份数	一式两份	
受票人	BANK OF MELBOURNE LTD.	汇票金额　USD76 353.9
		付款期限　AT SIGHT

信用证中的特别要求：

发票	
单据名称	Commercial Invoice
出具人	SUNRISE TRADING CO., LTD.
提交份数	一式两份
货物描述	INDUSTRY BRAND AIR RIFLES CIFC3 BRISBANE Shipping Marks: N／M

信用证中的特别要求：注明每个包装件的毛重和尺码

包装单据
单据名称	Packing List
出具人	SUNRISE TRADING CO., LTD.
提交份数	一式两份

信用证中的特别要求：注明每个包装箱的净重和尺码

运输单据
单据名称	Bill of Lading
出具人	船公司
提交份数	全套提单（三份正本）
收货人	To order
背书	空白
被通知方	开证申请人

信用证中的特别要求：注明运费已付

保险单据
单据名称	Insurance Policy
出具人	保险公司
提交份数	
保险金额	发票金额的110%
保险险别	ALL RISKS AND WAR RISK AS PER C.I.C. DATED 1/1/2009.

信用证中的特别要求：不要求提供保险单据

原产地证明
单据名称	Certificate of Origin
出具人	中国国际贸易促进委员会 CCPIT
提交份数	一式两份

信用证中的特别要求：

检验证书
单据名称	
出具人	
提交份数	

信用证中的特别要求：

证明单据	
单据名称	
出具人	
提交份数	

信用证中的特别要求：

其他单据	
单据名称	装运通知副本
提交份数	一式两份

信用证中的特别要求：内容包括船名、开船日、数量、发票金额和包装箱号

7.订舱

出口货物订舱委托书填制如下：

出 口 货 物 订 舱 委 托 书

公司编号 BOX02   日期 2021/7/30

1）发货人 SUNRISE TRADING CO., LTD. 42 FU HAI ROAD, JIA DING DISTRICT, SHANGHAI, CHINA	4）信用证号码 EPS-DSLC43	
	5）开证银行 BANK OF MELBOURNE LTD.	
	6）合同号码 DS-EPSSC01	7）成交金额 USD 76 353.90
	8）装运口岸 SHANGHAI	9）目的港 BRISBANE
2）收货人 TO ORDER	10）转船运输 YES	11）分批装运 YES
	12）信用证效期 2021-9-15	13）装船期限 2021-8-31
	14）运费 PREPAID	15）成交条件 CIFC3 BRISBANE
	16）公司联系人 WANG MEI	17）电话/传真 64331255/- 64331256
3）通知人 NEPTUNE CO., LTD. P.O. BOX28, HOMEBUSH N.S.W. AUSTRALIA 2140	18）公司开户行 中国银行上海分行	19）银行账号 858714775
	20）特别要求	

21）标记唛头	22）货号规格	23）包装件数	24）毛重（KGS）	25）净重（KGS）	26）数量	27）单价（USD）	28）总价（USD）
	INDUSTRY BRAND AIR RIFLES				**CIFC3 BRISBANE**		
N/M	G6232	734 CTNS	16 148	11 744	3 670 PCS	13.29	48 774.30
	G6240	326 CTNS	7 824	5 542	1 630 PCS	16.92	27 579.60
29）总件数		30）总毛重	31）总净重		32）总尺码	33）总金额	
1 060 CARTONS		23 972 KGS	17 286 KGS		75 M³	TOTAL	USD 76 353.90

34）备注

商业发票填制如下：

COMMERCIAL INVOICE

1) SELLER SUNRISE TRADING CO., LTD. 42 FU HAI RD, JIA DING DISTRICT SHANGHAI, CHINA	**3) INVOICE NO.** DS-EPSINV01	**4) INVOICE DATE** 29-JUL-21
	5) L/C NO. EPS-DSLC43	**6) DATE** 27-JUL-21
	7) ISSUED BY BANK OF MELBOURNE LTD.	
2) BUYER NEPTUNE CO., LTD. P.O. BOX28, HOMEBUSH N.S.W. AUSTRALIA 2140	**8) CONTRACT NO.** DS-EPSSC01	**9) DATE** 26-JUL-21
	10) FROM SHANGHAI	**11) TO** BRISBANE
	12) SHIPPED BY YI XIANG V307	**13) PRICE TERM** CIFC3 BRISBANE

14) MARKS	15) DESCRIPTION OF GOODS	16) QTY.	17) UNIT PRICE	18) AMOUNT
N/M	INDUSTRY BRAND AIR RIFLES ART.NO. G6232 3 670	PCS		
			CIFC3 BRISBANE USD 13.29	USD 48 774.30
	G6240 1 630	PCS		
			CIFC3 BRISBANE USD16.92	USD 27 579.60
			TOTAL AMOUNT	USD 76 353.90

SAY US DOLLARS SEVENTY SIX THOUSAND THREE HUNDRED FIFTY THREE AND NINETY CENTS ONLY

		GROSS WEIGHT	**MEASUREMENT**
PACKAGE	G6232	22KGS	0.068M^3
（EACH CTN）	G6240	24KGS	0.076M^3

We hereby confirm that one set of non-negotiable docs. has been sent to the applicant.

packed in 1 060 cartons of 5 pcs each

total three 20'containers

TOTAL GROSS WEIGHT:	23 972 KGS
TOTAL NET WEIGHT:	17 286 KGS
MEASUREMENT:	75 M^3

19) ISSUED BY

SUNRISE TRADING CO., LTD.

20) SIGNATURE

5 copies

装箱单填制如下：

PACKING LIST

1）SELLER	3）INVOICE NO.	4）INVOICE DATE
SUNRISE TRADING CO., LTD.	DS-EPSINV01	29–JUL–21

	5）FROM	6）TO
42 FU HAI RD,	SHANGHAI	BRISBANE

1）SELLER

SUNRISE TRADING CO., LTD.

42 FU HAI RD,

JIA DING DISTRICT

SHANGHAI, CHINA

3）INVOICE NO.
DS-EPSINV01

4）INVOICE DATE
29–JUL–21

5）FROM
SHANGHAI

6）TO
BRISBANE

7）TOTAL PACKAGES（IN WORDS）

SAY ONE THOUSAND AND SIXTY CARTONS ONLY

2）BUYER

NEPTUNE CO., LTD.

P.O. BOX28,

HOMEBUSH

N.S.W. AUSTRALIA 2140

8）MARKS & NOS.

N/M

9）C/NOS.	10）NOS. & KINDS OF PKGS.	11）ITEM	12）QTY.（pcs.）	13）G.W.（kg）	14）N.W.（kg）	15）MEAS（m³）
		INDUSTRY BRAND AIR RIFLES				
1–367	367 CARTONS	G6232	1 835	8 074	5 872	25.000
368–734	367 CARTONS	G6232	1 835	8 074	5 872	25.000
735–1060	326 CARTONS	G6240	1 630	7 824	5 542	25.000
	in three containers					
TOTAL	1 060 CARTONS		5 300	23 972	1 7286	75.000
		PERCARTON G6232	105×18×36CM	N.W. 16KGS		
		G6240	118×18×36CM	N.W. 17KGS		

16）ISSUED BY

SUNRISE TRADING CO., LTD.

17）SIGNATURE

3 copies

8.出口报关

报关单填制如下：

中华人民共和国海关出口货物报关单

预录入编号：　　　　　　海关编号：

出口口岸 上海嘉定海关	备案号	出口日期 2021-8-25	申报日期 2021-8-20
经营单位 上海日昇贸易有限公司	运输方式 江海运输	运输工具名称 YI XIANG V307	提运单号 JD-FLSBL01
发货单位 上海气枪厂	贸易方式 一般贸易	征免性质 一般征税（101）	结汇方式 信用证
许可证号	运抵国（地区）Australia	指运港 Brisbane	境内货源地 上海
批准文号	成交方式 CIF	运费 USD 5 400	保费 USD 589.27	杂费 RMB 12 000
合同协议号 DS-EPSSC01	件数 1 060	包装种类 CTN	毛重（千克） 23 972	净重（千克） 17 286
集装箱号 YXLU45789135	随附单据 商业发票、装箱单		生产厂家 上海气枪厂
标记唛码及备注　　N/M			

项号	商品编号	商品名称、规格型号	数量及单位	最终目的国(地区)	单价	总价	币制	征免
		INDUSTRY BRAND AIR RIFLES						
1	9307	G6232	3 670 PCS	Australia	13.29	48 774.30	美元	
2	9307	G6240	1 630 PCS	Brisbane	16.92	27 579.60	美元	
						76 353.90		

税费征收情况

录入员　　录入单位	兹声明以上申报无讹并承担法律责任	海关审单批注及放行日期（签章）
报关员 王玫		审单　　　　审价
单位地址 上海市嘉定区福海路42号	申报单位（签章） SUNRISE TRADING CO., LTD.	征税　　　　统计
邮编　　　电话 200000　86-21-64331255	填制日期 2021-8-20	查验　　　　放行

9. 出口货物投保

出口货物投保单填制如下：

海运出口货物投保单

1）保险人：中国人民保险公司　2）被保险人：SUNRISE TRADING CO., LTD.

3）标记	4）包装及数量	5）保险货物项目	6）保险金额
N/M	1 060 CARTONS	INDUSTRY BRAND AIR RIFLES	USD 83 989.29

UNITED STATES DOLLARS EIGHTY THREE THOUSAND NINE HUNDRED AND EIGHTY NINE AND TWENTY NINE CENTS ONLY.

7）总保险金额：

8）运输工具：　（船名）　　　（航次）　　9）装运港：　　10）目的港：

　　　　YI XIANG　　　V307　　　SHANGHAI　　　BRISBANE

11）承保险别：

　　　OCEAN MARINE CARGO CLAUSES

　　　ALL RISKS AND WAR RISK

　　　AS PER C.I.C. OF PICC DATED 1/1/2009

12）投保日期　　2021-8-20　　　　　13）投保人签字

10. 发出装运通知

　　装运通知书制作如下：

SUNRISE TRADING CO., LTD.

ADD.:　　42, FU HAI ROAD，JIA DING　　　TEL：86-21-64331255
　　　　　DISTRICT，SHANGHAI, CHINA　　　FAX：86-21-64331256

TO：　　NEPTUNE CO., LTD.　　　　　　　FROM：SUNRISE TRADING CO., LTD.
　　　　P.O. BOX 28,HOMEBUSH N.S.W.
　　　　AUSTRALIA 2140
　　　　FAX：61-08-33456
　　　　E-MAIL ADDRESS：neptune@yahoo.com

SUBJECT：SHIPPING ADVISE　　DATE：2021-8-25

S/C NO.	DS-EPSSC01
L/C NO.	EPS-DSLC43
B/L NO.	JD-FLSBL01
GOODS	INDUSTRY BRAND AIR RIFLES
VALUE	USD 76 353.90
QUANTITY	5 300PCS
PACKAGES	1 060CTNS
G.W.（KGS）	23 972
N.W.（KGS）	17 286
MEAS.（M³）	75
VESSEL	YI XIANG
FROM	SHANGHAI
TO	BRISBANE
ETD	2021-8-25
ETA	2021-9-20

SUNRISE TRADING CO., LTD.

Manager

11.出口单据制作及审核

全套出口单据制作如下：

（1）发票：见参考答案7。

（2）装箱单：见参考答案7。

（3）汇票：汇票填制如下。

BILL OF EXCHANGE

No.   DS-EPSINV01

For   US$76 353.90   **SHANGHAI**   **DATE**   **AUG. 31, 2021**

At   30 DAYS AFTER   sight of this **FIRST** bill of exchange（**SECOND** of the same

tenor and date unpaid）Pay to   **BANK OF CHINA**   or order the sum of

SAY US DOLLARS SEVENTY SIX THOUSAND THREE HUNDRED FIFTY THREE AND

NINETY CENTS ONLY

Drawn under   BANK OF MELBOURNE LTD.

L/C No.   EPS-DSLC43   Dated   JULY. 27 , 2021

To

BANK OF MELBOURNE LTD.   For and on behalf of

MELBOURNE   SUNRISE TRADING CO., LTD.

（4）保险单：保险单填制如下。

中 国 人 民 保 险 公 司

THE PEOPLE'S INSURANCE COMPANY OF CHINA

INSURANCE POLICY　　　POLICY NO.: **KH-SPTBD01**

THIS POLICY OF INSURANCE WITNESSES THAT PEOPLE'S INSURANCE COMPANY OF CHINA （HEREINAFTER CALLED "THE COMPANY"） AT THE REQUEST OF　SUNRISE TRADING CO., LTD. （HEREINAFTER　CALLED　"THE INSURED"）　AND IN CONSIDERATION OF THE AGREED PREMIUM PAID TO THE COMPANY BY THE INSURED UNDERTAKES TO INSURE THE UNDERMENTIONED GOODS IN TRANSPORTATION SUBJECT TO THE CONDITIONS OF THIS POLICY AS PER THE CLAUSES PRINTED OVERLEAF AND OTHER SPECIAL CLAUSES ATTACHED HEREON.

MARKS & NOS.	QUANTITY		AMOUNT INSURED
N/M	1 060 CARTONS	INDUSTRY BRAND AIR RIFLES G6232 G6240	USD83 989.29

AMOUNT INSURED: **UNITED STATES DOLLARS EIGHTY THREE THOUSAND NINE HUNDRED AND EIGHTY NINE AND TWENTY NINE CENTS ONLY**

PREMIUM as arranged SLG. ON OR ABT. CONDITIONS	RATE as rranged <u>as per bill of lading</u>	PER CONVEYANCE S.S. **YI XIANG V307** **FROM SHANGHAI** TO **BRISBANE**

ALL RISKS
AS PER C.I.C. OF P. I. C. C.DATED 1/1/2009

CLAIMS, IF ANY, PAYABLE ON SURRENDER OF THIS POLICY TOGETHER WITH OTHER RELEVANT   DOCUMENTS IN THE EVENT OF ACCIDENT WHEREBY LOSS OR DAMAGE MAY RESULT IN A CLAIM   UNDER THIS POLICY IMMEDIATE NOTICE APPLYING FOR SURVEY MUST BE GIVEN TO THE   COMPANY'S AGENT AS MENTIONED HEREUNDER:

J. G. SAFE & CO., A/S
631 MAPLE ALLE, DK-3240 VALBY
HAMBURG
TEL: （01） 413277   FAX: （01） 413376

中 国 人 民 保 险 公 司 上 海 分 公 司

THE PEOPLE'S INSURANCE COMPANY OF CHINA SHANGHAI BRANCH

CLAIM PAYABLE
AT/IN　**BRISBANE IN US DOLLARS**
DATE　　<u>20-AUG-21</u>　SHANGHAI
63217466-44 Telex：33128 PICCS CN.
ADDRESS: 56 ZHONG SHAN NAN LU ROAD, SHANGHAI, CHINA.
ENDORSEMENT

诸 平

General Manager

　　SUNRISE TRADING CO., LTD.
　　　（signature）

3copies

（5）提票：提单填制如下。

BILL OF LADING

1) SHIPPER SUNRISE TRADING CO., LTD.	**10) B/L NO.:　JH-FLSBL01**
2) CONSIGNEE TO ORDER OF SHIPPER	中國遠洋運輸(集團)總公司 **CHINA OCEAN SHIPPING (GROUP) CO.** CABLE: COSCO BEIJING TLX: 210740 CPC CN
3) NOTIFY PARTY NEPTUNE CO., LTD. P.O. BOX 28, HOMEBUSH N.S.W. AUSTRALIA 2140	

4) PLACE OF RECEIPT SHANGHAI CY	**5) OCEAN VESSEL** YI XIANG	*ORIGINAL*
6) VOYAGE NO. V307	**7) PORT OF LOADING** SHANGHAI	*BILL OF LADING*
8) PORT OF DISCHARGE BRISBANE	**9) PLACE OF DELIVERY**	

11) MARKS	**12) NOS. & PKGS.**	**13) DESCRIPTION**	**14) G.W.（KG）**	**15) MEAS（M³）**
		INDUSTRY BRAND AIR RIFLES		
	367 CARTONS	G6232	8 074	25.000
N/M	367 CARTONS	G6232	8 074	25.000
	326 CARTONS	G6240	7 824	25.000
		IN THREE CONTAINERS		
			FREIGHT PREPAID	

16) TOTAL NUMBER OF CONTAINERS OR PACKAGES （IN WORDS）　SAY ONE THOUSAND AND SIXTY CARTONS ONLY

FREIGHT & CHARGES	**REVENUE TONS**	**RATE**	**PER**	**PREPAID**	**COLLECT**

PREPAID AT	**PAYABLE AT**	**17) PLACE AND DATE OF ISSUE** SHANGHAI 25-AUG-21
TOTAL PREPAID	**18) NUMBER OF ORIGINAL B（S）L** THREE	**21) COSCO SHANGHAI SHIPPING CO., LTD.** 倪永海
LOADING ON BOARD THE VESSEL		
19) DATE 2021-8-25	**20) BY** COSCO SHANGHAI SHIPPING CO., LTD. 倪永海	
ENDORSEMENT:		3 copies

（6）检验证书：检验证书填制如下。

中华人民共和国上海进出口商品检验局
SHANGHAI IMPORT & EXPORT COMMODITY INSPECTION BUREAU
OF THE PEOPLE´S REPUBLIC OF CHINA

正本
ORIGINAL
No. V0524797−3104535

检 验 证 书
INSPECTION　CERTIFICATE

地址：上海市中山东一路 13 号

Address: No. 13 Zhongshan Road （E.1.）, Shanghai　　　　　日期 Date: Aug. 19, 2021

电话 Tel: 63211285

QUALITY

发 货 人：	SUNRISE TRADING CO., LTD.
Consignor	42FU HAI RD., JIA DING DISTRICT, SHANGHAI, CHINA
受 货 人：	NEPTUNE CO., LTD.
Consignee	P.O. BOX 28, HOMEBUSH, N.S.W. AUSTRALIA 2140

品　名：	INDUSTRY BRAND	标记及号码：	
Commodity	AIR RIFLES	**Marks & No. N/M**	

报验数量/重量：

Quantity/Weight

Declare　　　G6232/G6240　　　3 670PCS/1 630PCS

检 验 结 果：

RESULTS OF INSPECTION:

INDUSTRY BRAND AIR RIFLES

G6232

to be packed in cartons of 5 piece each, 367 cartons to one 20′ container, total two containers

G6240

to be packed in cartons of 5 piece each, 326 cartons to one 20′ container

主任检验员

Chief Inspector:

锗莠华

（7）原产地证书：原产地证书填制如下。

ORIGINAL	
1. Exporter （full name and address） SUNRISE TRADING CO., LTD. 42 FU HAI RD, JIA DING DISTRICT SHANGHAI, CHINA	Certificate No.08051432 **CERTIFICATE OF ORIGIN** **OF** **THE PEOPLE´S REPUBLIC OF CHINA**
2. Consignee （full name, address, country） NEPTUNE CO., LTD. P.O. BOX28, HOMEBUSH　N.S.W. AUSTRALIA 2140	
3. Means of transport and route BY SHIP FROM SHANGHAI TO BRISBANE	5. For certifying authority use only
4. Destination port BRISBANE	

6. Marks and Numbers of packages	7. Description of goods/number and kind of packages	8. H.S. code	9. Quantity or weight	10. Number and date of invoices
N/M	INDUSTRY BRAND AIR RIFLES	9307	3 670PCS	DS-EPSINV01
	G6232 734 CARTONS	9307	1 630PCS	29-JUL-21
	G6240 326 CARTONS			
	three 20′container			
Container No.32345101/02/03	***************************			

11. Declaration by the exporter	12. Certification
The undersigned hereby declares that the above details and statements are correct; that all the goods were produced in China and that they comply with the Rules of Origin of the People's Republic of China. SUNRISE TRADING CO., LTD. 29 July 2021　SHANGHAI Place and date. signature and stamp of certifying authority	It is hereby certified that the declaration by the exporter is correct. 中国国际贸易促进委员会上海分会 **China Council for the Promotion of International trade** （SHANGHAI） Place and date. signature and stamp of certifying authority

China Council for the Promotion of International trade is China Chamber of International Commerce.

12. 出口业务善后工作

善后函草拟如下：

日 昇 贸 易 有 限 公 司
SUNRISE TRADING CO.，LTD.

===

ADD.：No. 42，FU HAI ROAD　　　　　TEL：86-21-64331255

JIA DING DISTRICT　　　　　　　　　FAX：86-21-64331256

SHANGHAI，CHINA

===

To：NEPTUNE CO., LTD.

2021/9/15

Dear Sirs，

　　We are glad to know from our accounting bank that the issuing bank has honored our draft drawn under the L/C No. EPS-DSLC43.

　　We hope this deal will be the basis of the further development of our relationship. We can ensure that you will find the goods shipped to you entire satisfaction. We trust that through our joint efforts，we will have a more profitable future.

　　We would like to take this opportunity to recommend to you our new products. For your information，we are attaching the brochure of our other products which may be interested in by your customer.

　　We are looking forward to receiving your new orders.

Yours sincerely，

Manager

附录一　销售合同参考例

【销售合同参考例一】

国际商会货物买卖标准合同
International Sale Contract
（Manufactured Goods Intended for Resale）

A.SPECIFIC CONDITIONS

These Specific Conditions have been prepared in order to permit the parties to agree the particular terms of their sale contract by completing the spaces left open or choosing （as the case may be） between the alternatives provided in this document. Obviously this does not prevent the parties from agreeing other terms or further details.

SELLER ___（name and address）___ BUYER ___（name and address）___

CONTACT PERSON___（name and address）___ CONTACT PERSON （name and address）

The present contract of sale will be governed by these Specific Conditions （to the extent that the relevant boxes have been completed） and by the ICC General Conditions of Sale （Manufactured Goods Intended for Resale） which constitute part B of this document.

SELLER _____ BUYER _____
　　　　　　（Signature）　　　　　　　　　　　（Signature）

Place_____ Date _____ Place _____ Date _____

A-1 GOODS SOLD

DESCRIPTION OF THE GOODS

If there is insufficient space parties may use an annex

A-2 CONTRACT PRICE （ART. 4）

Currency：

amount in numbers：   amount in letters：

A-3 DELIVERY TERMS

Recommended terms （according to Incoterms 2000）：

EXW Ex Works named place：

FCA Free Carrier named place：

CPT Carriage Paid to named place of destination：

CIP Carriage and Insurance Paid To named place of destination：

DAF Delivered at Frontier named place：

DDU Delivered Duty Unpaid named place of destination：

DDP Delivered Duty Paid named place of destination：

Other terms （according to Incoterms 2000）

FAS Free alongside Ship named port of shipment：

FOB Free on Board named port of shipment：

CFR Cost and Freight named port of destination：

CIF Cost Insurance and Freight named port of destination：

DES Delivered Ex Ship named port of destination：

DEQ Delivered Ex Quay （duty paid） named port of destination：

Other delivery terms

CARRIER （where applicable）

NAME AND ADDRESS CONTACT PERSON

A-4 TIME OF DELIVERY

Indicate here the date or period （e.g. week or month） at which or within which the Seller must perform his delivery obligations according to clause A-4 of the respective Incoterm （see Introduction, § 6）

A-5 INSPECTION OF THE GOODS BY BUYER （ART. 3）

Before shipment：_____ Place of inspection：_____

Other：_____

A-6 RETENTION OF TITLE （ART. 7）

YES

NO

A-7 PAYMENT CONDITIONS （ART. 5）

Payment on open account （art. 5.1）

Time for payment （if different from art. 5.1）_____ days from date of invoice.

Other：_____

_____ Open account backed by demand guarantee or standby letter of credit （art. 5.5）

Payment in advance （art. 5.2）

Date （if different from art. 5.2）： _____ Total price _____% of the price

Documentary Collection （art. 5.5）

_____ D/P Documents against payment

_____ D/A Documents against acceptance

Irrevocable documentary credit （art. 5.3） ____Confirmed ____ Unconfirmed

Place of issue （if applicable）： _____ Place of confirmation （if applicable）：

_____

Credit available：   Partial shipments：   Transshipment：

__ By payment at sight   __Allowed   __ Allowed

__ By deferred payment at： __ days. __ Not allowed   __ Not allowed

__ By acceptance of drafts at： __ days

__ By negotiation

Date on which the documentary credit must be notified to seller （if different from art. 5.3）

_____ days before date of delivery. __ other： _____

Other： _____

（e.g. cheque, bank draft, electronic funds transfer to designated bank account of seller）

A-8 DOCUMENTS

Indicate here documents to be provided by Seller. Parties are advised to check the Incoterm they have selected under A-3 of these Specific Conditions.

__ Transport documents： indicate type of transport document required _____

__ Commercial invoice

__ Certificate of origin

__ Packing list

__ Certificate of inspection

__ Insurance document

__ Other： _____

A-9 CANCELLATION DATE

TO BE COMPLETED ONLY IF THE PARTIES WISH TO MODIFY ARTICLE 10.3

If the goods are not delivered for any reason whatsoever （including force majeure） by （date） _____ the Buyer will be entitled to CANCEL THE CONTRACT IMMEDIATELY BY NOTIFICATION TO THE SELLER

A-10 LIABILITY FOR DELAY （ART. 10.1, 10.4 AND 11.3）

TO BE COMPLETED ONLY IF THE PARTIES WISH TO MODIFY ART. 10.1, 10.4 OR 11.3

Liquidated damages for delay in delivery shall be:

_____ % (of price of delayed goods) per week, with a maximum of _____ % (of price of delayed goods)

or:

_____ (specify amount)

In case of termination for delay, Seller's liability for damages for delay is LTD. to _____ % of the price of the non-delivered goods

A-11 LIMITATION OF LIABILITY FOR LACK OF CONFORMITY (ART. 11.5)

TO BE COMPLETED ONLY IF THE PARTIES WISH TO MODIFY ART. 11.5.

Seller's liability for damages arising from lack of conformity of the goods shall be:

__ LTD. to proven loss (including consequential loss, loss of profit, etc.) not exceeding __ % of the contract price;

or:

_____ as follows (specify):

A-12 LIMITATION OF LIABILITY WHERE NON-CONFORMING GOODS ARE RETAINED BY THE BUYER (ART. 11.6)

TO BE COMPLETED ONLY IF THE PARTIES WISH TO MODIFY ART. 11.6

The price abatement for retained non-conforming goods shall not exceed:

_____% of the price of such goods

or:

_____ (specify amount)

A-13 TIME-BAR (ART.11.8)

TO BE COMPLETED ONLY IF THE PARTIES WISH TO MODIFY ART. 11.8.

Any action for non-conformity of the goods (as defined in article 11.8) must be taken by the Buyer not later than _____ from the date of arrival of the goods at destination

A-14 (a), A-14 (b) APPLICABLE LAW (ART.1.2)

TO BE COMPLETED ONLY IF THE PARTIES WISH TO SUBMIT THE SALE CONTRACT TO A NATIONAL LAW INSTEAD OF CISG. The solution hereunder is not recommended.

(a) This sales contract is governed by the domestic law of _____ (country)

To be completed if the parties wish to choose a law other than that of the seller for questions not covered by CISG

(b) Any questions not covered by CISG will be governed by the law of _____ (country)

A-15 RESOLUTION OF DISPUTES (ART.14)

The two solutions hereunder (arbitration or litigation before ordinary courts) are alternatives: parties cannot choose both of them. If no choice is made, ICC arbitration will apply, according to art. 14

__ ARBITRATION __ LITIGATION （ordinary courts）

__ ICC （according to art. 14.1） In case of dispute the courts of

Place of arbitration _____ （place）

__ Other _____ （specify） shall have jurisdiction

A-16 OTHER

International Sale Contract （Manufactured Goods Intended for Resale）

B. GENERAL CONDITIONS

Art. 1 GENERAL

1.1 These General Conditions are intended to be applied together with the Specific Conditions （part A） of the International Sale Contract （Manufactured Goods Intended for Resale）, but they may also be incorporated on their own into any sale contract. Where these General Conditions （Part B） are used independently of the said Specific Conditions （Part A）, any reference in Part B to Part A will be interpreted as a reference to any relevant specific conditions agreed by the parties. In case of contradiction between these General Conditions and any specific conditions agreed upon between the parties, the specific conditions shall prevail.

1.2 Any questions relating to this Contract which are not expressly or implicitly settled by the provisions contained in the Contract itself （i.e. these General Conditions and any specific conditions agreed upon by the parties） shall be governed:

A. by the United Nations Convention on Contracts for the International Sale of Goods （Vienna Convention of 1980, hereafter referred to as CISG）, and

B. to the extent that such questions are not covered by CISG, by reference to the law of the country where the Seller has his place of business.

1.3 Any reference made to trade terms （such as EXW, FCA, etc.） is deemed to be made to the relevant term of Incoterms published by the International Chamber of Commerce

1.4 Any reference made to a publication of the International Chamber of Commerce is deemed to be made to the version current at the date of conclusion of the Contract.

1.5 No modification of the Contract is valid unless agreed or evidenced in writing. However, a party may be precluded by his conduct from asserting this provision to the extent that the other party has relied on that conduct.

ART. 2 CHARACTERISTICS OF THE GOODS

2.1 It is agreed that any information relating to the goods and their use, such as weights, dimensions, capacities, prices, colours and other data contained in catalogues, prospectuses, circulars, advertisements, illustrations, price-lists of the

Seller, shall not take effect as terms of the Contract unless expressly referred to in the Contract.

2.2 Unless otherwise agreed, the Buyer does not acquire any property rights in software, drawings, etc. which may have been made available to him. The Seller also remains the exclusive owner of any intellectual or industrial property rights relating to the goods.

ART. 3 INSPECTION OF THE GOODS BEFORE SHIPMENT

If the parties have agreed that the Buyer is entitled to inspect the goods before shipment, the Seller must notify the Buyer within a reasonable time before the shipment that the goods are ready for inspection at the agreed place.

ART. 4 PRICE

4.1 If no price has been agreed, the Seller's current list price at the time of the conclusion of the Contract shall apply. In the absence of such a current list price, the price generally charged for such goods at the time of the conclusion of the Contract shall apply.

4.2 Unless otherwise agreed in writing, the price does not include VAT, and is not subject to price adjustment.

4.3 The price indicated under A-2 (contract price) includes any costs which are at the Seller's charge according to this Contract. However, should the Seller bear any costs which, according to this Contract, are for the Buyer's account (e.g. for transportation or insurance under EXW or FCA), such sums shall not be considered as having been included in the price under A-2 and shall be reimbursed by the Buyer.

ART. 5 PAYMENT CONDITIONS

5.1 Unless otherwise agreed in writing, or implied from a prior course of dealing between the parties, payment of the price and of any other sums due by the Buyer to the Seller shall be on open account and time of payment shall be 30 days from the date of invoice. The amounts due shall be transferred, unless otherwise agreed, by teletransmission to the Seller's bank in the Seller's country for the account of the Seller and the Buyer shall be deemed to have performed his payment obligations when the respective sums due have been received by the Seller's bank in immediately available funds.

5.2 If the parties have agreed on payment in advance, without further indication, it will be assumed that such advance payment, unless otherwise agreed, refers to the full price, and that the advance payment must be received by the Seller's bank in immediately available funds at least 30 days before the agreed date of delivery or the earliest date within the agreed delivery period. If advance payment has been agreed only for a part of the contract price, the payment conditions of the remaining amount will be determined according to the rules set forth in this article.

5.3 If the parties have agreed on payment by documentary credit, then, unless otherwise agreed, the Buyer must arrange for a documentary credit in favour of the Seller to be issued by a reputable bank, subject to the Uniform Customs and Practice for Documentary Credits published by the International Chamber of Commerce, and to be notified at least 30 days before the agreed date of delivery or at least 30 days before the earliest date within the agreed delivery period. Unless otherwise agreed, the documentary credit shall be payable at sight and allow partial shipments and transshipments.

5.4 If the parties have agreed on payment by documentary collection, then, unless otherwise agreed, documents will be tendered against payment (D/P) and the tender will in any case be subject to the Uniform Rules for Collections published by the International Chamber of Commerce.

5.5 To the extent that the parties have agreed that payment is to be backed by a bank guarantee, the Buyer is to provide, at least 30 days before the agreed date of delivery or at least 30 days before the earliest date within the agreed delivery period, a first demand bank guarantee subject to the Uniform Rules for Demand Guarantees published by the International Chamber of Commerce, or a standby letter of credit subject either to such Rules or to the Uniform Customs and Practice for Documentary Credits published by the International Chamber of Commerce, in either case issued by a reputable bank.

ART. 6 INTEREST IN CASE OF DELAYED PAYMENT

6.1 If a party does not pay a sum of money when it falls due the other party is entitled to interest upon that sum from the time when payment is due to the time of payment.

6.2 Unless otherwise agreed, the rate of interest shall be 2% above the average bank short-term lending rate to prime borrowers prevailing for the currency of payment at the place of payment, or where no such rate exists at that place, then the same rate in the State of the currency of payment. In the absence of such a rate at either place the rate of interest shall be the appropriate rate fixed by the law of the State of the currency of payment.

ART. 7 RETENTION OF TITLE

If the parties have validly agreed on retention of title, the goods shall remain the property of the Seller until the complete payment of the price, or as otherwise agreed.

ART. 8 CONTRACTUAL TERM OF DELIVERY

Unless otherwise agreed, delivery shall be "Ex Works" (EXW).

ART. 9 DOCUMENTS

Unless otherwise agreed, the Seller must provide the documents (if any) indicated in the applicable Incoterms or, if no Incoterms is applicable, according to any previous course of dealing.

ART. 10 LATE-DELIVERY, NON-DELIVERY AND REMEDIES THEREFOR

10.1 When there is delay in delivery of any goods, the Buyer is entitled to claim liquidated damages equal to 0.5% or such other percentage as may be agreed of the price of those goods for each complete week of delay, provided the Buyer notifies the Seller of the delay. Where the Buyer so notifies the Seller within 15 days from the agreed date of delivery, damages will run from the agreed date of delivery or from the last day within the agreed period of delivery. Where the Buyer so notifies the Seller after 15 days of the agreed date of delivery, damages will run from the date of the notice. Liquidated damages for delay shall not exceed 5% of the price of the delayed goods or such other maximum amount as may be agreed.

10.2 If the parties have agreed upon a cancellation date in Box A-9, the Buyer may terminate the Contract by notification to the Seller as regards goods which have not been delivered by such cancellation date for any reason whatsoever (including a force majeure event).

10.3 When article 10.2 does not apply and the Seller has not delivered the goods by the date on which the Buyer has become entitled to the maximum amount of liquidated damages under article 10.1, the Buyer may give notice in writing to terminate the Contract as regards such goods, if they have not been delivered to the Buyer within 5 days of receipt of such notice by the Seller.

10.4 In case of termination of the Contract under article 10.2 or 10.3 then in addition to any amount paid or payable under article 10.1, the Buyer is entitled to claim damages for any additional loss not exceeding 10% of the price of the non-delivered goods.

10.5 The remedies under this article are exclusive of any other remedy for delay in delivery or non-delivery.

ART. 11 NON-CONFORMITY OF THE GOODS

11.1 The Buyer shall examine the goods as soon as possible after their arrival at destination and shall notify the Seller in writing of any lack of conformity of the goods within 15 days from the date when the Buyer discovers or ought to have discovered the lack of conformity. In any case the Buyer shall have no remedy for lack of conformity if he fails to notify the Seller thereof within 12 months from the date of arrival of the goods at the agreed destination.

11.2 Goods will be deemed to conform to the Contract despite minor discrepancies which are usual in the particular trade or through course of dealing between the parties but the Buyer will be entitled to any abatement of the price usual in the trade or through course of dealing for such discrepancies.

11.3 Where goods are non-conforming (and provided the Buyer, having given notice of the lack of conformity in compliance with article 11.1, does not elect in the notice to retain them), the Seller shall at his option:

(a) replace the goods with conforming goods, without any additional expense to the Buyer, or

(b) repair the goods, without any additional expense to the Buyer, or

(c) reimburse to the Buyer the price paid for the non-conforming goods and thereby terminate the Contract as regards those goods.

The Buyer will be entitled to liquidated damages as quantified under article 10.1 for each complete week of delay between the date of notification of the non-conformity according to article 11.1 and the supply of substitute goods under article 11.3 (a) or repair under article 11.3 (b) above. Such damages may be accumulated with damages (if any) payable under article 10.1, but can in no case exceed in the aggregate 5% of the price of those goods.

11.4 If the Seller has failed to perform his duties under article 11.3 by the date on which the Buyer becomes entitled to the maximum amount of liquidated damages according to that article, the Buyer may give notice in writing to terminate the Contract as regards the non-conforming goods unless the supply of replacement goods or the repair is effected within 5 days of receipt of such notice by the Seller.

11.5 Where the Contract is terminated under article 11.3 (c) or article 11.4, then in addition to any amount paid or payable under article 11.3 as reimbursement of the price and damages for any delay, the Buyer is entitled to damages for any additional loss not exceeding 10% of the price of the non-conforming goods.

11.6 Where the Buyer elects to retain non-conforming goods, he shall be entitled to a sum equal to the difference between the value of the goods at the agreed place of destination if they had conformed with the Contract and their value at the same place as delivered, such sum not to exceed 15% of the price of those goods.

11.7 Unless otherwise agreed in writing, the remedies under this article 11 are exclusive of any other remedy for non-conformity.

11.8 Unless otherwise agreed in writing, no action for lack of conformity can be taken by the Buyer, whether before judicial or arbitral tribunals, after 2 years from the date of arrival of the goods. It is expressly agreed that after the expiry of such term, the Buyer will not plead non-conformity of the goods, or make a counter-claim thereon, in defence to any action taken by the Seller against the Buyer for non-performance of this Contract.

ART. 12 COOPERATION BETWEEN THE PARTIES

12.1 The Buyer shall promptly inform the Seller of any claim made against the Buyer by his customers or third parties concerning the goods delivered or intellectual property rights related thereto.

12.2 The Seller will promptly inform the Buyer of any claim which may involve the product liability of the Buyer.

ART. 13 FORCE MAJEURE

13.1 A party is not liable for a failure to perform any of his obligations in so far as he proves:

(a) that the failure was due to an impediment beyond his control, and

(b) that he could not reasonably be expected to have taken into account the impediment and its effects upon his ability to perform at the time of the conclusion of the Contract, and

(c) that he could not reasonably have avoided or overcome it or its effects.

13.2 A party seeking relief shall, as soon as practicable after the impediment and its effects upon his ability to perform become known to him, give notice to the other party of such impediment and its effects on his ability to perform. Notice shall also be given when the ground of relief ceases. Failure to give either notice makes the party thus failing liable in damages for loss which otherwise could have been avoided.

13.3 Without prejudice to article 10.2, a ground of relief under this clause relieves the party failing to perform from liability in damages, from penalties and other contractual sanctions, except from the duty to pay interest on money owing as long as and to the extent that the ground subsists.

13.4 If the grounds of relief subsist for more than six months, either party shall be entitled to terminate the Contract with notice.

ART. 14 RESOLUTION OF DISPUTES

14.1 Unless otherwise agreed in writing, all disputes arising in connection with the present Contract shall be finally settled under the Rules of Arbitration of the International Chamber of Commerce by one or more arbitrators appointed in accordance with the said Rules.

14.2 An arbitration clause does not prevent any party from requesting interim or conservatory measures from the courts.

【销售合同参考例二】

SALES CONTRACT

Contract No.: _____Date: _____Place: _____

The Seller: _____

TEL : _____FAX : _____E-MAIL: _____

THE Buyer: _____

TEL: FAX: E-MAIL: _____

The Seller agrees to sell and the Buyer agrees to buy the under-mentioned commodity according to the terms and conditions stated below:

（1） NAME OF COMMODITY AND SPECIFICATION

（2） QUANTITY

（3） UNIT PRICE

（4） TOTAL AMOUNT

（5） TERMS OF DELIVERY

FOB/CFR/CIF. The terms "FOB", "CFR" or "CIF" shall be subject to the INCO-TERMS2000 provided by International Chamber of Commerce （ICC） unless otherwise stipulated herein.

（6） STANDARD OF PRODUCTION

（7） PACKING

（8） SHIPPING MARK

（9） TIME OF SHIPMENT

（10） PORT OF SHIPMENT

（11） PORT OF DESTINATION

（12） INSURANCE

If the term of delivery is on FOB or CFR basis, insurance shall be effected by the Buyer. If the term of delivery is on CIF basis, insurance shall be covered by the Seller for 110% of the invoice value against all risks.

（13） TERMS OF PAYMENT

13.1. Letter of Credit   The Buyer shall, _____days prior to the time of shipment/after the Contract came into effect, open an irrevocable Letter of Credit by Telex/Mail in favor of the Seller in Bank. The L/C shall expire_____ Days after the completion of loading of the shipment in the locality of the beneficiary.

13.2. Collection

13.2.1 After shipment, the Seller shall draw a sight bill of exchange on the Buyer and deliver the documents through Seller's bank and the bank to the Buyer agains payment, i.e D/P. The Buyer shall effect the payment immediately upon the first presentation of the bill of exchange.

13.2.2 After shipment, the Seller shall draw a bill of exchange, payable days after on the Buyer and deliver the documents through Seller's bank and Bank to Buyer against acceptance (D/A days) .The Buyer shall make payment on the maturity date of the bill of exchange.

(14) DOCUMENTS REQUIRED

The Seller shall present the following documents to the negotiating bank:

(A) Full set of clean on board ocean Bills of Lading and blank endorsed marked freight prepaid/to collect;

(B) Commercial Invoice;

(C) Under the term of CIF: Insurance Policy/Insurance Certificate;

(D) Quality Certificate;

(E) Packing List;

(F) Certificate of Origin.

(15) TERMS OF SHIPMENT

15.1 On the FOB basis, the Buyer shall book shipping space in accordance with the date of shipment stipulated in the Contract. The Seller shall _____days before the date of shipment stipulated in the Contract advise the Buyer by Telex/Fax of the Contract number, the name of commodity, quantity, total amount, package numbers, total weight, and volume and the date from which goods is ready for loading at the port of shipment. The buyer shall _____ days before the date of shipment stipulated in the Contract, notify the Seller of name of the vessel, the estimated date of loading and the contract number for the Seller to effect shipment. In case the carrying vessel of the date of arrival has to be changed, the Buyer or its shipping agent shall advise the Seller in time. Should the vessel fail to arrive at the port of shipment within days after the arrival date advised by the Buyer, the Buyer shall bear the storage expense calculated from the days thereafter.

15.2 On FOB, CFR and CIF basis, the Seller shall, immediately upon completion of loading the goods, give a shipping notice to the Buyer by Telex/Fax. The notice shall includes the contract number, name of commodity, quantity, gross weight, measurement, invoice value, bill of lading number, sailing date. The IMDG code number of flammable and dangerous goods, if any shall also be included.

15.3 Partial shipment and the transshipment are/are not allowed.

15.4 With ＿＿＿＿＿ % more or less both in amount and quantity allowed at the Seller's option.

（16）QUALITY/QUANTITY DISCREPANCY AND CLAIM

In case the quality and/or quantity/ weight of the goods found by the Buyer are not in conformity with the Contract after arrival of the goods at the port of destination, the Buyer may lodge claim with the Seller supported by survey report issued by an inspection organization agreed by both parties, with the exception, however, of those claims for which the insurance company and/of the shipping company are to be held responsible. Claim for quality and discrepancy should be filed by the Buyer within 30 days after arrival of the goods at the port of destination, while for quantity/weight discrepancy claim should be filed by the Buyer within 15 days after arrival of the goods at the port of destination. The Seller shall reply to the Buyer no later than 30 days after receipt of the claim requirement.

（17）FORCE MAJEURE

The Seller shall not be held responsible for failure or delay to perform all or any part of the Contract due to flood, fire, earthquake, drought, war, or any other event which could not be predicted at the time of the conclusion of the Contract, and could not be controlled, avoided or overcome by the Seller. However, the Seller shall inform the other party of its occurrence in written as soon as possible and thereafter send a certificate of the Event issued by the relevant authority to the other party but no later than 15 days after its occurrence.

If the Force Majeure Event last over 120 days, both parties shall negotiate the performance or the termination of the Contract.

（18）ARBITRATION

All disputes arising from the Contract, should be settled through friendly negotiations. Should no settlement be reached through negotiation, the case shall then be submitted for arbitration to the China International Economic and Trade Arbitration Commission （Beijing） and arbitration rules of this Commission shall be applied. The award of the arbitration shall be final and binding upon both parties. The arbitration fee shall be borne by the losing party unless otherwise awarded by the arbitration organi-zation.

（19）SPECIAL PROVISIONS

In witness thereof, this contract shall come into effect immediately after it is signed by both parties in two original copies each party holds one copy.

The Seller ＿＿＿＿＿＿＿＿＿＿＿＿ The Buyer ＿＿＿＿＿＿＿＿＿＿＿＿

【销售确认书参考例】

售货确认书

合同编号：＿＿＿＿＿＿＿　日　期：＿＿＿＿＿＿＿　签约地点：＿＿＿＿＿＿＿

卖方：＿＿＿＿＿＿＿　地址：＿＿＿＿＿＿＿　电话：＿＿＿＿＿＿＿

买方：＿＿＿＿＿＿＿　地址：＿＿＿＿＿＿＿　电话：＿＿＿＿＿＿＿

兹经买卖双方同意成交下列商品，订立条款如下：

1.商品：

2.规格：

3.数量：

4.单价：

5.总价：

6.包装：

7.装运期：收到信用证后＿＿＿＿＿＿＿＿＿天。

8.装运口岸和目的地：从＿＿＿＿经＿＿＿＿至＿＿＿＿。

9.保险：

10.付款条件：

（1）买方须于＿＿＿年＿＿＿月＿＿＿日前将保兑的、可转让的即期信用证开到卖方。信用证议付有效期延至上述装运期后＿＿＿天在＿＿＿＿到期。

（2）买方须于签约后即付定金＿＿＿＿ %。

11.装船标记及交货条件：货运标记由卖方指定。

12.注意：开立信用证时请注明合同编号。

13.备注：

卖方：＿＿＿＿＿＿＿（签字）买方：＿＿＿＿＿＿＿（签字）

附录二　信用证审核参考资料

【SWIFT MT700 和 MT701 的代号说明】

MT700 格式说明

代码（Tag）	栏位名称　（Field Name）
27	合计次序（Sequence of Total）
20	信用证编号（Documentary Credit Number）
45B	货物描述与交易条件（Description of Goods and/or Services）
46B	应具备单据（Documents Required）
47B	附加条件（Additional Conditions）
50	申请人（Application）
59	受益人（Beneficiary）
32B	币别代号、金额（Currency Code，Amount）
39A	信用证金额加减百分率（Percentage Credit Amount）
39B	最高信用证金额（Maximum Credit Amount）
39C	可附加金额（Additional Amount Covered）
41A	向……银行押汇，押汇方式为……（Available with...by...）
42C	汇票期限（Drafts at...）
42A	付款人（Drawee）
42M	混合付款指示（Mixed Payment Details）
42P	延期付款指示（Deferred Payment Details）

续表

代码（Tag）	栏位名称（Field Name）
43P	分运（Partial Shipments）
43T	转运（Transhipment）
44A	由……装船/发送/接管（Loading on Board/Dispatch/Taking in Charge at /from...）
44B	装运至……（For Transportation to...）
44C	最后装船日（Latest Date of Shipment）
44D	装运期（Shipment Period）
45A	货物描述与交易条件（Description of Goods and/or Services）
46A	应具备单据（Documents Required）
47A	附加条件（Additional Conditions）
71B	费用（Charges）
48	提示期间（Period for Presentation）
49	保兑指示（Confirmation Instructions）
53a	清算银行（Reimbursement Bank）
78	对付款/承兑/让购银行之指示（Instructions to the Paying / Accepting/Negotiation bank）
57a	收讯银行以外的通知银行（"Advise through" Bank）
72	银行间的备注（Sender to Receiver Information）

MT701 格式说明

代号（Tag）	栏位名称（Field Name）
27	合计次序（Sequence of Total）
20	信用证编号（Documentary Credit Number）
45B	货物及/或劳务描述（Description of Goods and/or Service）
46B	应具备单据（Documents Required）
47B	附加条件（Additional Conditions）

注：合计次序是本证的页次，共两个数字，前后各一。例如"1/2"，其中2指本证共2页，"1"指本页为第1页。MT700格式只有1页，如果信用证的内容超过该格式，报文自动转为MT701格式。

【信用证参考例】

信用证实例

```
******RECEIVED MESSAGE ****              3-AUG-2021 08:30
page no.: 5294
   Status : MESSAGE DELIVERED
   Station :   1          BEGINNING OF MESSAGE
RCVD    * FIN/Session/OSN       : F01   6036              942305
                                                          BANK OF CHINA
RCVD    * Own Address           : COMMONSHADLN            SHANGHAI
                                                          BRANCH  50 HUQIU RD,
RCVD    *                                                 SHANGHAI
RCVD    *                                                 CHINA
                                                          ISSUE OF A
RCVD    * Output Message Type   : 700                     DOCUMENTARY CREDIT
RCVD    * Input Time            : 1401
RCVD    * MIR                   : 210802DEUTGEBKA×××5737638647
RCVD    * Sent by              : AYUDTHBKA×××            DEUTSCHE BANK
RCVD    *                                                 FILIAL HANNOVER
RCVD    * Output Date/Time      : 210802/1002
RCVD    * Priority              : Normal
RCVD    *
```

```
RCVD    *27 /    SEQUENCE OF TOTAL
RCVD    *          1/1
RCVD    *40A/    FORM OF DOCUMENTARY CREDIT
RCVD    *          IRREVOCABLE
RCVD    *20 /    DOCUMENTARY CREDIT NUMBER
RCVD    *          384010021947
RCVD    *31C/    DATE OF ISSUE
RCVD    *          210802
RCVD    *          02-AUG-2021
RCVD    *31D/    DATE AND PLACE OF EXPIRY
RCVD    *          210905 CHINA
RCVD    *          05-SEP-2021
RCVD    *50 /    APPLICANT
```

RCVD	*	GLOBLE TRADING UM GMBH
RCVD	*	MOOSFELDSTRABE 96
RCVD	*	85238 PETERSHAUSEN，GERMANY
RCVD	*59 /	BENEFICIARY–NAME & ADDRESS
RCVD	*	EVERTRUST IMP. AND EXP. CO., LTD.
RCVD	*	ROOM 203，WORLD TRADE CENTER,
RCVD	*	277 WU XING ROAD,
RCVD	*	SHANGHAI, CHINA
RCVD	*32B/	CURRENCY CODE, AMOUNT
RCVD	*	USD21 709.00
RCVD	*	US DOLLAR
RCVD	*	21 709.00
RCVD	*41D/	AVAILABLE WITH...BY–NAME&ADDRESS
RCVD	*	ANY BANK, IN CHINA
RCVD	*	BY NEGOTIATION
RCVD	*42C/	DRAFTS AT...
RCVD	*	60 DAYS SIGHT
RCVD	*42A	DRAWEE-NAME & ADDRESS
RCVD	*	ISSUING BANK
RCVD	*43P/	PARTIAL SHIPMENTS
RCVD	*	NOT ALLOWED
RCVD	*43T/	TRANSSHIPMENT
RCVD	*	NOT ALLOWED
RCVD	*44A/	ON BOARD/DISP/TAKING CHARGE AT/F
RCVD	*	SHANGHAI, CHINA
RCVD	*44B/	FOR TRANSPORTATION TO
RCVD	*	HAMBURG, GERMANY

******RECEIVED MESSAGE ****　　　　3–AUG 2021 08:30　　PAGE NO.: 5295

Status : MESSAGE DELIVERED

Station : 1　　　　CONTINUATION OF MESSAGE

RCVD	*44C/	LATEST DATE OF SHIPMENT
RCVD	*	210830
RCVD	*	30–AUG–2021
RCVD	*45A/	DESCRIPTION OF GOODS &/OR SERVICE
RCVD	*	1 700 SETS OF DUMBBELL / ART.NO. G6610–10KGS
RCVD	*	AT PRICE OF USD 12.77/SET
RCVD	*	TOAL AMOUNT: USD 21 709.00
RCVD	*	CIF HAMBURG, GERMANY （INCOTERMS 2020）

RCVD	*	AS PER S/C NO. KH-SPTSC38
RCVD	*46A/	DOCUMENTS REQUIRED
RCVD	*	+MANUALLY SIGNED COMMERCIAL INVOICE IN TRIPLICATE STATING FOB VALUE, INSURANCE PREMIUM AND THIS
RCVD	*	DOCUMENTARY CREDIT NUMBER.
RCVD	*	+FULL SET OF CLEAN ON BOARD OCEAN BILLS OF LADING WITH 2
RCVD	*	NON-NEGOTIABLE COPIES MADE OUT TO THE ORDER OF BENEFICIARY
RCVD	*	MARKED FREIGHT PREPAID, NOTIFY APPLICANT AND ISSUING BANK AND
RCVD	*	SHOWING THIS DOCUMENTARY CREDIT NUMBER
RCVD	*	+PACKING LIST IN TRIPLICATE
RCVD	*	+CERTIFICATE OF ORIGIN AUTHENTICATED BY CHAMBER OF COMMERCE
RCVD	*	+BENEFICIARY'S CERTIFICATE CERTIFYING THAT SHIPPING SAMPLE HAVE
RCVD	*	BEEN SENT TO APPLICANT BEFORE SHIPMENT.
RCVD	*	+INSPECTION SHALL BE EFFECTED BEFORE SHIPMENT BY THE BENEFICIARY
RCVD	*	AND RELEVANT REPORTS OR CERTIFICATES SHALL BE ISSUED BY GEORGE
RCVD	*	SMITHS INSPECTION AGENT OR INSPECTOR APPROVED BY THE APPLICANT.
RCVD	*	THE APPLICANT RESERVES THE RIGHT TO RE-INSPECT THE GOODS AT THE
RCVD	*	DESTINATION PORT.
RCVD	*	+INSURANCE POLICY/CERTIFICATE MADE OUT FOR USD 21 709.00 AND
RCVD	*	COVERING ALL RISKS AND WAR RISK AS PER C.I.C. OF PICC DATED 1/1/2009.
RCVD	*	+SHIPMENT ADVICE MUST BE SENT TO BENEFICIARY WITHIN 48 HOURS AFTER
RCVD	*	ISSURANCE OF B/L WITH SHIPPING DETAILS AND CONTRACT NUMBER.
RCVD	*	+ALL DOCUMENTS MUST QUOTE THE NUMBER OF THIS LETTER OF CREDIT.
RCVD	*47A/	ADDITIONAL CONDITIONS
RCVD	*	+MAKING SHIPPING MARK AS KD-SPTSC08/SPORTAR/HAMBURG/C/NO.1-UP
RCVD	*	+MULTIMODAL TRANSPORT DOCUMENTS ACCEPTABLE
RCVD	*	+ DRAFTS TO BE PRESENTED FOR NEGOTIATION MUST BE MARKED AS BEING
RCVD	*	DRAWN UNDER THIS CREDIT AND BEAR ITS NUMBER
RCVD	*	+TO ADVISING BANK: KINDLY COLLECT YOUR ADVISING COMMISSION
RCVD	*	BEFORE RELEASING THE DOCUMENTARY CREDIT TO BENEFICIARY.
RCVD	*	+IF DOCUMENTS PRESENTED ARE FOUND TO BE DISCREPANT, PLEASE
RCVD	*	STATE DISCREPANCIES NOTED
RCVD	*71R/	CHARGE
RCVD	*	ALL BANK CHARGES OUTSIDE GERMANY
RCVD	*	INCLUDING REIMBURSING BANK
RCVD	*	COM. ARE FOR BENEFICIARY'S
RCVD	*	ACCOUNT
RCVD	*48 /	PERIOD FOR PRESENTATION

RCVD	*	WITHIN 14 DAYS AFTER THE DATE OF
RCVD	*	SHIPMENT BUT WITHIN THE VALIDITY OF
RCVD	*	THE CREDIT
RCVD	*49 /	CONFIRMATION INSTRUCTIONS
RCVD	*	WITHOUT
RCVD	*53A/	REIMBURSING BANK–BIG
		BANK OF NEW YORK
		NEW YORK, NY

******RECEIVED MESSAGE ****　　　　　3–AUG–2021 08:30　　PAGE NO.: 5296

Status : MESSAGE DELIVERED

Station :　1　　　　CONTINUATION OF MESSAGE

RCVD	*53A/	REIMBURSING BANK–BIG
RCVD	*	IRVTUSEN
RCVD	*	BANK OF NEW YORK
RCVD	*	NEW YORK, NY
RCVD	*76 /	INSTR TO PAYG/ACCPTG/NEGOTG BANK
RCVD	*	+REIMBURSEMENTS CLAIMS UNDER THIS L/C ARE SUBJECT TO U.R.R. 1995
RCVD	*	I.C.C. PUB. NO. 525
RCVD	*	+THE AMOUNT OF EACH DRAWING TO BE ENDORSED ON THE REVERSE
RCVD	*	SIDE OF THIS CREDIT BY THE NEGOTIATION BANK
RCVD	*	+IN CASE DOCUMENTS PRESENTED WITH DISCREPANCY（IES）
RCVD	*	A DISCREPANCY FEE OF USD50.00 OR EQUIVALENT PLUS OUR TELEX/SWIFT
RCVD	*	EXPENSES（IF APPLICABLE）WILL BE DEDUCTED FROM THE PROCEEDS
RCVD	*72 /	SENDER TO RECEIVER INFORMATION
RCVD	*	SUBJECT TO UCP 1993 REV. PUB 500
RCVD	*	ALL DOC MUST BE SENT IN ONE LOT
RCVD	*	BY ANY COURIER TO ISSUING BANK
RCVD	*	
RCVD	*	
RCVD	*MAC:	Authentication Code
RCVD	*	6588FBA5
RCVD	*CHK:	CheckSum
RCVD	*	4DAF2B97D6DC
RCVD	*	
RCVD	*SAC:	SWIFT Authentication Correct
RCVD	*COP:	P: CBT Primary Copy

User requested copy from OMHQ

【SWIFT MT707 格式代号说明】

MT707格式代号说明

代号（Tag）	栏位名称（Field Name）
20	送讯银行的编号（Sender's Reference）
21	收讯银行的编号（Receiver's Reference）
23	开证银行的编号（Issuing Bank's Reference）
52a	开证银行（Issuing Bank）
31c	开证日期（Date of Issue）
30	修改日期（Date of Amendment）
26E	修改序号（Number of Amendment）
59	受益人（修改以前的）（Beneficiary（before this amendment））
31E	新的到期日（New Date of Expiry）
32B	信用证金额的增加（Increase of Documentary Credit Amount）
33B	信用证金额的减少（Decrease of Documentary Credit Amount）
34B	修改后新的信用证金额（New Documentary Credit Amount After）
39A	信用证金额加减百分率（Percentage Credit Amount Tolerance）
39B	最高信用证金额（Maximum Credit Amount）
39C	可附加金额（Additional Amount Covered）
44A	由……装船/发送/接管（Loading on Board/Dispatch/Taking in Charge at /from…）
44B	装运至……（For Transportation to…）
44C	最后装船日（Latest Date of Shipment）
44D	装船期间（Shipment Period）
79	叙述（Narrative）
72	银行间备注（Sender to Receiver Information）

附录三　实训报告格式

一、封面

×××课程实训报告

课程编号：

课程序号：

课程名称：

实训教师：

学生班级：

学生姓名：

学生学号：

实训地点：

实训日期：　　年　月　日

实训成绩：

实训报告批语：

二、实训报告的内容

（按实训单元编写，以下项目可根据实训情况作适当增减）

Ⅰ【实训编号】

Ⅱ【实训目的】

Ⅲ【实训要求】

Ⅳ【实训原理】

Ⅴ【实训数据】

Ⅵ【实训步骤】

Ⅶ【实训内容】

Ⅷ【实训总结】

Ⅸ【教师批语】

附录四　中华人民共和国海关
进出口货物报关单填制规范

《中华人民共和国海关进（出）口货物报关单》在本规范中采用"报关单""进口报关单""出口报关单"的提法。报关单各栏目的填制规范如下：

一、预录入编号

预录入编号指预录入报关单的编号，一份报关单对应一个预录入编号，由系统自动生成。

报关单预录入编号为18位，其中第1—4位为接受申报海关的代码（海关规定的《关区代码表》中相应海关代码），第5—8位为录入时的公历年份，第9位为进出口标志（"1"为进口，"0"为出口；集中申报清单"I"为进口，"E"为出口），后9位为顺序编号。

二、海关编号

海关编号指海关接受申报时给予报关单的编号，一份报关单对应一个海关编号，由系统自动生成。

报关单海关编号为18位，其中第1—4位为接受申报海关的代码（海关规定的《关区代码表》中相应海关代码），第5—8位为海关接受申报的公历年份，第9位为进出口标志（"1"为进口，"0"为出口；集中申报清单"I"为进口，"E"为出口），后9位为顺序编号。

三、境内收发货人

填报在海关备案的对外签订并执行进出口贸易合同的中国境内法人、其他组织名称及编码。编码填报18位法人和其他组织统一社会信用代码，没有统一社会信用代码的，填报其在海关的备案编码。

特殊情况下填报要求如下：

（一）进出口货物合同的签订者和执行者非同一企业的，填报执行合同的企业。

（二）外商投资企业委托进出口企业进口投资设备、物品的，填报外商投资企业，并在标记唛码及备注栏注明"委托某进出口企业进口"，同时注明被委托企业的18位法人和其他组织统一社会信用代码。

（三）有代理报关资格的报关企业代理其他进出口企业办理进出口报关手续

时，填报委托的进出口企业。

（四）海关特殊监管区域收发货人填报该货物的实际经营单位或海关特殊监管区域内经营企业。

（五）免税品经营单位经营出口退税国产商品的，填报免税品经营单位名称。

四、进出境关别

根据货物实际进出境的口岸海关，填报海关规定的《关区代码表》中相应口岸海关的名称及代码。

特殊情况填报要求如下：

进口转关运输货物填报货物进境地海关名称及代码，出口转关运输货物填报货物出境地海关名称及代码。按转关运输方式监管的跨关区深加工结转货物，出口报关单填报转出地海关名称及代码，进口报关单填报转入地海关名称及代码。

在不同海关特殊监管区域或保税监管场所之间调拨、转让的货物，填报对方海关特殊监管区域或保税监管场所所在的海关名称及代码。

其他无实际进出境的货物，填报接受申报的海关名称及代码。

五、进出口日期

进口日期填报运载进口货物的运输工具申报进境的日期。出口日期指运载出口货物的运输工具办结出境手续的日期，在申报时免予填报。无实际进出境的货物，填报海关接受申报的日期。

进出口日期为 8 位数字，顺序为年（4 位）、月（2 位）、日（2 位）。

六、申报日期

申报日期指海关接受进出口货物收发货人、受委托的报关企业申报数据的日期。以电子数据报关单方式申报的，申报日期为海关计算机系统接受申报数据时记录的日期。以纸质报关单方式申报的，申报日期为海关接受纸质报关单并对报关单进行登记处理的日期。本栏目在申报时免予填报。

申报日期为 8 位数字，顺序为年（4 位）、月（2 位）、日（2 位）。

七、备案号

填报进出口货物收发货人、消费使用单位、生产销售单位在海关办理加工贸易合同备案或征、减、免税审核确认等手续时，海关核发的《加工贸易手册》、海关特殊监管区域和保税监管场所保税账册、《中华人民共和国海关进出口货物征免税证明》或其他备案审批文件的编号。

一份报关单只允许填报一个备案号。具体填报要求如下：

（一）加工贸易项下货物，除少量低值辅料按规定不使用《加工贸易手册》及以后续补税监管方式办理内销征税的外，填报《加工贸易手册》编号。

使用异地直接报关分册和异地深加工结转出口分册在异地口岸报关的，填报分册号；本地直接报关分册和本地深加工结转分册限制在本地报关，填报总册号。

加工贸易成品凭《征免税证明》转为减免税进口货物的，进口报关单填报《征免税证明》编号，出口报关单填报《加工贸易手册》编号。

对加工贸易设备、使用账册管理的海关特殊监管区域内减免税设备之间的结转，转入和转出企业分别填制进、出口报关单，在报关单"备案号"栏目填报《加工贸易手册》编号。

（二）涉及征、减、免税审核确认的报关单，填报《征免税证明》编号。

（三）减免税货物退运出口，填报《中华人民共和国海关进口减免税货物准予退运证明》的编号；减免税货物补税进口，填报《减免税货物补税通知书》的编号；减免税货物进口或结转进口（转入），填报《征免税证明》的编号；相应的结转出口（转出），填报《中华人民共和国海关进口减免税货物结转联系函》的编号。

（四）免税品经营单位经营出口退税国产商品的，免予填报。

八、境外收发货人

境外收发货人通常指签订并执行出口贸易合同中的买方或合同指定的收货人，境外发货人通常指签订并执行进口贸易合同中的卖方。

填报境外收发货人的名称及编码。名称一般填报英文名称，检验检疫要求填报其他外文名称的，在英文名称后填报，以半角括号分隔；对于 AEO 互认国家（地区）企业的，编码填报 AEO 编码，填报样式为："国别（地区）代码+海关企业编码"，例如：新加坡 AEO 企业 SG123456789012（新加坡国别代码+12 位企业编码）；非互认国家（地区）AEO 企业等其他情形，编码免予填报。

特殊情况下无境外收发货人的，名称及编码填报"NO"。

九、运输方式

运输方式包括实际运输方式和海关规定的特殊运输方式，前者指货物实际进出境的运输方式，按进出境所使用的运输工具分类；后者指货物无实际进出境的运输方式，按货物在境内的流向分类。

根据货物实际进出境的运输方式或货物在境内流向的类别，按照海关规定的《运输方式代码表》选择填报相应的运输方式。

（一）特殊情况填报要求如下：

1. 非邮件方式进出境的快递货物，按实际运输方式填报。

2. 进口转关运输货物，按载运货物抵达进境地的运输工具填报；出口转关运输货物，按载运货物驶离出境地的运输工具填报。

3. 不复运出（入）境而留在境内（外）销售的进出境展览品、留赠转卖物品等，填报"其他运输"（代码 9）。

4. 进出境旅客随身携带的货物，填报"旅客携带"（代码 L）。

5. 以固定设施（包括输油、输水管道和输电网等）运输货物的，填报"固定设施运输"（代码 G）。

（二）无实际进出境货物在境内流转时填报要求如下：

1. 境内非保税区运入保税区货物和保税区退区货物，填报"非保税区"（代码 0）。

2. 保税区运往境内非保税区货物，填报"保税区"（代码 7）。

3. 境内存入出口监管仓库和出口监管仓库退仓货物，填报"监管仓库"（代码1）。

4. 保税仓库转内销货物或转加工贸易货物，填报"保税仓库"（代码8）。

5. 从境内保税物流中心外运入中心或从中心运往境内中心外的货物，填报"物流中心"（代码W）。

6. 从境内保税物流园区外运入园区或从园区内运往境内园区外的货物，填报"物流园区"（代码X）。

7. 保税港区、综合保税区与境内（区外）（非海关特殊监管区域、保税监管场所）之间进出的货物，填报"保税港区/综合保税区"（代码Y）。

8. 出口加工区、珠澳跨境工业区（珠海园区）、中哈霍尔果斯边境合作中心（中方配套区）与境内（区外）（非海关特殊监管区域、保税监管场所）之间进出的货物，填报"出口加工区"（代码Z）。

9. 境内运入深港西部通道港方口岸区的货物以及境内进出中哈霍尔果斯边境合作中心中方区域的货物，填报"边境特殊海关作业区"（代码H）。

10. 经横琴新区和平潭综合实验区（以下简称综合试验区）二线指定申报通道运往境内区外或从境内经二线指定申报通道进入综合试验区的货物，以及综合试验区内按选择性征收关税申报的货物，填报"综合试验区"（代码T）。

11. 海关特殊监管区域内的流转、调拨货物，海关特殊监管区域、保税监管场所之间的流转货物，海关特殊监管区域与境内区外之间进出的货物，海关特殊监管区域外的加工贸易余料结转、深加工结转、内销货物，以及其他境内流转货物，填报"其他运输"（代码9）。

十、运输工具名称及航次号

填报载运货物进出境的运输工具名称或编号及航次号。填报内容应与运输部门向海关申报的舱单（载货清单）所列相应内容一致。

（一）运输工具名称具体填报要求如下：

1. 直接在进出境地或采用全国通关一体化通关模式办理报关手续的报关单填报要求如下：

（1）水路运输：填报船舶编号（来往港澳小型船舶为监管簿编号）或者船舶英文名称。

（2）公路运输：启用公路舱单前，填报该跨境运输车辆的国内行驶车牌号，深圳提前报关模式的报关单填报国内行驶车牌号+"/"+"提前报关"。启用公路舱单后，免予填报。

（3）铁路运输：填报车厢编号或交接单号。

（4）航空运输：填报航班号。

（5）邮件运输：填报邮政包裹单号。

（6）其他运输：填报具体运输方式名称，例如：管道、驮畜等。

2．转关运输货物的报关单填报要求如下：

（1）进口。

A．水路运输：直转、提前报关填报"@"+16位转关申报单预录入号（或13位载货清单号）；中转填报进境英文船名。

B．铁路运输：直转、提前报关填报"@"+16位转关申报单预录入号；中转填报车厢编号。

C．航空运输：直转、提前报关填报"@"+16位转关申报单预录入号（或13位载货清单号）；中转填报"@"。

D．公路及其他运输：填报"@"+16位转关申报单预录入号（或13位载货清单号）。

E．以上各种运输方式使用广东地区载货清单转关的提前报关货物填报"@"+13位载货清单号。

（2）出口。

A．水路运输：非中转填报"@"+16位转关申报单预录入号（或13位载货清单号）。如多张报关单需要通过一张转关单转关的，运输工具名称字段填报"@"。

中转货物，境内水路运输填报驳船船名；境内铁路运输填报车名（主管海关4位关区代码+"TRAIN"）；境内公路运输填报车名（主管海关4位关区代码+"TRUCK"）。

B．铁路运输：填报"@"+16位转关申报单预录入号（或13位载货清单号），如多张报关单需要通过一张转关单转关的，填报"@"。

C．航空运输：填报"@"+16位转关申报单预录入号（或13位载货清单号），如多张报关单需要通过一张转关单转关的，填报"@"。

D．其他运输方式：填报"@"+16位转关申报单预录入号（或13位载货清单号）。

3．采用"集中申报"通关方式办理报关手续的，报关单填报"集中申报"。

4．免税品经营单位经营出口退税国产商品的，免予填报。

5．无实际进出境的货物，免予填报。

（二）航次号具体填报要求如下：

1．直接在进出境地或采用全国通关一体化通关模式办理报关手续的报关单

（1）水路运输：填报船舶的航次号。

（2）公路运输：启用公路舱单前，填报运输车辆的8位进出境日期〔顺序为年（4位）、月（2位）、日（2位），下同〕。启用公路舱单后，填报货物运输批次号。

（3）铁路运输：填报列车的进出境日期。

（4）航空运输：免予填报。

（5）邮件运输：填报运输工具的进出境日期。

（6）其他运输方式：免予填报。

2.转关运输货物的报关单

（1）进口。

A.水路运输：中转转关方式填报"@"+进境干线船舶航次。直转、提前报关免予填报。

B.公路运输：免予填报。

C.铁路运输："@"+8位进境日期。

D.航空运输：免予填报。

E.其他运输方式：免予填报。

（2）出口。

A.水路运输：非中转货物免予填报。中转货物：境内水路运输填报驳船航次号；境内铁路、公路运输填报6位启运日期〔顺序为年（2位）、月（2位）、日（2位）〕。

B.铁路拼车拼箱捆绑出口：免予填报。

C.航空运输：免予填报。

D.其他运输方式：免予填报。

3.免税品经营单位经营出口退税国产商品的，免予填报。

4.无实际进出境的货物，免予填报。

十一、提运单号

填报进出口货物提单或运单的编号。一份报关单只允许填报一个提单或运单号，一票货物对应多个提单或运单时，应分单填报。

具体填报要求如下：

（一）直接在进出境地或采用全国通关一体化通关模式办理报关手续的。

1.水路运输：填报进出口提单号。如有分提单的，填报进出口提单号+"*"+分提单号。

2.公路运输：启用公路舱单前，免予填报；启用公路舱单后，填报进出口总运单号。

3.铁路运输：填报运单号。

4.航空运输：填报总运单号+"_"+分运单号，无分运单的填报总运单号。

5.邮件运输：填报邮运包裹单号。

（二）转关运输货物的报关单。

1.进口。

（1）水路运输：直转、中转填报提单号。提前报关免予填报。

（2）铁路运输：直转、中转填报铁路运单号。提前报关免予填报。

（3）航空运输：直转、中转货物填报总运单号+"_"+分运单号。提前报关免予填报。

（4）其他运输方式：免予填报。

（5）以上运输方式进境货物，在广东省内用公路运输转关的，填报车牌号。

2. 出口。

（1）水路运输：中转货物填报提单号；非中转货物免予填报；广东省内汽车运输提前报关的转关货物，填报承运车辆的车牌号。

（2）其他运输方式：免予填报。广东省内汽车运输提前报关的转关货物，填报承运车辆的车牌号。

（三）采用"集中申报"通关方式办理报关手续的，报关单填报归并的集中申报清单的进出口起止日期〔按年（4 位）月（2 位）日（2 位）年（4 位）月（2 位）日（2 位）〕。

（四）无实际进出境的货物，免予填报。

十二、货物存放地点

填报货物进境后存放的场所或地点，包括海关监管作业场所、分拨仓库、定点加工厂、隔离检疫场、企业自有仓库等。

十三、消费使用单位/生产销售单位

（一）消费使用单位填报已知的进口货物在境内的最终消费、使用单位的名称，包括：

1. 自行进口货物的单位。

2. 委托进出口企业进口货物的单位。

（二）生产销售单位填报出口货物在境内的生产或销售单位的名称，包括：

1. 自行出口货物的单位。

2. 委托进出口企业出口货物的单位。

3. 免税品经营单位经营出口退税国产商品的，填报该免税品经营单位统一管理的免税店。

（三）减免税货物报关单的消费使用单位/生产销售单位应与《中华人民共和国海关进出口货物征免税证明》（以下简称《征免税证明》）的"减免税申请人"一致；保税监管场所与境外之间的进出境货物，消费使用单位/生产销售单位填报保税监管场所的名称（保税物流中心（B 型）填报中心内企业名称）。

（四）海关特殊监管区域的消费使用单位/生产销售单位填报区域内经营企业（"加工单位"或"仓库"）。

（五）编码填报要求：

1. 填报 18 位法人和其他组织统一社会信用代码。

2. 无 18 位统一社会信用代码的，填报"NO"。

（六）进口货物在境内的最终消费或使用以及出口货物在境内的生产或销售的对象为自然人的，填报身份证号、护照号、台胞证号等有效证件号码及姓名。

十四、监管方式

监管方式是以国际贸易中进出口货物的交易方式为基础，结合海关对进出口货物的征税、统计及监管条件综合设定的海关对进出口货物的管理方式。其代码由 4 位数字构成，前两位是按照海关监管要求和计算机管理需要划分的分类代码，后两位是参照国际标准编制的贸易方式代码。

根据实际对外贸易情况按海关规定的《监管方式代码表》选择填报相应的监管方式简称及代码。一份报关单只允许填报一种监管方式。

特殊情况下加工贸易货物监管方式填报要求如下：

（一）进口少量低值辅料（即 5 000 美元以下，78 种以内的低值辅料）按规定不使用《加工贸易手册》的，填报"低值辅料"。使用《加工贸易手册》的，按《加工贸易手册》上的监管方式填报。

（二）加工贸易料件转内销货物以及按料件办理进口手续的转内销制成品、残次品、未完成品，填制进口报关单，填报"来料料件内销"或"进料料件内销"；加工贸易成品凭《征免税证明》转为减免税进口货物的，分别填制进、出口报关单，出口报关单填报"来料成品减免"或"进料成品减免"，进口报关单按照实际监管方式填报。

（三）加工贸易出口成品因故退运进口及复运出口的，填报"来料成品退换"或"进料成品退换"；加工贸易进口料件因换料退运出口及复运进口的，填报"来料料件退换"或"进料料件退换"；加工贸易过程中产生的剩余料件、边角料退运出口，以及进口料件因品质、规格等原因退运出口且不再更换同类货物进口的，分别填报"来料料件复出"、"来料边角料复出"、"进料料件复出"、"进料边角料复出"。

（四）加工贸易边角料内销和副产品内销，填制进口报关单，填报"来料边角料内销"或"进料边角料内销"。

（五）企业销毁处置加工贸易货物未获得收入，销毁处置货物为料件、残次品的，填报"料件销毁"；销毁处置货物为边角料、副产品的，填报"边角料销毁"。

企业销毁处置加工贸易货物获得收入的，填报为"进料边角料内销"或"来料边角料内销"。

（六）免税品经营单位经营出口退税国产商品的，填报"其他"。

十五、征免性质

根据实际情况按海关规定的《征免性质代码表》选择填报相应的征免性质简称及代码，持有海关核发的《征免税证明》的，按照《征免税证明》中批注的征免性质填报。一份报关单只允许填报一种征免性质。

加工贸易货物报关单按照海关核发的《加工贸易手册》中批注的征免性质简称及代码填报。特殊情况填报要求如下：

（一）加工贸易转内销货物，按实际情况填报（如一般征税、科教用品、其他法定等）。

（二）料件退运出口、成品退运进口货物填报"其他法定"。

（三）加工贸易结转货物，免予填报。

（四）免税品经营单位经营出口退税国产商品的，填报"其他法定"。

十六、许可证号

填报进（出）口许可证、两用物项和技术进（出）口许可证、两用物项和技术出口许可证（定向）、纺织品临时出口许可证、出口许可证（加工贸易）、出口许可证（边境小额贸易）的编号。

免税品经营单位经营出口退税国产商品的，免予填报。

一份报关单只允许填报一个许可证号。

十七、启运港

填报进口货物在运抵我国关境前的第一个境外装运港。

根据实际情况，按海关规定的《港口代码表》填报相应的港口名称及代码，未在《港口代码表》列明的，填报相应的国家名称及代码。货物从海关特殊监管区域或保税监管场所运至境内区外的，填报《港口代码表》中相应海关特殊监管区域或保税监管场所的名称及代码，未在《港口代码表》中列明的，填报"未列出的特殊监管区"及代码。

其他无实际进境的货物，填报"中国境内"及代码。

十八、合同协议号

填报进出口货物合同（包括协议或订单）编号。未发生商业性交易的免予填报。

免税品经营单位经营出口退税国产商品的，免予填报。

十九、贸易国（地区）

发生商业性交易的进口填报购自国（地区），出口填报售予国（地区）。未发生商业性交易的填报货物所有权拥有者所属的国家（地区）。

按海关规定的《国别（地区）代码表》选择填报相应的贸易国（地区）中文名称及代码。

二十、启运国（地区）/运抵国（地区）

启运国（地区）填报进口货物启始发出直接运抵我国或者在运输中转国（地）未发生任何商业性交易的情况下运抵我国的国家（地区）。

运抵国（地区）填报出口货物离开我国关境直接运抵或者在运输中转国（地区）未发生任何商业性交易的情况下最后运抵的国家（地区）。

不经过第三国（地区）转运的直接运输进出口货物，以进口货物的装货港所在国（地区）为启运国（地区），以出口货物的指运港所在国（地区）为运抵国（地区）。

经过第三国（地区）转运的进出口货物，如在中转国（地区）发生商业性交易，则以中转国（地区）作为启运/运抵国（地区）。

按海关规定的《国别（地区）代码表》选择填报相应的启运国（地区）或运抵国（地区）中文名称及代码。

无实际进出境的货物，填报"中国"及代码。

二十一、经停港/指运港

经停港填报进口货物在运抵我国关境前的最后一个境外装运港。

指运港填报出口货物运往境外的最终目的港；最终目的港不可预知的，按尽可能预知的目的港填报。

根据实际情况，按海关规定的《港口代码表》选择填报相应的港口名称及代码。经停港/指运港在《港口代码表》中无港口名称及代码的，可选择填报相应的国家名称及代码。

无实际进出境的货物，填报"中国境内"及代码。

二十二、入境口岸/离境口岸

入境口岸填报进境货物从跨境运输工具卸离的第一个境内口岸的中文名称及代码；采取多式联运跨境运输的，填报多式联运货物最终卸离的境内口岸中文名称及代码；过境货物填报货物进入境内的第一个口岸的中文名称及代码；从海关特殊监管区域或保税监管场所进境的，填报海关特殊监管区域或保税监管场所的中文名称及代码。其他无实际进境的货物，填报货物所在地的城市名称及代码。

离境口岸填报装运出境货物的跨境运输工具离境的第一个境内口岸的中文名称及代码；采取多式联运跨境运输的，填报多式联运货物最初离境的境内口岸中文名称及代码；过境货物填报货物离境的第一个境内口岸的中文名称及代码；从海关特殊监管区域或保税监管场所离境的，填报海关特殊监管区域或保税监管场所的中文名称及代码。其他无实际出境的货物，填报货物所在地的城市名称及代码。

入境口岸/离境口岸类型包括港口、码头、机场、机场货运通道、边境口岸、火车站、车辆装卸点、车检场、陆路港、坐落在口岸的海关特殊监管区域等。按海关规定的《国内口岸编码表》选择填报相应的境内口岸名称及代码。

二十三、包装种类

填报进出口货物的所有包装材料，包括运输包装和其他包装，按海关规定的《包装种类代码表》选择填报相应的包装种类名称及代码。运输包装指提运单所列货物件数单位对应的包装，其他包装包括货物的各类包装，以及植物性铺垫材料等。

二十四、件数

填报进出口货物运输包装的件数（按运输包装计）。特殊情况填报要求如下：

（一）舱单件数为集装箱的，填报集装箱个数。

（二）舱单件数为托盘的，填报托盘数。

不得填报为零，裸装货物填报为"1"。

二十五、毛重（千克）

填报进出口货物及其包装材料的重量之和，计量单位为千克，不足一千克的填报为"1"。

二十六、净重（千克）

填报进出口货物的毛重减去外包装材料后的重量，即货物本身的实际重量，计量单位为千克，不足一千克的填报为"1"。

二十七、成交方式

根据进出口货物实际成交价格条款，按海关规定的《成交方式代码表》选择填报相应的成交方式代码。

无实际进出境的货物，进口填报 CIF，出口填报 FOB。

二十八、运费

填报进口货物运抵我国境内输入地点起卸前的运输费用，出口货物运至我国境内输出地点装载后的运输费用。

运费可按运费单价、总价或运费率三种方式之一填报，注明运费标记（运费标记"1"表示运费率，"2"表示每吨货物的运费单价，"3"表示运费总价），并按海关规定的《货币代码表》选择填报相应的币种代码。

免税品经营单位经营出口退税国产商品的，免予填报。

二十九、保费

填报进口货物运抵我国境内输入地点起卸前的保险费用，出口货物运至我国境内输出地点装载后的保险费用。

保费可按保险费总价或保险费率两种方式之一填报，注明保险费标记（保险费标记"1"表示保险费率，"3"表示保险费总价），并按海关规定的《货币代码表》选择填报相应的币种代码。

免税品经营单位经营出口退税国产商品的，免予填报。

三十、杂费

填报成交价格以外的、按照《中华人民共和国进出口关税条例》相关规定应计入完税价格或应从完税价格中扣除的费用。可按杂费总价或杂费率两种方式之一填报，注明杂费标记（杂费标记"1"表示杂费率，"3"表示杂费总价），并按海关规定的《货币代码表》选择填报相应的币种代码。

应计入完税价格的杂费填报为正值或正率，应从完税价格中扣除的杂费填报为负值或负率。

免税品经营单位经营出口退税国产商品的，免予填报。

三十一、随附单证及编号

根据海关规定的《监管证件代码表》和《随附单据代码表》选择填报除本规范第十六条规定的许可证件以外的其他进出口许可证件或监管证件、随附单据代码及编号。

本栏目分为随附单证代码和随附单证编号两栏，其中代码栏按海关规定的《监管证件代码表》和《随附单据代码表》选择填报相应证件代码；随附单证编号栏填报证件编号。

（一）加工贸易内销征税报关单（使用金关二期加贸管理系统的除外），随附单证代码栏填报"c"，随附单证编号栏填报海关审核通过的内销征税联系单号。

（二）一般贸易进出口货物，只能使用原产地证书申请享受协定税率或者特惠税率（以下统称优惠税率）的（无原产地声明模式），"随附单证代码"栏填报原产地证书代码"Y"，在"随附单证编号"栏填报"<优惠贸易协定代码>"和"原产地证书编号"。可以使用原产地证书或者原产地声明申请享受优惠税率的（有原产地声明模式），"随附单证代码"栏填写"Y"，"随附单证编号"栏填报"<优惠贸易协定代码>"、"C"（凭原产地证书申报）或"D"（凭原产地声明申报），以及"原产地证书编号（或者原产地声明序列号）"。一份报关单对应一份原产地证书或原产地声明。各优惠贸易协定代码如下：

　　"01"为"亚太贸易协定"；

　　"02"为"中国-东盟自贸协定"；

　　"03"为"内地与香港紧密经贸关系安排"（香港 CEPA）；

　　"04"为"内地与澳门紧密经贸关系安排"（澳门 CEPA）；

　　"06"为"台湾农产品零关税措施"；

　　"07"为"中国-巴基斯坦自贸协定"；

　　"08"为"中国-智利自贸协定"；

　　"10"为"中国-新西兰自贸协定"；

　　"11"为"中国-新加坡自贸协定"；

　　"12"为"中国-秘鲁自贸协定"；

　　"13"为"最不发达国家特别优惠关税待遇"；

　　"14"为"海峡两岸经济合作框架协议（ECFA）"；

　　"15"为"中国-哥斯达黎加自贸协定"；

　　"16"为"中国-冰岛自贸协定"；

　　"17"为"中国-瑞士自贸协定"；

　　"18"为"中国-澳大利亚自贸协定"；

　　"19"为"中国-韩国自贸协定"；

　　"20"为"中国-格鲁吉亚自贸协定"。

　　海关特殊监管区域和保税监管场所内销货物申请适用优惠税率的，有关货物进出海关特殊监管区域和保税监管场所以及内销时，已通过原产地电子信息交换系统实现电子联网的优惠贸易协定项下货物报关单，按照上述一般贸易要求填报；未实现电子联网的优惠贸易协定项下货物报关单，"随附单证代码"栏填报"Y"，"随附单证编号"栏填报"<优惠贸易协定代码>"和"原产地证据文件备案号"。"原产地证据文件备案号"为进出口货物的收发货物人或者其代理人录入原产地证据文件电子信息后，系统自动生成的号码。

　　向香港或者澳门特别行政区出口用于生产香港 CEPA 或者澳门 CEPA 项下货物的原材料时，按照上述一般贸易填报要求填制报关单，香港或澳门生产厂商在香港工贸署或者澳门经济局登记备案的有关备案号填报在"关联备案"栏。

　　"单证对应关系表"中填报报关单上的申报商品项与原产地证书（原产地声明）上的商品项之间的对应关系。报关单上的商品序号与原产地证书（原产地声明）上的项目编号应一一对应，不要求顺序对应。同一批次进口货物可以在同一报关单中申报，不享受优惠税率的货物序号不填报在"单证对应关系表"中。

（三）各优惠贸易协定项下，免提交原产地证据文件的小金额进口货物"随附单证代码"栏填报"Y"，"随附单证编号"栏填报"<优惠贸易协定代码>XJE00000"，"单证对应关系表"享惠报关单项号按实际填报，对应单证项号与享惠报关单项号相同。

三十二、标记唛码及备注

填报要求如下：

（一）标记唛码中除图形以外的文字、数字，无标记唛码的填报 N/M。

（二）受外商投资企业委托代理其进口投资设备、物品的进出口企业名称。

（三）与本报关单有关联关系的，同时在业务管理规范方面又要求填报的备案号，填报在电子数据报关单中"关联备案"栏。

保税间流转货物、加工贸易结转货物及凭《征免税证明》转内销货物，其对应的备案号填报在"关联备案"栏。

减免税货物结转进口（转入），"关联备案"栏填报本次减免税货物结转所申请的《中华人民共和国海关进口减免税货物结转联系函》的编号。

减免税货物结转出口（转出），"关联备案"栏填报与其相对应的进口（转入）报关单"备案号"栏中《征免税证明》的编号。

（四）与本报关单有关联关系的，同时在业务管理规范方面又要求填报的报关单号，填报在电子数据报关单中"关联报关单"栏。

保税间流转、加工贸易结转类的报关单，应先办理进口报关，并将进口报关单号填入出口报关单的"关联报关单"栏。

办理进口货物直接退运手续的，除另有规定外，应先填制出口报关单，再填制进口报关单，并将出口报关单号填报在进口报关单的"关联报关单"栏。

减免税货物结转出口（转出），应先办理进口报关，并将进口（转入）报关单号填入出口（转出）报关单的"关联报关单"栏。

（五）办理进口货物直接退运手续的，填报"<ZT"+"海关审核联系单号或者《海关责令进口货物直接退运通知书》编号"+">"。办理固体废物直接退运手续的，填报"固体废物，直接退运表 XX 号/责令直接退运通知书 XX 号"。

（六）保税监管场所进出货物，在"保税/监管场所"栏填报本保税监管场所编码（保税物流中心（B 型）填报本中心的国内地区代码），其中涉及货物在保税监管场所间流转的，在本栏填报对方保税监管场所代码。

（七）涉及加工贸易货物销毁处置的，填报海关加工贸易货物销毁处置申报表编号。

（八）当监管方式为"暂时进出货物"（代码 2600）和"展览品"（代码 2700）时，填报要求如下：

1. 根据《中华人民共和国海关暂时进出境货物管理办法》（海关总署令第 233

号，以下简称《管理办法》）第三条第一款所列项目，填报暂时进出境货物类别，如：暂进六，暂出九；

2. 根据《管理办法》第十条规定，填报复运出境或者复运进境日期，期限应在货物进出境之日起 6 个月内，如：20180815 前复运进境，20181020 前复运出境；

3. 根据《管理办法》第七条，向海关申请对有关货物是否属于暂时进出境货物进行审核确认的，填报《中华人民共和国 XX 海关暂时进出境货物审核确认书》编号，如：<ZS 海关审核确认书编号>，其中英文为大写字母；无此项目的，无需填报。

上述内容依次填报，项目间用"/"分隔，前后均不加空格。

4. 收发货人或其代理人申报货物复运进境或者复运出境的：

货物办理过延期的，根据《管理办法》填报《货物暂时进/出境延期办理单》的海关回执编号，如：<ZS 海关回执编号>，其中英文为大写字母；无此项目的，无需填报。

（九）跨境电子商务进出口货物，填报"跨境电子商务"。

（十）加工贸易副产品内销，填报"加工贸易副产品内销"。

（十一）服务外包货物进口，填报"国际服务外包进口货物"。

（十二）公式定价进口货物填报公式定价备案号，格式为："公式定价"+备案编号+"@"。对于同一报关单下有多项商品的，如某项或某几项商品为公式定价备案的，则备注栏内填报为："公式定价"+备案编号+"#"+商品序号+"@"。

（十三）进出口与《预裁定决定书》列明情形相同的货物时，按照《预裁定决定书》填报，格式为："预裁定+《预裁定决定书》编号"（例如：某份预裁定决定书编号为 R-2-0100-2018-0001，则填报为"预裁定 R-2-0100-2018-0001"）。

（十四）含归类行政裁定报关单，填报归类行政裁定编号，格式为："c"+四位数字编号，例如 c0001。

（十五）已经在进入特殊监管区时完成检验的货物，在出区入境申报时，填报"预检验"字样，同时在"关联报检单"栏填报实施预检验的报关单号。

（十六）进口直接退运的货物，填报"直接退运"字样。

（十七）企业提供 ATA 单证册的货物，填报"ATA 单证册"字样。

（十八）不含动物源性低风险生物制品，填报"不含动物源性"字样。

（十九）货物自境外进入境内特殊监管区或者保税仓库的，填报"保税入库"或者"境外入区"字样。

（二十）海关特殊监管区域与境内区外之间采用分送集报方式进出的货物，填报"分送集报"字样。

（二十一）军事装备出入境的，填报"军品"或"军事装备"字样。

（二十二）申报 HS 为 3821000000、3002300000 的，属于下列情况的，填报要求为：属于培养基的，填报"培养基"字样；属于化学试剂的，填报"化学试剂"字样；不含动物源性成分的，填报"不含动物源性"字样。

（二十三）属于修理物品的，填报"修理物品"字样。

（二十四）属于下列情况的，填报"压力容器""成套设备""食品添加剂""成品退换""旧机电产品"等字样。

（二十五）申报 HS 为 2903890020（入境六溴环十二烷），用途为"其他（99）"的，填报具体用途。

（二十六）集装箱体信息填报集装箱号（在集装箱箱体上标示的全球唯一编号）、集装箱规格、集装箱商品项号关系（单个集装箱对应的商品项号，半角逗号分隔）、集装箱货重（集装箱箱体自重+装载货物重量，千克）。

（二十七）申报 HS 为 3006300000、3504009000、3507909010、3507909090、3822001000、3822009000，不属于"特殊物品"的，填报"非特殊物品"字样。"特殊物品"定义见《出入境特殊物品卫生检疫管理规定》（国家质量监督检验检疫总局令第 160 号公布，根据国家质量监督检验检疫总局令第 184 号、海关总署令第 238 号、第 240 号、第 243 号修改）。

（二十八）进出口列入目录的进出口商品及法律、行政法规规定须经出入境检验检疫机构检验的其他进出口商品实施检验的，填报"应检商品"字样。

（二十九）申报时其他必须说明的事项。

三十三、项号

分两行填报。第一行填报报关单中的商品顺序编号；第二行填报备案序号，专用于加工贸易及保税、减免税等已备案、审批的货物，填报该项货物在《加工贸易手册》或《征免税证明》等备案、审批单证中的顺序编号。有关优惠贸易协定项下报关单填制要求按照海关总署相关规定执行。其中第二行特殊情况填报要求如下：

（一）深加工结转货物，分别按照

（二）《加工贸易手册》中的进口料件项号和出口成品项号填报。

（二）料件结转货物（包括料件、制成品和未完成品折料），出口报关单按照转出《加工贸易手册》中进口料件的项号填报；进口报关单按照转进《加工贸易手册》中进口料件的项号填报。

（三）料件复出货物（包括料件、边角料），出口报关单按照《加工贸易手册》中进口料件的项号填报；如边角料对应一个以上料件项号时，填报主要料件项号。料件退换货物（包括料件、不包括未完成品），进出口报关单按照《加工贸易手册》中进口料件的项号填报。

（四）成品退换货物，退运进境报关单和复运出境报关单按照《加工贸易手册》原出口成品的项号填报。

（五）加工贸易料件转内销货物（以及按料件办理进口手续的转内销制成品、残次品、未完成品）填制进口报关单，填报《加工贸易手册》进口料件的项号；加工贸易边角料、副产品内销，填报《加工贸易手册》中对应的进口料件项号。如边角料或副产品对应一个以上料件项号时，填报主要料件项号。

（六）加工贸易成品凭《征免税证明》转为减免税货物进口的，应先办理进口报关手续。进口报关单填报《征免税证明》中的项号，出口报关单填报《加工贸易手册》原出口成品项号，进、出口报关单货物数量应一致。

（七）加工贸易货物销毁，填报《加工贸易手册》中相应的进口料件项号。

（八）加工贸易副产品退运出口、结转出口，填报《加工贸易手册》中新增成品的出口项号。

（九）经海关批准实行加工贸易联网监管的企业，按海关联网监管要求，企业需申报报关清单的，应在向海关申报进出口（包括形式进出口）报关单前，向海关申报"清单"。一份报关清单对应一份报关单，报关单上的商品由报关清单归并而得。加工贸易电子账册报关单中项号、品名、规格等栏目的填制规范比照《加工贸易手册》。

三十四、商品编号

填报由 10 位数字组成的商品编号。前 8 位为《中华人民共和国进出口税则》和《中华人民共和国海关统计商品目录》确定的编码；9、10 位为监管附加编号。

三十五、商品名称及规格型号

分两行填报。第一行填报进出口货物规范的中文商品名称，第二行填报规格型号。具体填报要求如下：

（一）商品名称及规格型号应据实填报，并与进出口货物收发货人或受委托的报关企业所提交的合同、发票等相关单证相符。

（二）商品名称应当规范，规格型号应当足够详细，以能满足海关归类、审价及许可证件管理要求为准，可参照《中华人民共和国海关进出口商品规范申报目录》中对商品名称、规格型号的要求进行填报。

（三）已备案的加工贸易及保税货物，填报的内容必须与备案登记中同项号下货物的商品名称一致。

（四）对需要海关签发《货物进口证明书》的车辆，商品名称栏填报"车辆品牌+排气量（注明 cc）+车型（如越野车、小轿车等）"。进口汽车底盘不填报排气量。车辆品牌按照《进口机动车辆制造厂名称和车辆品牌中英文对照表》中"签注名称"一栏的要求填报。规格型号栏可填报"汽油型"等。

（五）由同一运输工具同时运抵同一口岸并且属于同一收货人、使用同一提单的多种进口货物，按照商品归类规则应当归入同一商品编号的，应当将有关商品一并归入该商品编号。商品名称填报一并归类后的商品名称；规格型号填报一并归类后商品的规格型号。

（六）加工贸易边角料和副产品内销，边角料复出口，填报其报验状态的名称和规格型号。

（七）进口货物收货人以一般贸易方式申报进口属于《需要详细列名申报的汽车零部件清单》（海关总署 2006 年第 64 号公告）范围内的汽车生产件的，按以下要求填报：

1.商品名称填报进口汽车零部件的详细中文商品名称和品牌，中文商品名称与品牌之间用"/"相隔，必要时加注英文商业名称；进口的成套散件或者毛坯件应在品牌后加注"成套散件"、"毛坯"等字样，并与品牌之间用"/"相隔。

2. 规格型号填报汽车零部件的完整编号。在零部件编号前应当加注"S"字样，并与零部件编号之间用"/"相隔，零部件编号之后应当依次加注该零部件适用的汽车品牌和车型。汽车零部件属于可以适用于多种汽车车型的通用零部件的，零部件编号后应当加注"TY"字样，并用"/"与零部件编号相隔。与进口汽车零部件规格型号相关的其他需要申报的要素，或者海关规定的其他需要申报的要素，如"功率"、"排气量"等，应当在车型或"TY"之后填报，并用"/"与之相隔。汽车零部件报验状态是成套散件的，应当在"标记唛码及备注"栏内填报该成套散件装配后的最终完整品的零部件编号。

（八）进口货物收货人以一般贸易方式申报进口属于《需要详细列名申报的汽车零部件清单》（海关总署 2006 年第 64 号公告）范围内的汽车维修件的，填报规格型号时，应当在零部件编号前加注"W"，并与零部件编号之间用"/"相隔；进口维修件的品牌与该零部件适用的整车厂牌不一致的，应当在零部件编号前加注"WF"，并与零部件编号之间用"/"相隔。其余申报要求同上条执行。

（九）品牌类型。品牌类型为必填项目。可选择"无品牌"（代码 0）、"境内自主品牌"（代码 1）、"境内收购品牌"（代码 2）、"境外品牌（贴牌生产）"（代码 3）、"境外品牌（其他）"（代码 4）如实填报。其中，"境内自主品牌"是指由境内企业自主开发、拥有自主知识产权的品牌；"境内收购品牌"是指境内企业收购的原境外品牌；"境外品牌（贴牌生产）"是指境内企业代工贴牌生产中使用的境外品牌；"境外品牌（其他）"是指除代工贴牌生产以外使用的境外品牌。上述品牌类型中，除"境外品牌（贴牌生产）"仅用于出口外，其他类型均可用于进口和出口。

（十）出口享惠情况。出口享惠情况为出口报关单必填项目。可选择"出口货物在最终目的国（地区）不享受优惠关税"、"出口货物在最终目的国（地区）享受优惠关税"、"出口货物不能确定在最终目的国（地区）享受优惠关税"如实填报。进口货物报关单不填报该申报项。

（十一）申报进口已获 3C 认证的机动车辆时，填报以下信息：

1. 提运单日期。填报该项货物的提运单签发日期。

2. 质量保质期。填报机动车的质量保证期。

3. 发动机号或电机号。填报机动车的发动机号或电机号，应与机动车上打刻的发动机号或电机号相符。纯电动汽车、插电式混合动力汽车、燃料电池汽车为电机号，其他机动车为发动机号。

4. 车辆识别代码（VIN）。填报机动车车辆识别代码，须符合国家强制性标准《道路车辆 车辆识别代号（VIN）》（GB 16735）的要求。该项目一般与机动车的底盘（车架号）相同。

5. 发票所列数量。填报对应发票中所列进口机动车的数量。

6.品名（中文名称）。填报机动车中文品名，按《进口机动车辆制造厂名称和车辆品牌中英文对照表》（原质检总局 2004 年 52 号公告）的要求填报。

7.品名（英文名称）。填报机动车英文品名，按《进口机动车辆制造厂名称和车辆品牌中英文对照表》（原质检总局 2004 年 52 号公告）的要求填报。

8.型号（英文）。填报机动车型号，与机动车产品标牌上整车型号一栏相符。

（十二）进口货物收货人申报进口属于实施反倾销反补贴措施货物的，填报"原厂商中文名称"、"原厂商英文名称"、"反倾销税率"、"反补贴税率"和"是否符合价格承诺"等计税必要信息。

格式要求为："|<><><><><>"。"|"、"<"和">"均为英文半角符号。第一个"|"为在规格型号栏目中已填报的最后一个申报要素后系统自动生成或人工录入的分割符（若相关商品税号无规范申报填报要求，则需要手工录入"|"），"|"后面5 个"<>"内容依次为"原厂商中文名称"、"原厂商英文名称（如无原厂商英文名称，可填报以原厂商所在国或地区文字标注的名称，具体可参照商务部实施贸易救济措施相关公告中对有关原厂商的外文名称写法）"、"反倾销税率"、"反补贴税率"、"是否符合价格承诺"。其中，"反倾销税率"和"反补贴税率"填写实际值，例如，税率为 30%，填写"0.3"。"是否符合价格承诺"填写"1"或者"0"，"1"代表"是"，"0"代表"否"。填报时，5 个"<>"不可缺项，如第 3、4、5 项"<>"中无申报事项，相应的"<>"中内容可以为空，但"<>"需要保留。

三十六、数量及单位

分三行填报。

（一）第一行按进出口货物的法定第一计量单位填报数量及单位，法定计量单位以《中华人民共和国海关统计商品目录》中的计量单位为准。

（二）凡列明有法定第二计量单位的，在第二行按照法定第二计量单位填报数量及单位。无法定第二计量单位的，第二行为空。

（三）成交计量单位及数量填报在第三行。

（四）法定计量单位为"千克"的数量填报，特殊情况下填报要求如下：

1.装入可重复使用的包装容器的货物，按货物扣除包装容器后的重量填报，如罐装同位素、罐装氧气及类似品等。

2.使用不可分割包装材料和包装容器的货物，按货物的净重填报（即包括内层直接包装的净重重量），如采用供零售包装的罐头、药品及类似品等。

3.按照商业惯例以公量重计价的商品，按公量重填报，如未脱脂羊毛、羊毛条等。

4.采用以毛重作为净重计价的货物，可按毛重填报，如粮食、饲料等大宗散装货物。

5.采用零售包装的酒类、饮料、化妆品，按照液体/乳状/膏状/粉状部分的重量填报。

（五）成套设备、减免税货物如需分批进口，货物实际进口时，按照实际报验状态确定数量。

（六）具有完整品或制成品基本特征的不完整品、未制成品，根据《商品名称及编码协调制度》归类规则按完整品归类的，按照构成完整品的实际数量填报。

（七）已备案的加工贸易及保税货物，成交计量单位必须与《加工贸易手册》中同项号下货物的计量单位一致，加工贸易边角料和副产品内销、边角料复出口，填报其报验状态的计量单位。

（八）优惠贸易协定项下进出口商品的成交计量单位必须与原产地证书上对应商品的计量单位一致。

（九）法定计量单位为立方米的气体货物，折算成标准状况（即摄氏零度及1个标准大气压）下的体积进行填报。

三十七、单价

填报同一项号下进出口货物实际成交的商品单位价格。无实际成交价格的，填报单位货值。

三十八、总价

填报同一项号下进出口货物实际成交的商品总价格。无实际成交价格的，填报货值。

三十九、币制

按海关规定的《货币代码表》选择相应的货币名称及代码填报，如《货币代码表》中无实际成交币种，需将实际成交货币按申报日外汇折算率折算成《货币代码表》列明的货币填报。

四十、原产国（地区）

原产国（地区）依据《中华人民共和国进出口货物原产地条例》、《中华人民共和国海关关于执行〈非优惠原产地规则中实质性改变标准〉的规定》以及海关总署关于各项优惠贸易协定原产地管理规章规定的原产地确定标准填报。同一批进出口货物的原产地不同的，分别填报原产国（地区）。进出口货物原产国（地区）无法确定的，填报"国别不详"。

按海关规定的《国别（地区）代码表》选择填报相应的国家（地区）名称及代码。

四十一、最终目的国（地区）

最终目的国（地区）填报已知的进出口货物的最终实际消费、使用或进一步加工制造国家（地区）。不经过第三国（地区）转运的直接运输货物，以运抵国（地区）为最终目的国（地区）；经过第三国（地区）转运的货物，以最后运往国（地区）为最终目的国（地区）。同一批进出口货物的最终目的国（地区）不同的，分别填报最终目的国（地区）。进出口货物不能确定最终目的国（地区）时，以尽可能预知的最后运往国（地区）为最终目的国（地区）。

按海关规定的《国别（地区）代码表》选择填报相应的国家（地区）名称及代码。

四十二、境内目的地/境内货源地

境内目的地填报已知的进口货物在国内的消费、使用地或最终运抵地，其中最终运抵地为最终使用单位所在的地区。最终使用单位难以确定的，填报货物进口时预知的最终收货单位所在地。

境内货源地填报出口货物在国内的产地或原始发货地。出口货物产地难以确定的，填报最早发运该出口货物的单位所在地。

海关特殊监管区域、保税物流中心（B型）与境外之间的进出境货物，境内目的地／境内货源地填报本海关特殊监管区域、保税物流中心（B型）所对应的国内地区。

按海关规定的《国内地区代码表》选择填报相应的国内地区名称及代码。境内目的地还需根据《中华人民共和国行政区划代码表》选择填报其对应的县级行政区名称及代码。无下属区县级行政区的，可选择填报地市级行政区。

四十三、征免

按照海关核发的《征免税证明》或有关政策规定，对报关单所列每项商品选择海关规定的《征减免税方式代码表》中相应的征减免税方式填报。

加工贸易货物报关单根据《加工贸易手册》中备案的征免规定填报；《加工贸易手册》中备案的征免规定为"保金"或"保函"的，填报"全免"。

四十四、特殊关系确认

根据《中华人民共和国海关审定进出口货物完税价格办法》（以下简称《审价办法》）第十六条，填报确认进出口行为中买卖双方是否存在特殊关系，有下列情形之一的，应当认为买卖双方存在特殊关系，应填报"是"，反之则填报"否"：

（一）买卖双方为同一家族成员的。

（二）买卖双方互为商业上的高级职员或者董事的。

（三）一方直接或者间接地受另一方控制的。

（四）买卖双方都直接或者间接地受第三方控制的。

（五）买卖双方共同直接或者间接地控制第三方的。

（六）一方直接或者间接地拥有、控制或者持有对方5%以上（含5%）公开发行的有表决权的股票或者股份的。

（七）一方是另一方的雇员、高级职员或者董事的。

（八）买卖双方是同一合伙的成员的。

买卖双方在经营上相互有联系，一方是另一方的独家代理、独家经销或者独家受让人，如果符合前款的规定，也应当视为存在特殊关系。

出口货物免予填报，加工贸易及保税监管货物（内销保税货物除外）免予填报。

四十五、价格影响确认

根据《审价办法》第十七条，填报确认纳税义务人是否可以证明特殊关系未对进口货物的成交价格产生影响，纳税义务人能证明其成交价格与同时或者大约同时发生的下列任何一款价格相近的，应视为特殊关系未对成交价格产生影响，填报"否"，反之则填报"是"：

（一）向境内无特殊关系的买方出售的相同或者类似进口货物的成交价格。

（二）按照《审价办法》第二十三条的规定所确定的相同或者类似进口货物的完税价格。

（三）按照《审价办法》第二十五条的规定所确定的相同或者类似进口货物的完税价格。

出口货物免予填报，加工贸易及保税监管货物（内销保税货物除外）免予填报。

四十六、支付特许权使用费确认

根据《审价办法》第十一条和第十三条，填报确认买方是否存在向卖方或者有关方直接或者间接支付与进口货物有关的特许权使用费，且未包括在进口货物的实付、应付价格中。

买方存在需向卖方或者有关方直接或者间接支付特许权使用费，且未包含在进口货物实付、应付价格中，并且符合《审价办法》第十三条的，在"支付特许权使用费确认"栏目填报"是"。

买方存在需向卖方或者有关方直接或者间接支付特许权使用费，且未包含在进口货物实付、应付价格中，但纳税义务人无法确认是否符合《审价办法》第十三条的，填报"是"。

买方存在需向卖方或者有关方直接或者间接支付特许权使用费且未包含在实付、应付价格中，纳税义务人根据《审价办法》第十三条，可以确认需支付的特许权使用费与进口货物无关的，填报"否"。

买方不存在向卖方或者有关方直接或者间接支付特许权使用费的，或者特许权使用费已经包含在进口货物实付、应付价格中的，填报"否"。

出口货物免予填报，加工贸易及保税监管货物（内销保税货物除外）免予填报。

四十七、自报自缴

进出口企业、单位采用"自主申报、自行缴税"（自报自缴）模式向海关申报时，填报"是"；反之则填报"否"。

四十八、申报单位

自理报关的，填报进出口企业的名称及编码；委托代理报关的，填报报关企业名称及编码。编码填报 18 位法人和其他组织统一社会信用代码。

报关人员填报在海关备案的姓名、编码、电话，并加盖申报单位印章。

四十九、海关批注及签章

供海关作业时签注。

相关用语的含义：

报关单录入凭单：指申报单位按报关单的格式填写的凭单，用作报关单预录入的依据。该凭单的编号规则由申报单位自行决定。

预录入报关单：指预录入单位按照申报单位填写的报关单凭单录入、打印由申报单位向海关申报，海关尚未接受申报的报关单。

报关单证明联：指海关在核实货物实际进出境后按报关单格式提供的，用作进出口货物收发货人向国税、外汇管理部门办理退税和外汇核销手续的证明文件。

本规范所述尖括号（<>）、逗号（,）、连接符（-）、冒号（:）等标点符号及数字，填报时都必须使用非中文状态下的半角字符。

主要参考文献

［1］徐景霖. 国际贸易实务［M］. 11版. 大连：东北财经大学出版社，2019.

［2］黎孝先，石玉川，王健. 国际贸易实务［M］. 7版. 北京：对外经济贸易大学出版社，2020.

［3］严之大. UCP600解读与例证［M］. 北京：中国商务出版社，2007.

［4］林建煌. 品读ISBP745［M］. 厦门：厦门大学出版社，2013.

［5］王善论. 国际商会信用证案例评析［M］. 厦门：厦门大学出版社，2014.

［6］夏合群，夏菲菲. 国际贸易实务模拟操作教程［M］. 4版. 北京：对外经济贸易大学出版社，2020.

［7］兰天. 外贸英语函电［M］. 9版. 大连：东北财经大学出版社，2021.